西島太郎

松江城下町ものがたり

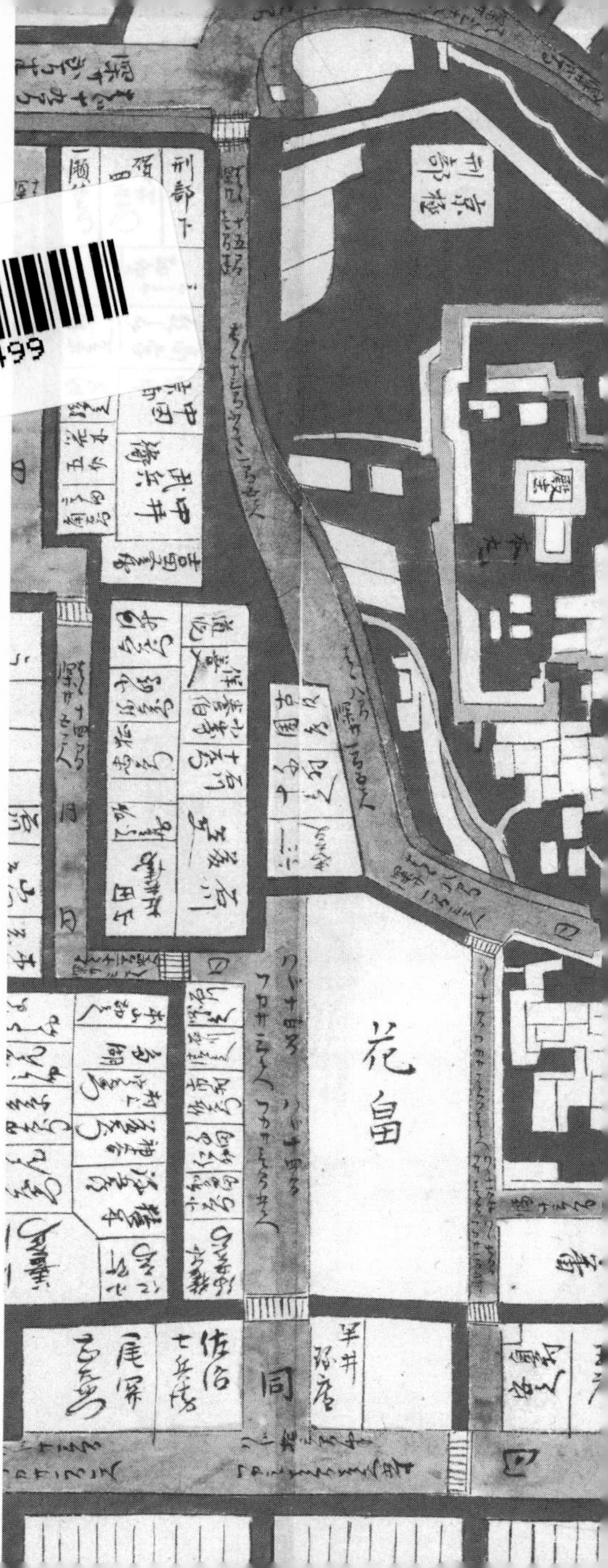

戎光祥出版

はしがき――新たな松江を探る試み

今から三十年前、松江まちづくりプロジェクトと松江青年会議所の人たちが、地域の知られざる歴史を発見し綴《つづ》った『松江余談』(松江今井書店刊、一九八九年)は、その後十年の間に六刷されるほどに人々に読まれた。「「新しい松江」をさぐる試み」と帯にあるとおり、取り上げられた題材は、当時はあまり知られていなかった、ややマイナーなものが多かった。しかしそのほとんどは、現在、松江の歴史や民俗を語る上で常識と化しており、同書が「新しい松江」へと導いた役割は大きい。

私は、二〇〇八年三月下旬に松江に移り住んだ。その頃は、新たな歴史資料館建設の準備に携《たずさ》わるという意気込みもあって、島根県、とくに出雲《いずも》地方や松江の歴史・民俗に関する書物を手当たり次第読破していた頃である。「松江ってどんなところ」という問いに、なにがしかのイメージを与えてくれたのが『松江余談』だった。地域に住む人々が、知られざる身近な歴史を発見し伝えていくという内容は印象的で、見つけ出す歓《よろこ》びと、それを伝えたいとする気持ちが素直に感じられた。

山陰の古都である松江は、現在、歴史的な個性に裏打ちされた街づくりが求められている。松江が松江たる所以《ゆえん》は何なのか、松江の魅力とは何なのかを、私は掘り起こした歴史の断面から探り考えようとした。まだ松江に住みだしてわずかばかりの人間に、松江の何がわかるのかと言われればそれまでであるが、その間、松江の歴史を明らかにして展示し、普及していく博物館施設である松江歴史館の開館準備と開館後の運営に携わったことが、この短い年月をなにより濃いものにしたことは事実である。その過程で、人々から忘れ去られ、埋もれていた松江の歴史を少しずつ掘り起し、そこに暮らした人々の生き方を探り、現代における意義を問い直すことを、ささやかながら行ってきた。

太平洋戦争末期、松江出身の岡田建文《おかだたてふみ》の語った未来予想が、戦後現実化しつつあることに、民俗学者の柳田国男《やなぎたくにお》は「これから」に対する歴史学・民俗学といった学問の無力さを深く反省した（「作之丞と未来」）。それは本来、歴史学は未来予測を直接の目的としない学問であることによる（遅塚忠躬『史学概論』）。未来予測のためには、徹底した現状分析が必要となる。本書は、徹底した現状分析にまでは踏《ふ》み込んではいない。この徹底した現状分析に歴史学の成果が重なりあう時、新たな指針がみえてくるのだと思う。その意味で、未来を探るための素材を提供したにすぎない。歴史を掘り起こすことは、過去の人々の営為を見つめ直す作業である。見つめ直し認識することで、松江の個性が見えてくる。その個性は、松江の未来を探るための原動力となっていくものである。

本書は、私が悪戦苦闘して掘り起こした松江の歴史を、事あるごとに活字にしてきた六十六編の文章を一冊にしたものである。内容を時代順に並べることで、松江の成り立ちから現代に至るまでの歴史を知ることができる。どこから読み始めてもいい。新たな松江を探るための一歩を踏み出したい。

二〇二〇年六月

西島太郎

目次

第三部 明治・大正・昭和時代の松江

加賀
境港
美保関
新山城
佐陀川
白鹿城
松江
大根島
中海
安国寺
米子
玉造温泉
伯太川
大塚
大山
富田城
出雲国
伯耆国
たたら製鉄
小馬木
備中国
備後国
0
10km

出雲国関係図
日本海
宍道湖
日御碕神社
菱根新田
来待
出雲大社
（杵築大社）
武志
高瀬城
斐伊川
木次
石見国
石見銀山
三瓶山
邇摩郡
邑智郡

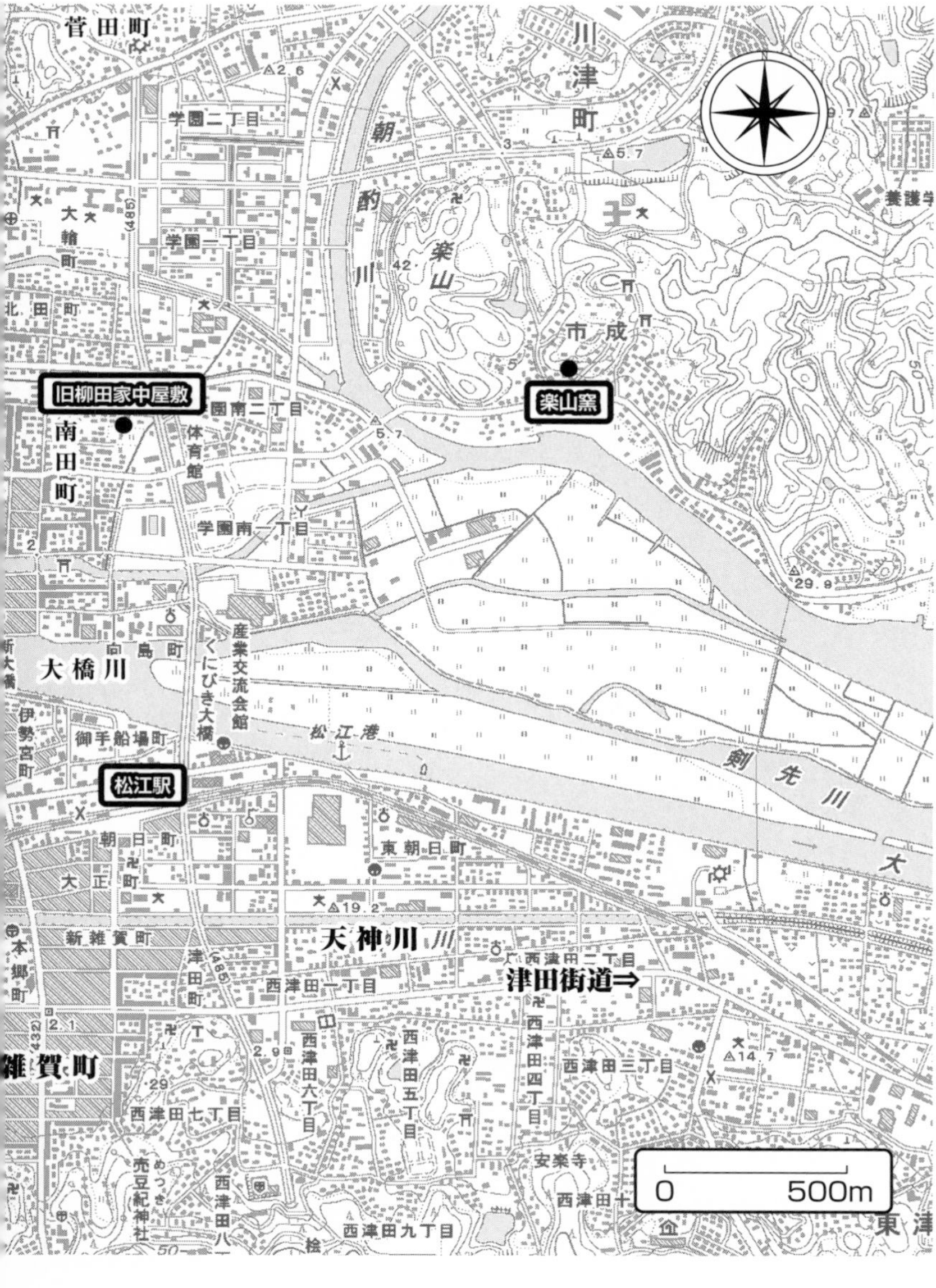

菅田町
川津町
朝酌川
楽山
市成
学園二丁目
学園一丁目
大輪町
北田町
旧柳田家中屋敷
楽山窯
学園南二丁目
南田町
体育館
学園南一丁目
向島町
大橋川
産業交流会館
くにびき大橋
松江港
剣先川
伊勢宮町
御手船場町
松江駅
朝日町
東朝日町
大正町
新雑賀町
本郷町
天神川
西津田二丁目
津田街道⇒
津田町
西津田一丁目
雑賀町
西津田七丁目
西津田六丁目
西津田五丁目
西津田四丁目
西津田三丁目
西津田八丁目
西津田九丁目
西津田十
安楽寺
売豆紀神社
めつき
養護学
東津
0
500m

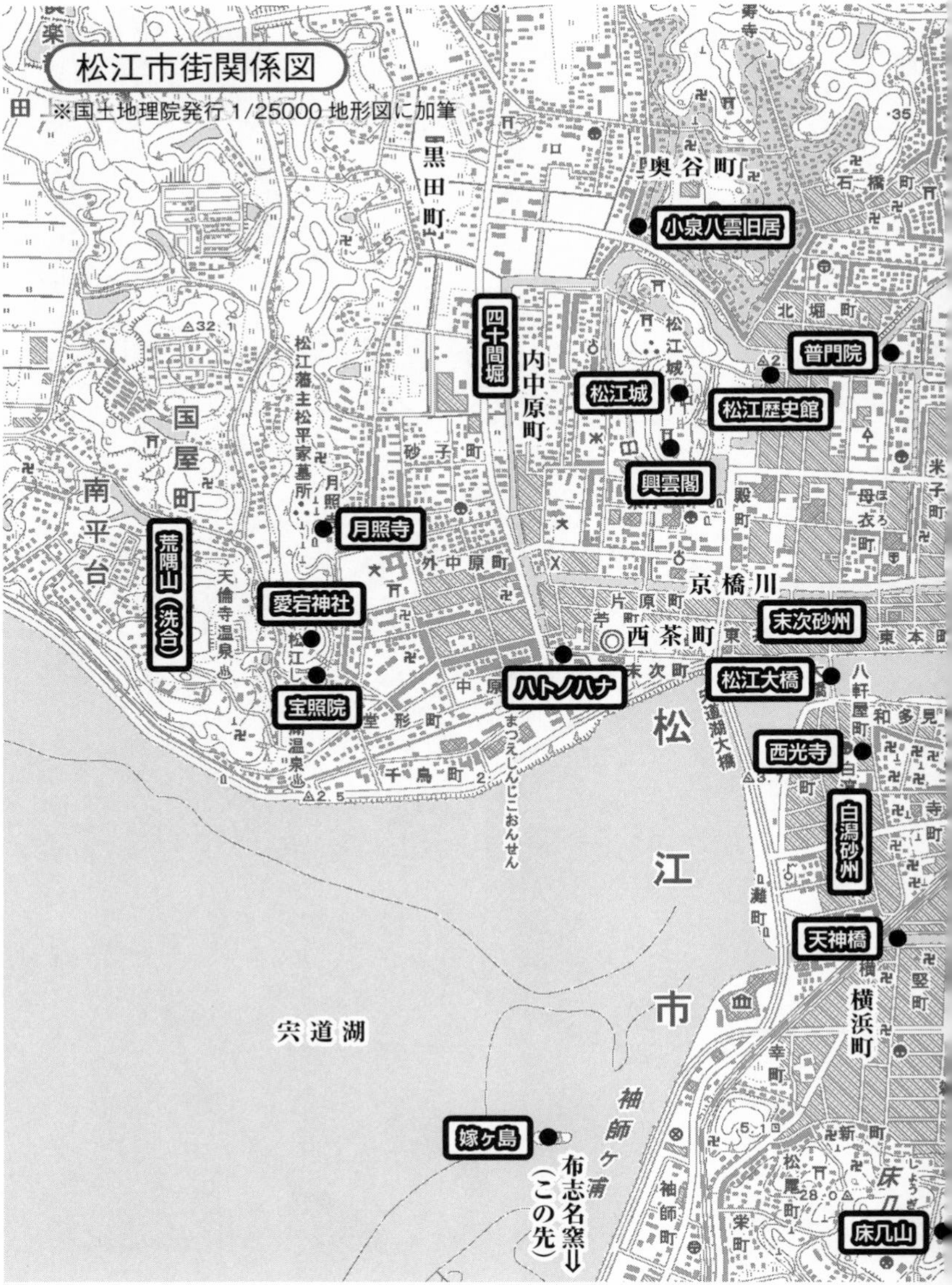
松江市街関係図
※国土地理院発行 1/25000 地形図に加筆
小泉八雲旧居
奥谷町
石橋町
黒田町
四十間堀
内中原町
北堀町
普門院
松江城
松江歴史館
松江藩主松平家墓所
国屋町
南平台
荒隅山（洗合）
砂子町
興雲閣
殿町
米子町
母衣町
月照寺
外中原町
京橋川
片原町
愛宕神社
天倫寺温泉
西茶町
末次砂州
東本町
ハトノハナ
末次町
松江大橋
宝照院
中原町
堂形町
千鳥町
まつえしんじこおんせん
宍道湖大橋
八軒屋町
和多見
西光寺
白潟砂州
松
江
市
灘町
天神橋
横浜町
宍道湖
袖師ヶ浦
嫁ヶ島
布志名窯⇒（この先）
袖師町
米町
幸町
床几山

松江城天守　2020 年 5 月撮影

第一部　戦国～江戸初期の出雲・松江

第一章　戦国時代の出雲

出雲国（島根県）の戦国時代を語るには、尼子《あまご》氏の存在なくして語ることができない。尼子氏は、守護《しゅご》京極《きょうごく》氏のもと守護代として活躍し、その後、下剋上《げこくじょう》して戦国大名となり、さらに中国八か国の守護にまでなった。

この尼子氏の勢力拡大については、尼子氏の実力によるものとする見解と、もとの主家である京極氏の出雲国守護権力を引き継いだとする見解とが拮抗《きっこう》している。尼子経久《つねひさ》は、永正五年（一五〇七）に京極家惣領《そうりょう》の京極宗済《そうさい》（政経《まさつね》）が、失意のうちに出雲の地で幼い孫に惣領職《しき》や守護職を譲るにあたり、多賀経長《たがつねなが》と共に京極家の代々の証文《しょうもん》等を預かり、以降、勢力を拡大させていく。室町時代の守護は、通常、京都にいて中央の幕府政治に関わる。そのため、出雲の地に京極当主が在国《ざいこく》することはほとんどなかった。京極当主の宗済が、意宇《いう》郡の安国寺《あんこくじ》（松江市）にいたことが、尼子・多賀両氏に代々の古文書を預け、後見とする状況を生み出した。尼子氏登場の背景の一つは、京極氏当主が出雲の地に住んだ理由にある。

尼子氏は安来庄《やすぎのしょう》（安来市）を拠点として、美保関《みほのせき》（松江市）を押さえる松田《まつだ》氏を十五世紀後半に制圧し、日本海・中海《なかうみ》水運の要衝《ようしょう》を支配下とすると、十六世紀前半には宍道湖《しんじこ》西の塩冶《えんや》氏を討滅し、奥出雲の横田庄《よこた》を押さえる三沢《みさわ》氏を圧迫するなど、勢力を拡大していった。しかし、全盛を誇った尼子氏も、永禄九年（一五六六）に毛利氏の大軍により拠点・富田《とだ》城を落とされると、当主尼子義久《よしひさ》は降伏した。山中鹿介《やまなかしかのすけ》や米原綱寛《よねはらつなひろ》らによる尼子「御一家再興《ごいっかさいこう》」戦が開始されるのは、三年後の同十二年からである。再興戦は、末次《すえつぐ》城、新山《しんやま》城と松江地域を舞台に繰り広げられるが、毛利軍の前に敗退する。米原綱寛は、尼子方、毛利方と立場を変えたが、再興戦では、尼子勝久《かつひさ》が籠もる新山城と連携して、高瀬《たかせ》城（出雲市）を拠点に二年もの間、毛利軍と戦うものの陥落してしまう。

鹿介は、因幡《いなば》で再び蜂起し、織田信長《おだのぶなが》へ援助を要請し、以後、織田軍の下で尼子「御一家再興」を目指す。しかし、織田軍の最前線である播磨上月《はりまこうづき》城（兵庫県佐用町）での籠城戦では、織田信長が三《み》木《き》城（同三木市）攻めを優先したため、上月城は落城し、勝久は切腹、鹿介は殺害された。吉川元長《きっかわもとなが》はこのとき、鹿介を並ぶものがいない優れた侍を指す「正真の天下無双《てんかむそう》」と評価した。

尼子氏が京極家代々の証文を預かった五年前の文亀二年（一五〇二）、奥出雲の最奥（最南）部に位置する馬来《まき》郷を拠点とする馬来氏は、愛宕《あたご》山の神の祠堂《しどう》を新たに建てた。この祠堂は、馬来氏が経営し、領内の安全を祈祷《きとう》するために建立された。このとき、新たに祠堂に奉納された「灰火山社記《はいびやましゃき》」は、馬来氏が愛宕山の神を祀ることで、領内が無事で平穏であることを説く。その文中に、『出雲国風土記《いずものくにふどき》』を参照した記述がある。『出雲国風土記』は天平五年（七三三）の完成後、原本《げんぽん》は所在不明となっており、慶長二年（一五九七）の奥書《おくがき》を持つ細川家本が書写年代の明確な最古の写本《しゃほん》だった。だが、「灰火山社記」

の発見により、戦国時代の出雲国で『出雲国風土記』が利用されていたことが明らかとなったのである。「灰火山社記」はその後、富田、松江へと移り、古代にまで遡る由緒を持つ松江城下の火伏《ひぶせ》の神として機能していく。

1．戦国大名尼子氏登場の背景——近江の対抗軸・出雲

戦国大名尼子氏登場の前提は何か。とくに重要と思われるのが、尼子氏が仕えた主家京極氏の領国に占める出雲国の位置づけである。室町時代、京極氏が守護となった領国は、出雲・隠岐《おき》（島根県）・飛騨《ひだ》（岐阜県）・近江《おうみ》（滋賀県）の四か国である。当初は京極高氏《たかうじ》が上総《かずさ》（千葉県）、高詮《たかあきら》が石見《いわみ》（島根県）の守護も兼ねたが一代で終わった。四か国のうち、近江は継続的に守護職を保持できず、明徳の乱前の山名《やまな》氏守護期を除いた出雲・隠岐・飛騨の三か国が、継続的な京極氏の守護領国であった。

京極氏による出雲支配は、伝統的勢力の権限を重視したものであった。当初、守護代制度はなく、下部機構への伝達もない、伝統的勢力の相互関係の調整と国内秩序の維持のみが果たされていた。その後、十五世紀末の京極持清《もちきよ》期に至り郡《こおり》奉行が現れるが、実際には国内の伝統的勢力に権限行使を委ねる体制がとられた。このようななか、尼子氏が近江から出雲へと来たのである。

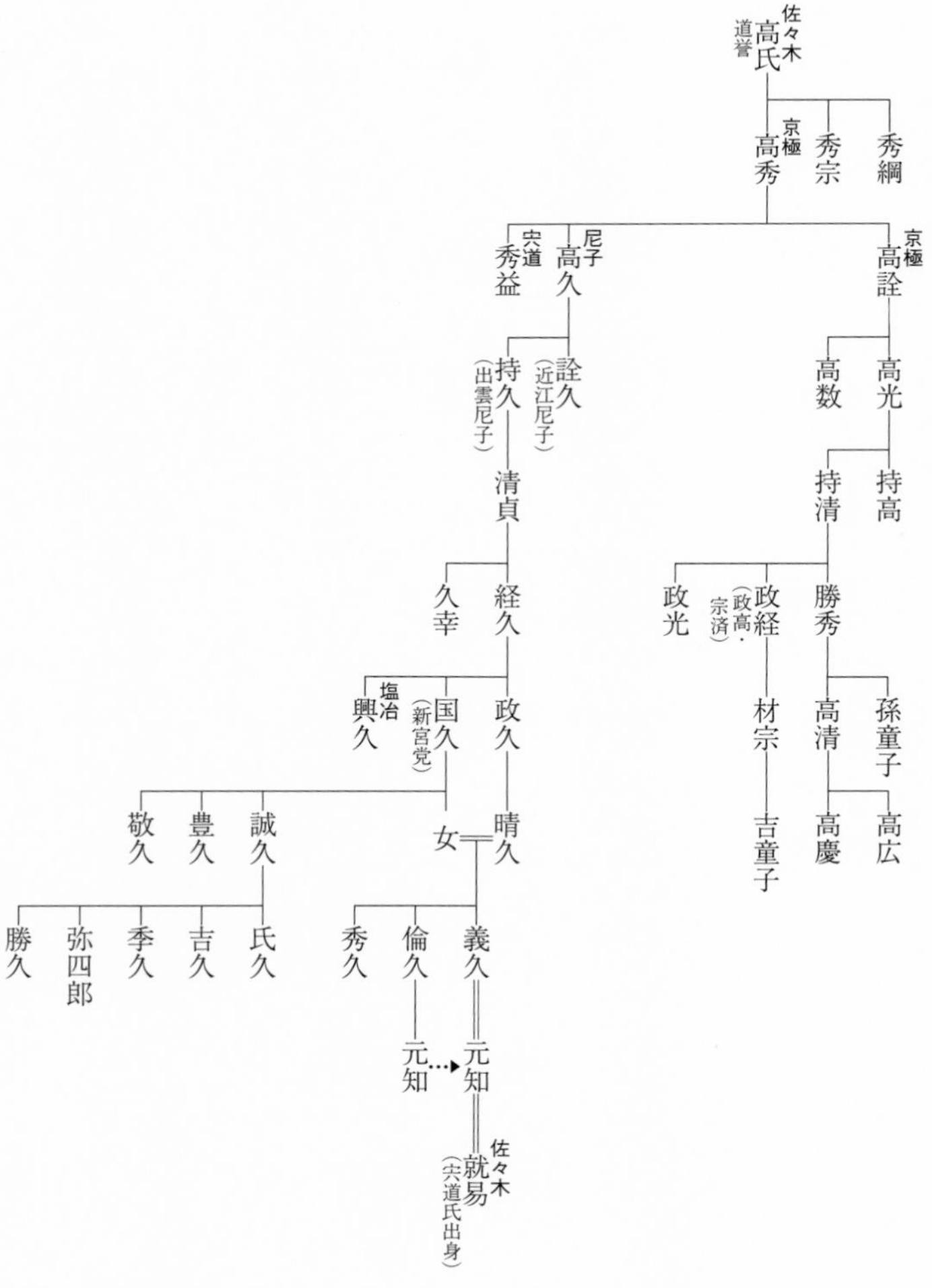
佐々木 高氏 道誉
秀綱
秀宗
京極 高秀
京極 高詮
高光
高数
持高
持清
勝秀
政経（政高・宗済）
政光
孫童子
高清
材宗
吉童子
高広
高慶
尼子 高久
宍道 秀益
詮久（近江尼子）
持久（出雲尼子）
清貞
経久
久幸
政久
国久（新宮党）
塩冶 興久
晴久
女
誠久
豊久
敬久
義久
倫久
秀久
氏久
吉久
季久
弥四郎
勝久
元知
元知
佐々木 就易（宍道氏出身）

京極・尼子氏略系図

尼子氏は、京極高詮の弟高久《たかひさ》の流れで、京極氏の庶流に位置づく。高久の子には詮久《あきひさ》と持久《もちひさ》がいて、詮久が近江の尼子氏の祖となり、持久の流れが出雲の尼子氏となった。近江国犬上郡《いぬかみ》甲良荘《こうらのしょう》尼子郷（滋賀県甲良町尼子）を名字の地とし、近江の尼子氏は同所を拠点とした。出雲の尼子氏は、正長〜永享（一四二八〜四一）頃に近江から出雲へ入部し、出雲国内の伝統的勢力に対抗した。

尼子経久が権力を形成していく前提として、応仁・文明の乱以降の京極氏の内紛が重要である。出雲・隠岐・飛騨・近江の四か国の守護京極持清の嫡子勝秀《かつひで》や孫の孫童子《まごどうじ》が早世すると、他の持清の子政高《まさたか》（政経《まさつね》）が跡を継ぎ、四か国守護になった。だが、政高に対し、孫童子の弟で持清の養子となっていた京極高清《たかきよ》が蜂起し、近江で抗争が繰り広げられた。政経と結んだ重臣多賀宗直《むねただ》は、文明十八年（一四八六）に高清を近江敏満寺《びんまんじ》（滋賀県多賀町）に攻め、甲賀郡《こうか》三雲《みくも》（同湖南市）へと追うが、一月半後、高清が再起し、逆に宗直は美濃《みの》へ追われ、翌年、近江浅井郡《あざい》月ケ瀬《つきがせ》（同長浜市）で敗死した。対する政経は、翌年、近江愛智郡《えち》松尾まで侵入するが敗北する。二年後、政経は将軍足利義材《あしかがよしき》から高清退治の命を得て、子の材宗《きむね》と共に高清を攻め、近江坂本（大津市）へと追う。以後、材宗が江北《ごうほく》での実権を握り、翌年、政経は将軍義材から「佐々木大惣領《だいそうりょう》」を認められた。

しかし、翌明応元年（一四九二）、対立する高清が将軍義材と対面し、「京極之惣領職《そうりょうしき》」を認められ、高清は政経退治を幕府へ申請した。翌年の明応の政変で義材は将軍から降ろされるが、高清は斎藤利《さいとうとし》国《くに》に擁立《ようりつ》され、材宗を追い江北に復帰した。三年後、利国が戦死すると、今度は高清が近江湖西の海《かい》津《づ》へと落ち、江北の支配権は江南の六角高頼《ろっかくたかより》の手に帰した。だが、さらに三年後の明応八年、高清が上坂家信《こうさかいえのぶ》の力によって江北に復帰を果たすと、以後、大永三年（一五二三）まで二十五年間、家信の執権期となった。この間、文亀元年（一五〇一）からの四年間に三度、材宗は高清を攻めるが、いずれも敗走した。そして永正二年（一五〇四）冬に、近江箕浦日光寺《みのうらにっこうじ》（滋賀県米原市）で高清と材宗の和睦が成立する。政経・材宗と高清の対立は、将軍足利義政《よしまさ》・義尚《よしひさ》・義材（明応元年まで）が政経・材宗を、明応元年十二月以降は将軍義材・義澄《よしずみ》が高清を推《お》した。その過程で、京極氏の領国は出雲・隠岐・飛驒三か国守護と近江守護に大きく分かれ、前者を政経・材宗、後者を高清が支配することとなる。

十五世紀後半の京極氏内部の分裂と抗争は、京極氏領国を二分し、なかでも近江国の対抗軸として出雲国が現われてくる点に特徴がある。それは近江の高清に対し、政経・材宗が出雲を拠点としていたことによる。政経・材宗の出雲在国の徴候は、次の四点である。

①文明八年（一四七六）、政高（政経）が尼子清貞《きよさだ》へ、能義《のぎ》郡土一揆《つちいっき》が富田庄・富田要害《ようがい》へ乱入したことに対する前日の戦いを褒賞《ほうしょう》しており、この時点で政高は出雲にいた。

②同年九月に幕府は、能義郡一揆鎮圧への忠節を褒賞し、政高に再度出雲への入国を命じた。政高は、五月以来いったん上京し、再度出雲へ下国した。

③十年後の同十八年七月、材宗は出雲から上京し、妙行寺《みょうこうじ》を宿所とした。政経・材宗父子は幕府に出仕し、十日後の将軍足利義尚の拝賀《はいが》に材宗が「京極家督《かとく》」として供奉《ぐぶ》した。

④十年後、宗済《そうさい》（政経の出家名）は出雲国意宇《いう》郡竹矢郷《ちくやごう》（島根県松江市竹矢）の安国寺で死去した。

永正四年（一五〇六）二月、材宗とその子息ら十四人が高清によって殺害され、政経・材宗方の当主は不在となる。翌五年十月二十一日、出家し宗済と名乗っていた政経は、尼子経久《つねひさ》・多賀経長《つねなが》へ宛て、孫の吉童子《きちどうじ》への譲状《ゆずりじょう》と代々証文等を預け置くとする書状を認《したた》め、四日後、惣領職、出雲・隠岐・飛騨三か国守護職、諸国諸所領などを吉童子へ譲与する譲状を作成して、同日、竹矢の安国寺で死去した。安国寺は足利直義《ただよし》の命で円通寺《えんつうじ》を安国寺に改めた寺である。同寺には、政経の父持清《もちきよ》発給の同寺宛て判物《はんもつ》写が六通あり、江戸時代初頭にも松江藩主京極忠高《ただたか》が菩提寺《ぼだいじ》と定めるなど、京極氏と関わりの深い寺であった。宗済（政経）最期の地が安国寺であることから、同寺周辺が政経・材宗方の出雲における拠点であった可能性が高い。

近江の対抗軸としての出雲という認識は、その後も人々の意識に残った。若狭《わかさ》国小浜《おばま》の古刹《こさつ》・羽賀《はが》寺《じ》（福井県小浜市）の記録には、天文二年（一五三三）に京極高慶《たかよし》（高清の子）が、近江浅井《あざい》氏との対立のなか、出雲国へ下向したとの風聞《ふうぶん》（噂）を記している。

戦国時代、近江と出雲・隠岐・飛騨に京極氏の守護領国は二分し、京極家の内紛により、近江の勢力に対抗する勢力の拠点として出雲が浮上してくる。尼子・多賀両氏が京極家の文書を預かり、京極氏の庶流である尼子氏が、京極の家督と守護権を自覚的に継承できたのは、京極惣領家の出雲在国という状況が出現したことによるところが大きい。そして、幕府から守護の認定を受けることで、尼子氏は一国の軍事動員を可能としていくのである。

2．正真の天下無双・山中鹿介

伝説の中の鹿介――同時代史料登場以前

山中鹿介幸盛《やまなかしかのすけゆきもり》が同時代史料（一次史料）に登場するのは、永禄十二年（一五六九）から始まる尼子氏再興戦からである。そのため、それ以前の事蹟については、すべて後世に書かれた軍記物《ぐんきもの》や系譜類《けいふるい》に頼らざるをえない。まず、鹿介の出生年からして諸説ある。天文十四年（一五四五）八月十五日に出雲国富田庄（島根県安来市）で生まれたとする、寛永二年（一六二五）成立の『甫庵太閤記《ほあんたいこうき》』の説をとる場合が多い。軍記等によれば、山中満幸《みつゆき》の次男で、母は立原綱重《たちはらつなしげ》の娘であったという。

尼子晴久《はるひさ》が籠もる富田城を攻めた周防《すおう》国（山口県）の戦国大名・大内義隆《おおうちよしたか》も、鹿介が七歳のときに滅亡し、安芸《あき》国（広島県）の毛利《もうり》氏が台頭してくる。山中家が仕えた尼子晴久は、中国八か国守護となり、絶頂期を迎えていた。鹿介は十二歳で尼子晴久の子・義久《よしひさ》の近習《きんじゅう》となったという。十六歳の春には甚次郎《じんじろう》の名を改め、鹿介幸盛を名乗り元服《げんぷく》して山中家を継いだ。その年の末に晴久が急死し、義久が尼子家督を継ぐこととなる。家督を継いだのは、鹿介も義久もほぼ同じ時期であった。

富田城本丸から北を望むと、遠くに日本海を望み、島根半島から美保関、そして弓ヶ浜、その手前に中海を見渡せる　島根県安来市

永禄五年（一五六二）七月、毛利元就《もとなり》が出雲国赤穴《あかな》（島根県飯南町）へと進出し、十二月には洗合《あらわい》（松江市）に本陣を置いた。元就は翌年、尼子方の白鹿《しらが》城（松江市）を攻めた。尼子軍は籠城する白鹿城の救援に向かうが、近習が先陣を切るという鹿介らの意見は容れられず、老臣が先陣を切ることとなった。しかし、大敗を喫《きっ》し、破れた尼子軍の殿《しんがり》を鹿介がつとめた。このとき、鹿介は老臣たちに不信を抱いたという（老翁物語《ろうおうものがたり》）。

同八年四月、ついに毛利元就が富田城を攻めてきた。鹿介は塩谷口で防戦し、吉川元春《きっかわもとはる》の軍勢を破り、九月には品川大膳《しながわだいぜん》と富田川の中洲《なかす》で一騎打ちを行ったという。しかし、翌年十一月に富田城は落城し、尼子義久・倫久《ともひさ》・秀久《ひでひさ》の三兄弟は安芸国長田の円明寺に幽閉された。富田城には、毛利氏家臣の天野隆重《あまのたかしげ》が入った。尼子家臣の立原久《ひさ》綱《つな》は上京し、二十二歳の鹿介は杵築《きづき》（島根県出雲市）で、翌年には有馬《ありま》温泉（神戸市北区）で傷の養生に努めたという。のちに上京して久綱に会い、東国地方へ旅したと軍記類は記す。

永禄十一年、秋上三郎右衛門尉《あきあげさぶろううえもんのじょう》と庵介《いおりのすけ》父子が上京し、出雲の情勢を鹿介に知らせに来た。鹿介は、東福寺《とうふくじ》の僧で新宮党《しんぐうとう》の遺児《いじ》を還俗《げんぞく》させ、尼子孫四郎勝久《まごしろうかつひさ》と名乗らせ、勝久を奉じて但馬国《たじま》（兵庫県）に下った。そして、鹿介らは翌十二年五月に海賊・奈佐日本之助《なさやまとのすけ》の軍船で隠岐へ行き、隠岐為清《ためきよ》の援助を受けた。次いで勝久を擁して島根半島の千酌《ちくみ》（松江市）付近に上陸し、南にある忠山《ちゅうやま》に籠もり、さらに新山城《しんやま》（松江市）を落として本陣とし、出雲国内の諸城を攻めて落城させた。ただし、富田城は落ちなかった。

「正真の天下無双」――尼子氏再興戦と上月籠城

鹿介の同時代史料での初見は、永禄十二年（一五六九）八月に国造《こくそう》の千家義広《せんげよしひろ》が鹿介と立原久綱に宛てた書状からである（坪内家文書）。書状の脇付《わきつけ》には「御陣所《ごじんしょ》」とあり、鹿介の陣所へ届けられた。九月に作成され日御崎検校《ひのみさきけんぎょう》に宛てた尼子家家臣連署奉書《れんしょほうしょ》では、日付下に「山中鹿介幸盛」が判を据《す》えていることから、この奉書の作成を担当したことがわかる（日御碕神社文書）。この奉書には「当家《とうけ》断絶《だんぜつ》」す、「以来《いらい》三四ケ年」と記し、このたび、尼子勝久がその「欝胸《うつきょう》」を晴らすために丹後から数百艘の船で島根半島へ上陸したとあり、尼子氏再興に懸ける鹿介らの思いを知ることができる。

尼子勢の勢いに対し、毛利元就は吉川元春と小早川隆景《こばやかわたかかげ》の軍勢を北九州から呼び戻し、翌元亀元年（永禄十三・一五七〇）正月、毛利輝元《てるもと》を総大将として、冬であるにもかかわらず雪のなか安芸吉田（広島県安芸高田市）を発し、富田城へ救援に向かった。毛利軍の攻勢の前に、鹿介らは布部城《ふべ》（島根県安

安来市出身の画家・瀧秋方が描く山中鹿介画像
安来市教育委員会蔵

来市）で敗北し、尼子勝久が守る末次《すえつぐ》城（松江市。現在の松江城のある地）へと後退した。元春らはそのまま末次城を攻め、鹿介らはさらに新山城へと後退する。四月に毛利軍は牛尾《うしお》城（同雲南市）を攻め、秋上庵介が五月に、戸倉《とくら》城（同出雲市）の古志重信《こししげのぶ》も十一月に毛利方へ降った。

翌二年二月、鹿介は毛利方の伯耆《ほうき》尾高《おだか》城（鳥取県米子市）を攻めるが敗退した。三月には、尼子氏再興のために共に戦っていた米原綱寛が守る高瀬城（島根県出雲市）も落城する。八月、鹿介は伯耆大山《だいせん》衆徒《しゅうと》と共に新たに伯耆末石《すえいし》城（米子市）を拠点としようと画策したが、吉川元春に攻められ落城した。鹿介は捕らえられ、尾高城に幽閉されてしまう。尼子勝久は新山城を捨てて逃走し、二年二か月に及ぶ出雲での尼子氏再興戦は、ここに終わりを告げる。

杉原盛重《すぎはらもりしげ》が監視するなか、鹿介は尾高城から脱出し、美作《みまさか》国（岡山県）を経て京都へ向かったといい、新山城から逃亡した勝久も上京して、鹿介・立原久綱と合流したと軍記類は記す。翌三年三月に鹿介は但馬国に潜伏し、挙兵の機会をうかがった。そのようなか、因幡国守護の山名豊国《とよくに》が武田《たけだ》高信《たかのぶ》に追放され、但馬へ逃れてきた。翌天正元年（元亀四・一五七三）春に武田高信が急死すると、鹿介は山名豊国を擁立して因幡へ進攻し、桐山城《きりやま》（鳥取県岩見町）を拠点とする。

京都では、七月に織田信長が将軍足利義昭《よしあき》を追放した。九月に入り、鹿介らは因幡鳥取城《とっとり》（鳥取市）を奪取して山名豊国を入れ、尼子軍は私部城《きさいち》（鳥取県八頭町）に拠点を移した（吉川家中并寺社文書）。しかし、毛利勢の反撃で鳥取城が落ち、豊国も毛利方へ寝返ってしまう。安国寺恵瓊《えけい》が毛利方へ宛てた書状に拠れば、鹿介は織田信長配下の柴田勝家《しばたかついえ》を通じて信長に援助を求めていた（吉川家文書）。また、豊後国《ぶんご》（大分県）の戦国大名・大友宗麟《おおともそうりん》とも連絡を取り合い、翌二年十一月には宗麟から鹿介へ塩硝《えんしょう》（火薬）二壺が贈られている（橋本家文書）。しかし、翌年五月に但馬守護の山名祐豊《すけとよ》と毛利輝元が和睦《わぼく》してしまい、尼子勢は因幡で孤立することとなった。鹿介らは六月、矢部《やべ》氏の居城・鬼ケ城《おにがじょう》（鳥取県若桜町）を奪い、拠点を私部城から移している。

天正四年（一五七六）二月、将軍足利義昭は備後国鞆《びんごとも》（広島県福山市）に移ってきた。これにより、毛利輝元は全面的に織田信長と対決することとなる。勝久・鹿介らは、五月に鬼ケ城を捨て上京する。この頃、信長と会って援助を請うたと推定され、翌五年八月に松永久秀《まつながひさひで》が信長に反旗《はんき》を翻《ひるがえ》すと、鹿介は信長の家臣である明智光秀《あけちみつひで》の配下として片岡城《かたおか》（奈良県上牧町）攻めに加わっている。そして、十月からの羽柴秀吉《はしばひでよし》の中国地方攻めにも鹿介は加わっていく。鹿介らは十二月、赤松政範《あかまつまさのり》が籠もる播磨上月城（兵庫県佐用町）を落城させ、京都から勝久を呼び寄せて入城する。勝久と共に詰めたのは、

尼子勝久・山中鹿介ら旧尼子氏領の出雲・伯耆・因幡・美作の旧臣達が籠城した上月城　兵庫県佐用町

出雲・伯耆・因幡・美作の牢人《ろうにん》、すなわち旧尼子氏領の旧臣たちであった。上月城攻めでは、堀尾吉晴《よしはる》も秀吉の配下として共に戦っている（堀尾家記録）。

天正六年二月に毛利方の宇喜多直家《うきたなおいえ》が上月城を奪還すると、鹿介らは一時、姫路《ひめじ》（兵庫県姫路市）へ逃れたが、翌月再入城を果たす。しかし、ひと月前に播磨国三木《みき》城（同三木市）の別所長治《べっしょながはる》が織田方から毛利方へ寝返っていた。毛利軍は四月に上月城を包囲し、五月末には上月城内に水・兵粮《ひょうろう》がなくなったと吉川元長《もとなが》は伝えている（吉川家文書別集）。六月、秀吉は単身上洛して信長の指示を仰いだが、信長は尼子勢の籠もる上月城を見捨て、三木城攻めを優先した。そこで、亀井茲矩《かめいこれのり》が上月城へ忍び入り、打って出るようにという秀吉の意見を伝えるが、鹿介は断ったという（亀井家由来）。結局、秀吉軍は二十四日に敗れ、高倉山《たかくらやま》から撤退した。鹿介は降伏にあたり、勝久の助命を毛利氏に乞うたが許されず、七月三日に勝久は切腹《せっぷく》、吉川元春らは五日に城内の者たちの助命を鹿介に約束した（吉川家文書）。十日、鹿介は備中松山《びっちゅうまつやま》（岡山県高梁市）の毛利輝元の陣所へ行くため上月を発つが、十七日に松山城下の阿井《あい》の渡《わたし》で殺害された。

享年三十四歳であった。

鹿介が降伏する直前の吉川元長の書状には、鹿介を「当世《とうせい》のはやり物」で「只今《ただいま》こそ正真之天下《しょうしんのてんか》無双《むそう》」だと評している（吉川家文書別集）。鹿介の往生際《おうじょうぎわ》の悪さを嘲《あざけ》ったものとする解釈の他、近年、藤岡大拙《だいせつ》氏により、尼子一筋であった鹿介が毛利家臣となることを了承し、主を次々に変える当世《とうせい》侍《ざむらい》となって、まさに天下無双（並ぶものがない優れた侍）となったとする解釈も出されている。

3．米原綱寛の尼子〝御一家再興〟戦

米原《よねはら》氏は、近江国（滋賀県）の守護六角《ろっかく》氏の支流で、同国坂田《さかた》郡米原《まいばら》（米原市）を出身地だとする説があるが、確実な史料はなく不明である。ただ、康正元年（一四五五）には神門《かんど》郡知井宮《ちいみや》大明神への寄進に関わる米原勝吉《かつよし》が見え、応仁・文明の乱前には出雲へ来ていたことがわかる。後に出東《しゅっとう》郡の高瀬《たかせ》城（島根県出雲市斐川町）城主となるため、同城近辺が領地であったと考えられる。天文九年（一五四〇）の近江国竹生島宝厳寺《ちくぶしまほうごんじ》造営のための奉加帳《ほうがちょう》に、尼子氏の直臣《じきしん》・富田衆《とだしゅう》の一人として米原左馬亮《さまのすけ》が記され、米原氏が他の鎌倉・南北朝時代からの土着の有力国人《こくじん》とは違う立場だったことがわかる。大永七年（一五二七）に尼子氏が備後国へ出兵したとき、米原山城守《やましろのかみ》は三谷郡和知《わち》（広島県三

米原綱寛が毛利氏と戦い籠城した高瀬城　山頂の大高瀬からは、西から東にかけて、日本海、斐川平野、宍道湖、新山城、松江までもが見渡せ、その立地は抜群によい　島根県出雲市

次市）で毛利家の重臣・志道《しじ》広良《ひろよし》に討たれた。毛利元就は広良へ感状《かんじょう》を与えており（志道家文書）、米原氏が尼子配下の有力武将だったことがわかる。

　米原綱寛《つなひろ》は尼子晴久《はるひさ》の寵童《ちょうどう》だったと、軍記『陰徳太平記《いんとくたいへいき》』は記している。その晴久が永禄三年（一五六〇）に急死し、義久《よしひさ》が尼子家督を継いだ二年後、安芸国の毛利元就が出雲へ侵攻してきた。このとき綱寛は、三沢《みざわ》・三刀屋《みとや》・赤穴《あかな》氏らと共に、尼子方を離れ毛利方に付いた。だが、尼子氏の下に留まった米原一族もおり、綱寛の弟綱忠《つなただ》は、義久から綱寛の所領であった出東郡吉成《よしなり》・神森《かみもり》（島根県出雲市）の地を与えられている。兄弟で毛利・尼子双方に付くことで、生き残りを図ったのである。

　綱寛は、毛利方として富田城攻めに参戦する。毛利三万、尼子一万で臨んだ永禄八年四月の富田城総攻撃で、綱寛は小早川隆景のもと最前線で菅谷口《すがたにくち》から城中を目指した。毛利氏はいったん荒隈《あらわい》（松江市）へ退却し、八月の再攻撃では綱寛は後方の末次（松江市）を守った。翌年十一月、富田城は落城する。このとき、和議《わぎ》申し入れのための毛利方の使者を綱寛が務めたという（雲陽軍実記《うんようぐんじっき》）。

綱寛が毛利氏から与えられていた所領の一部は、東長田（島根郡）・加賀《かか》・大蘆《おあし》（大芦）など松江近辺であった。これらの地は、のちに綱寛が尼子方へ付いたことで、毛利方家臣へと与え直されることとなる（多賀文書）。

永禄十一年、安芸の毛利氏と豊後国の大友氏との戦いに、綱寛も毛利氏のもと九州へ下る。翌年五月、毛利氏と敵対していた大友宗麟から、立花《たちばな》（福岡県）に出陣していた綱寛のもとへ手紙が届いた。その手紙は、尼子勝久《かつひさ》の「御一家再興《ごいっかさいこう》」のときが来ているから、本意《ほんい》を遂げるよう伝えるものであった（松原家文書）。勝久・山中鹿介（幸盛）らによる尼子氏再興戦を伝える初見史料で、ここから再興戦は始まる。六月には、鹿介らが勝久を擁し、出雲へと進出してきた。毛利氏は、七月に北九州から出雲へ綱寛と坂元貞《さかもとさだ》の二人を派遣したが、綱寛はそのまま尼子方に付いた。八月、勝久は味方に付いたことの恩賞として、「当知行分《とうちぎょうぶん》」「宍道当領知」（意宇郡）「加茂七百貫」（大原郡）「平田三百貫」（楯縫郡）などを綱寛に与えた（松原家文書）。

綱寛は高瀬城で約二年間、新山城（松江市法吉町）の尼子勝久と共に毛利軍と戦った。元亀二年（一五七一）三月、守り切れなくなった高瀬城を去り、勝久の籠もる新山城へと移ったが、三か月後、新山城も落城した。綱寛は出家し、隠棲《いんせい》したと伝わる。

高瀬城籠城中の永禄十三年（一五七〇）十月、綱寛は高瀬城の北麓《ほくろく》にある米原氏の祈願所・蓮台寺《れんだいじ》へ、建部郷《たけるべのさと》（島根県出雲市斐川町）から米十俵分の土地を寄進している（蓮台寺文書）。また、綱寛の

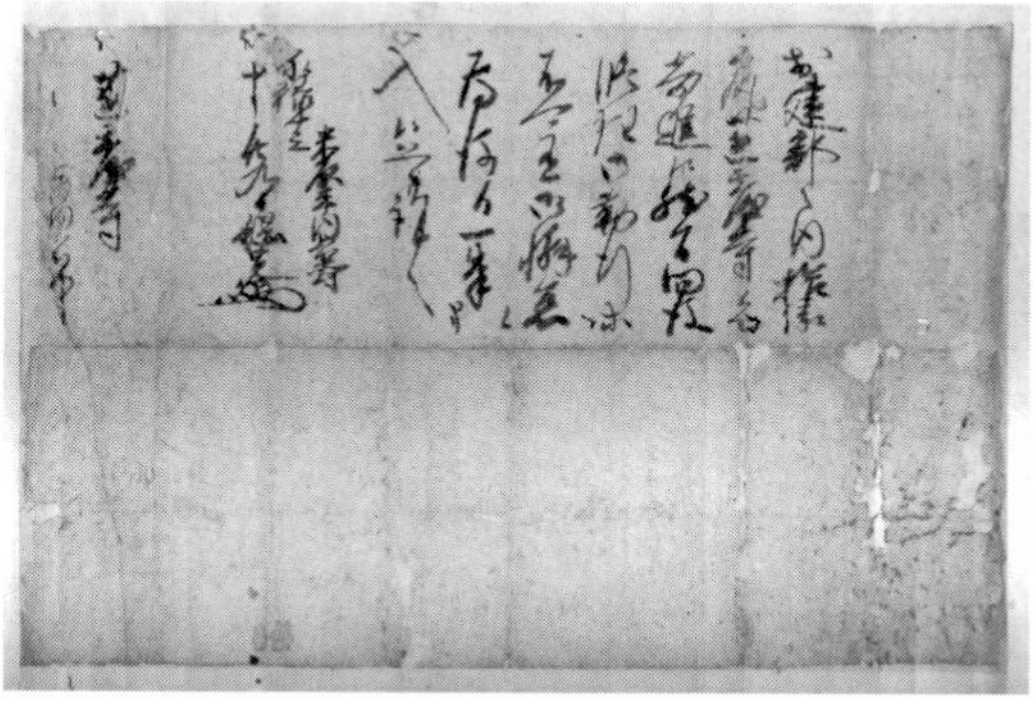

米原綱寛が自ら筆を執り、蓮台寺へ土地を寄進した証状　永禄13年10月29日付米原綱寛寄進状（出雲市指定文化財）島根県出雲市・蓮台寺蔵　画像提供：出雲市文化財課

父綱広が天文八年（一五三九）の七夕《たなばた》、建部郷に諏訪《すわ》大明神社を創建し、同二十二年・永禄十二年には綱寛が大旦那《おおだんな》として武運長久を祈り、社殿を再建している。文禄元年（一五九二）にも綱寛が社殿を再建しており、高瀬落城の二十年後においても、郷里の神社再建の大旦那となっている（諏訪神社棟札）。このとき、子の綱俊《つなとし》は因幡国鹿野《しかの》（鳥取市）の亀井茲矩に仕えていた。のち石見国津和野《つわの》（島根県津和野市）へ移った亀井氏のもと、米原氏は津和野藩の家老《かろう》として生き残った。

4．戦国時代の「灰火山社記」にみる『出雲国風土記』

全国の風土記《ふどき》のなかでも、完本として唯一残る『出雲国《いずものくに》風土記《ふどき》』がどのように伝えられてきたのかは、これまで大きな謎であった。松江城下の寺院の由緒《ゆいしょ》として長らく伝えられてきた「灰火山社記《はいびやましゃき》」（松江歴史館蔵）は、出雲国において戦国時代に『出雲国風土記』が利用されていたことを示す稀有《けう》な史料である。

『出雲国風土記』は天平五年（七三三）に完成したが、原本は失われてしまい現存しない。鎌倉時代に京都の卜部兼文《うらべかねふみ》・兼方《かねかた》父子が、原本または写本を見る機会がわずかにあったことが知られている。また、年紀・書写者不明の室町時代末期と推定される写本もあるが、書写年代が明らかな最古の写本は、慶長二年（一五九七）の奥書《おくがき》を持つ細川家本（永青文庫所蔵）で、これ以降、江戸時代を通じて国内に約一五〇本余の写本が作成される。

江戸時代以前に『出雲国風土記』がどのように読まれ、継承されていったのかについては、圧倒的に史料が不足しており不明であった。だが、このたび新たに見出された「灰火山社記」の記述により、原本または写本を見ることができた京都を遠く離れた『出雲国風土記』の舞台において、戦国時代の文亀二年（一五〇二）に、出雲国内の社寺の由緒として『出雲国風土記』が語られていた事実を新たに加えることができる。

「灰火山社記」は、松江市外中原町《そとなかばらちょう》の灰火山宝照院《はいかさんほうしょういん》が所蔵していた。紙継《かみつぎ》の紺紙《こんし》一メートル八四センチの巻子《かんす》で、金界《きんかい》を施し、八九四字の金字を刻む。戦国時代、奥出雲を支配した武士・馬来《まき》氏が、領内に愛宕《あたご》山の神を祀る祠堂《しどう》を建てたとき、奥出雲の地を訪れた大江《おおえ》氏の末流にあたる人物に祠堂の

斯愛宕山之神者伊弉冊尊之所生
而軻遇突智之霊也昔者伊弉冊尊
生火産霊所焦而神終矣其且終之
間卧生土神埴山姫即軻遇突智娶
埴山姫生稚産霊此神頭上生蠶與
桑臍中生五穀也一品舎人載之國
史以傳乎萬世也宜哉　太守之經
營祠堂祈禱安全也　太守之遠祖
氏綱公知神門郡阿具社與此東
山神以同體而事不怠古老傳云此
東山初號灰火山而軻遇突智之所
化也雖然世久物換無知其所以然
者今考其事不得以盡知其説也况
薄識淺才生於數百年之下而欲明
於數百年之前何得不難矣然而章

「灰火山社記」冒頭部分　松江歴史館蔵

由緒の執筆を依頼した。大江氏の末流にあたる人物は、現地にあったいにしえのことを記した一通の願書《がんしょ》と古老《ころう》の所伝《しょでん》を手掛かりに「灰火山社記」を著《あらわ》した。

内容は、火の神・軻遇突智《かぐつち》が伊弉冉尊《いざなみ》から生まれたとする出雲神話から説き起こす。室町時代前期の馬来氏綱《うじつな》は、この地に愛宕山の神を祀ったが、このたび、愛宕山の神の祠堂を新たに建てることとなったと経緯を説明する。この祠堂は、馬来氏が経営し、領内の安全を祈祷《きとう》するもので、東山《ひがしやま》に建てられた。

古老の伝聞では、東山はかつて灰火山《はいびやま》と呼んだ山で、草木《そうぼく》沙石《しゃせき》に火を含んだ山であるからそう呼ばれたのだろうかと、「灰火山社記」の作者は考える。また、火の神・軻遇突智が生まれた地を阿具《あぐ》と考えるのは、阿具と軻遇の音が似ているからで、軻遇突智が生まれたと考える地にある阿具社と灰火山が同体であると知った氏綱が、灰火山とかつて呼ばれた東山にこの神を祀ったのだと作者は推定する。古い文献である

『延喜式《えんぎしき》』神名帳《じんみょうちょう》（九二七年成立）に「阿具」（実際には阿吾神社と載り、出雲国風土記に阿具社と載る）、『出雲国風土記』に「灰火」の文字があることも傍証としている（「阿具載神祇官、灰火見風土記、不為無所拠者也」）。

次に、愛宕山の神の神威《しんい》を説き、領土が安穏《あんのん》となる理由を説く。軻遇突智は雷神にも変化し、雷で家を焼くこともあれば、雨を降らし大地を潤すこともある。人が真心《まごころ》で国・民のために神を敬い祀れば、雨が降り、苗が生え、田を耕し、食料は十分に得られ、苦労せずとも暮らしていけると説く。そして、神を疎んじる行為は身を亡ぼす行為であり、罪の誅伐《ちゅうばつ》を祈れば叶い皆服従する。領地を治める武士は、神を敬うことで自らの領土が無事に治まるのだと作者は説く。さらに、神への崇敬《すうけい》を行動に示したのが、古い考えに囚《とら》われないで祠堂を建てた馬来氏であり、愛宕の神を祀ったことで、その福を受けることができるのだと説く。つまり、「灰火山社記」の作者は、神を敬う心が今の平安をもたらしていることを強調するのである。

「灰火山社記」の記述からは、さらに灰火山の位置も明らかになる。これまで、『出雲国風土記』に載る灰火山は、島根県仁多《にた》郡奥出雲町大馬来《おおまき》の仏山《ほとけやま》（標高一〇一二メートル）とするのが通説（加藤義成『出雲国風土記参究』）で、異説として同町の大谷と小馬来《こまき》の間にある標高五三三メートル峰の山とする見解もあった（関和彦『『出雲国風土記』註論』）。しかし、祠堂を建てた東山は、馬来氏居館からみて東方の山を指すと考えられ、それは大谷と小馬来の間にある標高六二五メートル峰の山にあたる。

愛宕山の神を祀る祠堂があったと推定される場所
島根県仁多郡奥出雲町

この山は北西へと舌状《ぜつじょう》の裾野《すその》が延び、その先端に祠堂のあったと推定される場所がある。同町大谷杭木《くいき》にあるその場所では、祠堂に入った大江氏の末流にあたる人物が、同町の鬼舌震《おにのしたぶるい》にある「恋《したい》山《やま》の松風を感じ」、烏帽子山《えぼしやま》から北流し斐伊川《ひいかわ》に流れ入る現在の大馬来川《おおまきがわ》である「阿伊《あい》川の水の音が聞こえる」と「灰火山社記」に記した、同じ情景を追体験できる場なのである。今後、作者がどこで風土記を見たのか議論となる点であろう。

最後に、祠堂は馬来氏が毛利氏家臣として長門《ながと》国萩《はぎ》へ移住したため廃絶する。由緒書はその後、月山富田《がっさんとだ》城下の一乗院《いちじょういん》の由緒となったが、同院は江戸時代初め、堀尾《ほりお》氏の松江開府とともに松江へと移転し、宝照院と寺名を変えた。松江城下の宝照院は、風土記の時代にまで遡るこの由緒書をもとに藩の祈願所《きがんじょ》として明治維新を迎えることとなる。同院背後の山腹に鎮座《ちんざ》する愛宕神社は、明治初めの神仏分離令以前、宝照院と一体化した神仏習合の状態にあったが、いまは外中原の阿羅波比《あらわい》神社の摂社《せっしゃ》となっている。

第二章　築城伝承を検証する――堀尾期の松江藩

松江のシンボル松江城は、慶長十二年（一六〇七）に築城が始まり五年で完成した。四〇〇年後の平成十九年（二〇〇七）から五年間、松江では開府四〇〇年祭が開かれた。このときまで、松江藩初代の藩主は堀尾吉晴《ほりおよしはる》と信じる人々は多かった。これ以前、松江藩といえば江戸時代二三三年間の統治を行い、明治維新を迎えた松平《まつだいら》家が、市民のみならず観光客までもが思い浮かべる殿様像であった。開府四〇〇年祭を機に堀尾氏の研究が進み、藩主と思われていた吉晴が、すでに前任地の遠江《とおとうみ》国浜松《はままつ》（静岡県浜松市）で隠居し、息子の忠氏《ただうじ》に代を譲っていたことが明らかとなった。つまり、堀尾期松江藩の初代藩主は忠氏だったのである。そこで、父の吉晴を「松江開府の祖」と呼び、区別することとなった。このように、松江を出雲・隠岐支配の拠点とし、松江城を築城した堀尾氏について、ようやく学術的な検討が始まったのである。

その頃、松江に赴任した私は、三年後に控えた松江歴史館の開館準備に合わせて、確かな松江の歴史を描く試みを行った。その際、まず、誰もが信じて疑うことのなかった、松江城築城と城下建設の詳細を説く『島根県史』の叙述が、記憶強健な盲目の老婆の記憶に基づくものであった事実を突き止めた。次いで、赤山《あかやま》と亀田山《かめだやま》の間にある宇賀山《うがやま》を削り、堀と低湿地を埋める土砂にしたとの伝承は、

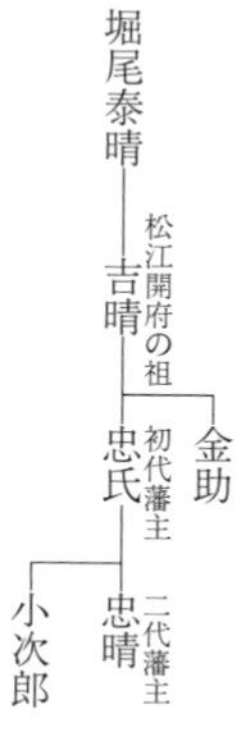

堀尾氏系図

宇賀丘陵を宇賀山としたことからくる誤認だったことを突き止めた。つまり、北から舌状《ぜつじょう》に延びる宇賀丘陵の先端に松江城は築かれ、防御のため北に堀切《ほりきり》を設けた部分が赤山の一部だったのである。

松江城築城と城下の建設は、当時隠居の身であった堀尾吉晴一人でできたわけではなく、有能なブレーンが必要だった。たとえば、出雲国での太閤検地《たいこうけんち》（堀尾検地）で奉行を勤めた小瀬甫庵《おぜほあん》が縄張り《なわばり》（設計図）を描いたと伝わる。そして、松江の選定や築城を背後から支えたのが田中又六《たなかまたろく》であった。又六は、富田《とだ》城下において酒屋業で蓄えた富と土地勘から、松江の地への拠点移転に際し、土地を案内し、築城にあたっては材木を供給した。又六の酒屋業の名残は、この地域の方言で酒屋の小売業を「又六《またろく》屋《や》」ということに垣間見ることができる。

堀尾吉晴は、豊臣秀吉の尾張時代からの家臣であったから、天下統一のための戦いの多くに参加した。吉晴の転機は、本能寺《ほんのうじ》の変であった。織田信長が倒れ、羽柴（豊臣）秀吉が政権の主導権を握ったことで、吉晴も判《はん》（花押《かおう》）を据えた永続的効力を持つ文書を発給するようになる。また、小田原北条《おだわらほうじょう》氏攻めでは、吉晴の子と伝わる金助《きんすけ》が没し、これを偲《しの》ぶ母の追悼文は、尾張国熱田《あつた》（名古屋市熱田区）の裁断橋《さいだんばし》の擬宝珠《ぎぼし》に刻まれた。刻まれることで、江戸時代初めから昭和に至るまで人々に記憶されたのである。

吉晴が人生の最後の五年間で築いた松江城は、その築城技術の集大成としてさまざまな工夫が凝《こ》らされている。そして、①天守《てんしゅ》の創建年（慶長十一年・一六一一）、②二階建て分の長さの短い柱を多用して力を分散させて重さを支える建築構造、③天守台、天守建設途中、完成直後の三段階で玉石や槍、祈祷札による呪術が行われたことの三つの要件が、国宝指定を決定づけた。堀尾氏によって松江の地は大きくその性格を変え、都市としての機能を備えた城下町へと変貌していくのである。

1．老婆の記憶が紡いだ築城物語

堀尾吉晴《ほりおよしはる》が取り組んだ松江城とその城下建設の過程は、概説書でも取りあげられ、よく知られた事実となっている。

子の忠氏《ただうじ》亡きあと、松江に城を築くことを決めた吉晴は、慶長十二年（一六〇七）から城と城下町の建設に着手する。初年度は道路や侍屋敷の土地を整備し、二年目に本丸石垣《ほんまるいしがき》や内堀《うちぼり》工事に取り掛かり、三年目に天守《てんしゅ》・三《さん》の丸御殿《まるごてん》の建造に着手、四年目に天守・堀・三の丸が竣工、五年目に侍屋敷が完成し、家臣たちが富田から移り住んだ。

現在よく知られたこの話は、明治四十四年（一九一一）から昭和五年（一九三〇）まで二十年をか

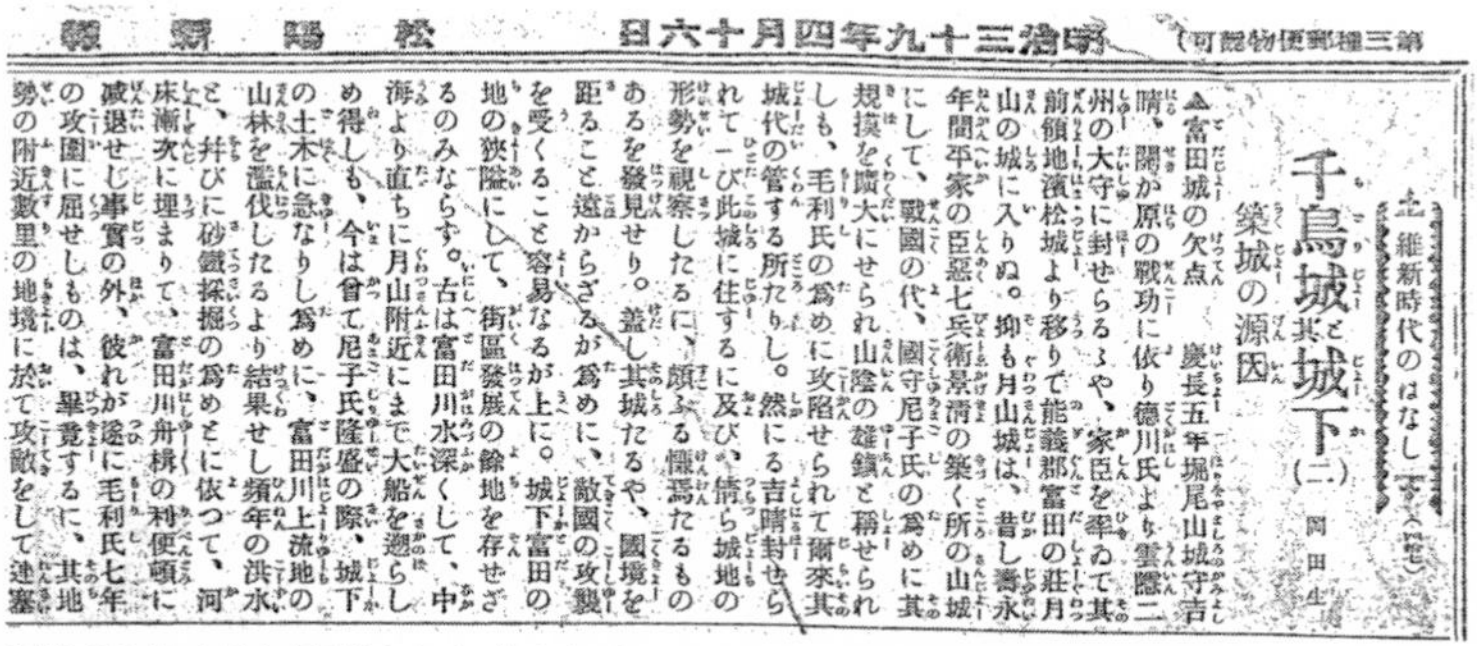
第三種郵便物認可　明治三十九年四月十六日　松陽新報

維新時代のはなし

千鳥城と其城下（二）　岡田生

築城の源因

△富田城の欠点　慶長五年堀尾山城守吉晴、關か原の戰功に依り徳川氏より雲隱二州の大守に封せらるゝや、家臣を率ゐて其前領地濱松城より移りて能義郡富田の莊月山の城に入りぬ。抑も月山城は、昔し壽永年間平家の臣惡七兵衛景清の築く所の山城にして、戰國の代、國守尼子氏の爲めに其規摸を擴大にせられ山陰の雄鎭と稱せられしも、毛利氏の爲めに攻陥せられて爾來其城代の管する所たりし。然るに吉晴封せられて一び此城に住するに及び、倩ら城地の形勢を視察したるに、頗ぶる憾焉たるものあるを發見せり。蓋し其城たるや、國境を距ること遠からざるが爲めに、敵國の攻襲を受くること容易なるが上に。城下富田の地の狹隘にして、街區發展の餘地を存せざるのみならず。古は富田川水深くして、中海より直ちに月山附近にまで大船を遡らしめ得しも、今は曾て尼子氏隆盛の際、城下の土木に急なりし爲めに、富田川上流地の山林を濫伐したるより結果せし頻年の洪水と、并びに砂鐵採掘の爲めとに依つて、河床漸次に埋まりて、富田川舟楫の利便頓に減退せし事實の外、彼れが遂に毛利氏七年の攻圍に屈せしものは、畢竟するに、其地勢の附近數里の地境に於て攻敵をして連塞

明治39年4月に連載された「千鳥城と其城下」　この時期の松陽新報は、ほとんど現存しない。唯一、掲載時の状況をうかがい知ることのできる16日の記事

けて編纂《へんさん》された『島根県史』に掲載されている。郷土史の権威、野津左馬之助《のつさまのすけ》により、県内史料の調査だけでなく、全国の史料を筆写蒐集《しゅうしゅう》していた東京帝国大学史料編纂所《とうきょうていこくだいがくしりょうへんさんじょ》の史料をも調査し、編纂された。そのため、現在でも信用できる確実な史料に基づく手堅い叙述として評価されている。

だが、『島根県史』の松江城と城下建設についての叙述は、古文書など当時の史料に基づきながらも、多くの記述に根拠となる史料の明示がなく、いったい何によってこのような叙述ができるのか不思議に思っていた。そして、根拠とした史料は何であったのか、ここまで詳しく記せるのは何に基づくのか。次の文献に出会ったとき、その謎が氷解した。

明治三十九年（一九〇六）四月の松陽新報《しょうようしんぽう》に連載された岡田射《おかだしゃ》雁《がん》（建文《たてふみ》）による「維新時代のはなし47千鳥《ちどり》城と其《その》城下」である。これは、昭和八年に刊行された奥原碧雲《おくはらへきうん》編纂の『島根叢書《そうしょ》』第一篇に収載されている。

新聞連載は、松江城の城地選定から築城の経緯をつぶさに語り、

明治維新による天守払い下げと保存運動までを叙述する。この岡田氏の叙述と構成および内容が、『島根県史』の松江城とその城下建設の叙述とほとんど同じだったのである。

「千鳥城と其城下」によれば、岡田氏は城北の某所に、粗末な居宅に住む一老媼《いちろうおう》を見つけ出した。この老婆は、歳八十七、盲目にして耳もやや聞こえなかった。しかし、「記憶強健《きょうけん》」で、幼いころ好んで曽祖父の歴史談を訊《き》いたという。射雁が千鳥城（松江城）築城の歴史を論議したところ、老婆は七十年来まったく忘却していた事実の記憶を喚起《かんき》し話した。その内容は、射雁が松江城と城下について推定していた考えと一致することが二、三あった。記録や口碑《こうひ》ではうかがい知れない新事実であり、いにしえの事跡を追念し、今を知る材料とするため、射雁は記載したのであった。

老婆の幼少期は、江戸も後期の文政・天保の頃（一八一八〜四四）、曽祖父は十八世紀後半から十九世紀初頭にかけて生きた人物ということになる。それでも曽祖父は、城下建設から一五〇年も後の人である。この築城の物語が、『島根県史』に出典を明示せず採用されたことにより、江湖《こうこ》へと流布することとなったものと考えられる。

これ以降、松江城とその城下建設の過程は、『新修島根県史』や松江城と城下建設を語る概説書や報告書に、何の疑いもなく参考にされ、語られることとなったのである。

2．山ではなく丘陵だった宇賀山

松江城と城下建設の物語は、ある老婆からの聞き書きが中心であった。そのため、建設の全容は別の角度からの検証が必要になる。ここでは、ささやかなことではあるが、気づいた点を述べたい。

それは、堀尾吉晴が松江城とその城下建設にあたり、城のある城山（亀田山）の北にあった宇賀山を削り堀にして、その土砂で低湿地の中原《なかはら》や田町《たまち》を埋めたとする話である。この話は、いまも教育現場や観光案内の看板等で説明されている。

明治三十九年（一九一二）に岡田射雁《しゃがん》（建文《たてふみ》）が聞いた老婆の語りでは、現在の松江北高等学校一帯の赤山と、南の亀田山の間に宇賀山があり、宇賀山を削って堀と土砂に換《か》えたと説明している。

そこで、地誌《ちし》や歴史書などをしらみつぶしに調べてみると、興味深い事実に行きあたった。かつて城山《じょうざん》にあった宇賀明神の移転の話は多く載っているが、宇賀山について記した書物はほとんどないのである。わずかに、十八世紀半ばの明和年間（一七六四～七一）成立の「雲陽大数録《うんようだいすうろく》」及び「雲陽大数誌《だいすうし》」の記事くらいである。

「雲陽大数録」は、「奥谷村旧記《おくだにむらきゅうき》」という記録をもとに次のように記す。奥谷村の古老の語るところによれば、「今二ノ丸ヨリ奥谷・赤山へ続キ、是ヲ宇賀山ト云ウ」とする（雲陽大数誌は赤山・奥山の順）。すなわち、亀田山にある松江城二之丸から奥谷と赤山へと続く地を、宇賀山と呼んでいたというのである。

そして、城を築くために「赤山を断《た》ち切り」川となし、盛り上がった山にして、削り取った土で田町等の泥沢《でいたく》を埋め、土地を造成したと記す。赤山を断ち切ることで盛り上がった山が出現したのだから、赤山と城山は、もともとひと続きの陵《りょう》線《せん》であったことがわかる。いわば、宇賀山は山というより丘陵であり、宇賀丘陵とでも呼ぶべきものだったのである。山根正明氏の最新の研究（『堀尾吉晴―松江城への道』）では、開削部分に山と呼ぶべき高まりはなかったとの見解も出されている。

さらに興味深いのは、明治の地籍図によれば、宇賀という地名が赤山より北、いまの東奥谷町にあった。宇賀山は宇賀の山、すなわち宇賀に続く山と見るべきであろ

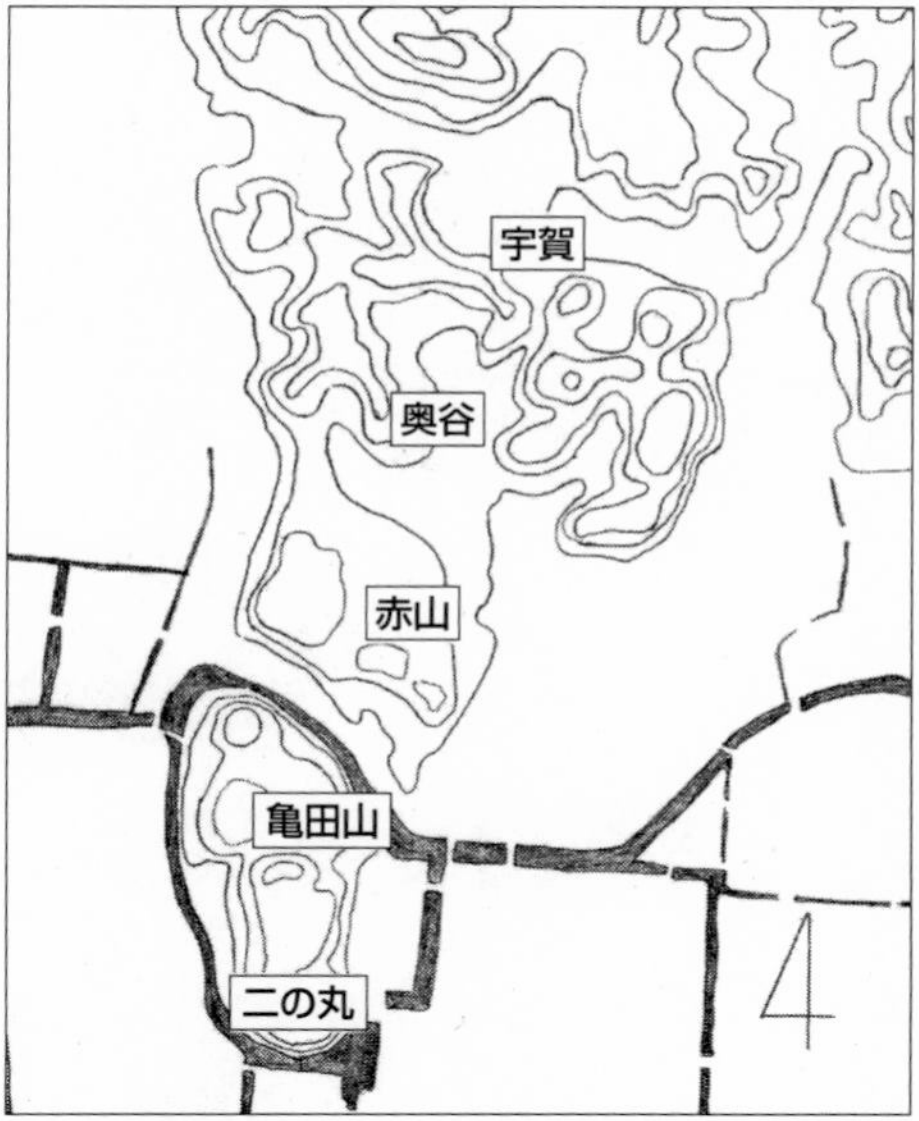

宇賀を起点に、松江城のある亀田山まで、南へ丘陵が張り出している

う。史料の質は落ちるが、天保年間（一八三〇〜四四）頃に写されたと推定され、その後の書き込みもある「出雲栞《いずものしおり》」に載る地図にも、宇賀山は赤山の北に記されている。

叙述に定評のある明治二十五年成立の桃好裕《ももよしひろ》著『出雲私史』は、「新たに宇賀山を截《きっ》て壕《ほり》を造り」とのみ記している。『松江市誌』（一九四一年刊）は、「雲陽大数録」の該当部分の読み下しのみ掲載している。ただ、島田成矩《しまだしげのり》氏は一九七七年の論文（「松江藩ホーランエンヤの背景」）で、亀田山から赤山までの丘陵が宇賀山であると説明していた。しかし、地元の雑誌でなかったためか注目されることはなかった。

ではなぜ、宇賀山は誤解されたのか。たしかに宇賀山（丘陵）を削り取り、北堀《きたほり》を造成したという表現は正しい。宇賀山（丘陵）のなかには、さらに亀田山と赤山があった。山の名前が錯綜《さくそう》するなかで、宇賀山を削り、堀としたとする表現は、削り取られた部分が宇賀山であったと解釈してしまうこともあるだろう。また、そう解釈して説明するほうが、聞き手にはわかりやすい。誤解の要因はこのあたりにあったのだ。

亀田山・赤山の名称は古代・中世史料には見えない。開削後の呼称かどうか興味ある部分である。

3．松江開府の立役者・津田の田中又六

松江開府を語るとき、忘れてはいけない立役者《たてやくしゃ》がいる。堀尾吉晴・忠氏父子の城地《じょうち》選定に、現地の案内役をつとめた百姓田中又六《たなかまたろく》である。残念なことに、開府四〇〇年を迎えたにもかかわらず、忘れ去られた存在となっている。

このたび、参勤交代《さんきんこうたい》時の雲伯《うんぱく》国境から松江城までの路程《ろてい》を彩色で描く、『道程記《どうていき》』（全長一一・五メートル）を含む「田中又六家文書」が、松江市へ寄贈された。これを機に、開府に果たした同家の役割について考えてみたい。

田中又六家は、百姓ながら藩主への御目見《おめみえ》が許され、藩主も又六に会いにたびたび同家を訪れたと伝える。享保八年（一七二三）に火災に遭《あ》い、江戸初期の史料はない。築城当時を語る史料は、火災の四十一年後に同家が藩へ提出した『意宇《いう》郡東津田村旧記差出帳《さしだしちょう》』である。

同差出帳によれば、又六の家は、もと能義《のぎ》郡富田郷の百姓であった。堀尾氏は広瀬《ひろせ》の富田から松江へ城替《しろがえ》を行ったとき、城地の見立てに又六を召し連れ、又六に土地の様子をいろいろと尋ねた。城の完成までの間も、又六は諸御用《しょごよう》を仰せつけられ、無事に勤めを果たすことができた。

今も津田街道沿いに残る、殿様を出迎えた門前のエノキ　エノキの奥に田中家がみえる　松江市東津田　2010年8月撮影

城と城下町の完成後、又六は富田から津田村への移住を藩主堀尾氏より命ぜられる。その際、望むだけの空地《あきち》を与えられ、津田村の屋敷地や免税地、さらには松江城の余材《よざい》で造った竹木等を植えた屋敷を拝領した。

さらに、殿様が江戸へ行くときや帰国時に、家の門前で御目見を果たし、殿様へ湯茶などを出して休息する水茶屋《みずぢゃや》をもつとめた。鷹狩《たかがり》や馬で殿様が城を出るときも、毎度、津田の又六宅へ来て、懇意にしてもらった。堀尾氏に続き、松平氏からも同様に扱ってもらい、今に続いている、と差出帳は記す。実際、「田中又六家文書」には、郡奉行《こおりぶぎょう》から御目見を命じる手紙が多く現存する。

では、築城時になぜ堀尾氏は又六を重宝し、諸用を申し付けたのか。この問いを解く鍵が、酒と又六の関係にある。

山陰地方では、酒の小売屋のことを又六という。『日本国語大辞典』（九、縮刷版、小学館、一九八一年）「又六」の項にも山陰の方言として掲載されている。万治二年（一六五九）刊行の「百物語」（『近世文芸叢書』六、国書刊行会、一九一〇年）には、一休和尚《いっきゅうおしょう》の歌として又六という酒屋が登場するから、江戸初期にはかなり知られた言葉で、山陰では庶民の酒屋として認識されていた。

注目すべきは、広瀬の酒屋として天正六年（一五七八）以来続いているという田中屋の存在である（「広瀬町酒場改帳」『安来市史料調査報告』）。田中屋は一時期、松江城下にも家を持ち、家主《やぬし》として借家を営んでいた。江戸時代後期の横浜町《よこばまちょう》絵図（原図。松江市蔵）には、「田中屋又六借家」と見える。この田中屋は広瀬の酒屋、田中屋であろう。広瀬の田中屋と津田村の田中又六との関係がいま一つはっきりしないものの、田中又六は広瀬出身なので同族と見てよいのではないか。

城地選定にあたり、堀尾氏が又六に地勢を尋ね、城下町造成では諸役を命じ、又六も無事勤めを果たすことができたのは、一族の酒屋業で培《つちか》った財力によるものと考えられる。江戸末期に描かれた「富田城下町図（蒲生家本）」（『山陰の鎌倉　出雲広瀬』）にも「田中金持《かねもち》」と記され、富田城下の有力者と認識されていた。

築城当時の史料はない。しかし、その由緒は捨て去るわけにはいかない内容を持っている。影の功労者として、田中又六を記憶しておきたい。

4. 堀尾吉晴出世の転機になった本能寺の変

現在の島根県松江市に城と城下町を創り出した松江開府の祖・堀尾吉晴（一五四三〜一六一一）が、同時代史料（一次史料）に登場するのは意外に遅い。

堀尾泰晴《やすはる》の嫡男《ちゃくなん》として尾張国（愛知県）に生まれた吉晴は、父の仕えた岩倉《いわくら》織田氏が織田信長によって滅ぼされると、父子共に牢人《ろうにん》となる。美濃国（岐阜県）稲葉山《いなばやま》で六歳年上の木下藤吉郎《きのしたとうきちろう》（のちの豊臣〈羽柴〉秀吉）と出会い、その下で仕え、天下統一のための多くの戦いに加わった。これらは、吉晴の家臣・小瀬甫庵《おぜほあん》がのちに執筆した『太閤記』により知ることのできる事績である。しかし、そこには主君吉晴の功績を称える誇張が含まれている。

たとえば、天正十年（一五八二）六月に起きた本能寺の変直後の山崎《やまさき》の戦いでは、吉晴がいち早く天王山《てんのうざん》を占拠したと『太閤記』は記すが、実際は吉晴だけの功績でなかった（高柳光壽『本能寺の変・山崎の戦い』）。

『太閤記』などの編纂物によれば、織田信長の中国地方攻めでの吉晴の活躍は目覚ましい。吉晴は播磨上月城《こうづきじょう》（兵庫県佐用町）に籠もる山中鹿介ら尼子勢に加勢して首級を挙げ、因幡鳥取城攻めでは、鳥取城主・吉川経家《つねいえ》自害の検死役（見届け人）をつとめ、本能寺の変の知らせを受けた羽柴秀吉が、毛利方と和議《わぎ》を結んだ際にも、備中高松《たかまつ》城主の清水宗治《しみずむねはる》自害の検死役をつとめた。ここぞという局面での活躍は、吉晴が秀吉から信頼された人物であったことを物語る。これらは、同時代史料で検証できないものの、大筋では事実を伝えていると考えられる。

同時代史料から明らかとなる吉晴の活動は、まさに本能寺の変へと至る織田信長による中国地方攻めの最中からである。その初見は、天正八年（一五八二）の播磨三木城落城後の同国長水《ちょうすい》城（兵庫県宍粟市）攻めで、調略《ちょうりゃく》のための使者を吉晴がつとめることを記した羽柴秀吉の書状である（安積文書）。

吉晴自身が発給した文書の初見は、天正十年と推定される三月十三日付の書状である（坪内文書）。無年号の私信《ししん》（手紙）で、かつ明治二十六年（一八九三）に帝国大学臨時編年史編纂掛《りんじへんねんしへんさんがかり》（現・東京大学史料編纂所）が影写《えいしゃ》した後、原本は行方不明である。差出は「堀尾茂介吉定《もすけよしさだ》」とあって、この時点での吉晴の実名が「吉定」であったことがわかる。

永続的効力を付与する文書を吉晴が発給し始めるのは、本能寺の変後からである。吉晴は、旧明智《あけち》領の丹波《たんば》国（京都府・兵庫県）にいち早く乗り込み、光秀の拠点亀山《かめやま》城（京都府亀岡市）を接収し、自身は黒井《くろい》城（兵庫県丹波市）に入る。秀吉は九月にこれらの功績を賞し、吉晴に同国氷上《ひかみ》郡内に六二八四石を与えた（円城寺文書）。

二か月後、吉晴は丹波柏原《かいばら》（兵庫県丹波市）の柏原八幡宮へ田地を寄進する寄進状《きしんじょう》を発給した（天

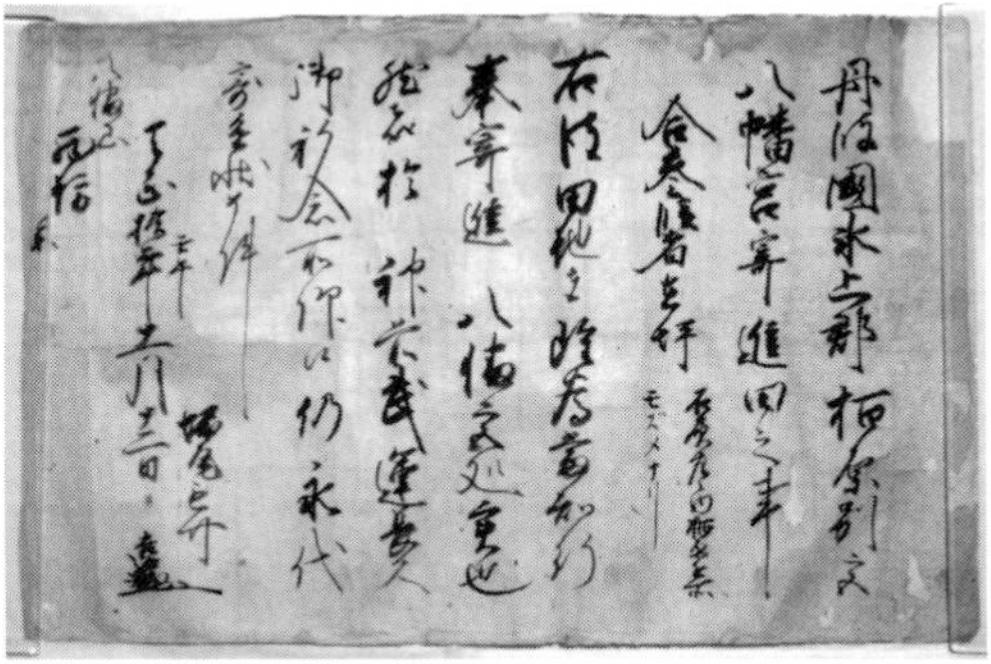

天正 10 年 11 月 12 日付堀尾吉定田地寄進状　兵庫県丹波市・柏原八幡宮蔵

堀尾吉晴が造営奉行をつとめた柏原八幡宮本殿（国指定重要文化財）

正十年十一月十二日付および同年同月吉日付堀尾吉定田地寄進状・柏原八幡宮所蔵）。これが、原本が確認できる最古の吉晴発給文書である。年号を付した証状で、吉晴が永続的効力を付与する文書を発給し始めたことを示す。本能寺の変後、吉晴の立場は変わりつつあった。

この文書は、かつて差出部分を「堀尾毛介吉直《よしただ》」と読まれ（大日本史料十一—二）、吉晴の実名が吉定→吉直→吉晴へと変化したと考えられてきた。しかし、寄進状の原本からは「吉直」と読むのは難しく、素直に読めば九か月前に発給された私信と同じく「吉定」と読める。本能寺の変で吉晴は名前を変えていない。

ところで、吉晴が建てた建造物として現存する国宝・松江城天守を思い浮かべる人は多いだろうが、実はもう一つ、国指定文化財の建造物がある。それは、先の寄進状を所蔵する柏原八幡宮の本殿である。この本殿は、明智光秀が死去した同日に焼失した。丹波に入った吉晴は、八幡宮の由来を詳しく尋ね、その奇妙な子細をていねいに聞いた。これを聞いた秀吉は、自らの祈願所として社殿を再建することを決め、その造営奉行を吉晴がつとめた（文禄四年七月吉日付八幡神社社殿造営記録・柏原八幡宮所蔵）。

山崎の戦い後、秀吉は積極的に信長の後継者であることの正当性を喧伝《けんでん》していく。光秀が引き起こした神の怒り（社殿の焼失）を鎮めることは、自らの正当性を示すのに都合がよかった。吉晴は秀吉の意向をよく理解し、行動していた。本能寺の変は吉晴にとって、同時代史料（一次史料）に自らの名を刻み始める転機となった出来事だったといえよう。

5．吉晴の子を悼む裁断橋物語

平成二十五年（二〇一三）六月十六日、多くの方々の寄附により松江城大手前に建立された堀尾吉晴銅像の除幕式が行われた。

堀尾泰晴の子として尾張国御供所村《ごごしょ》（愛知県大口町）に生まれた吉晴は、父の仕えた岩倉織田氏が織田信長により滅ぼされ、一時牢人となった後、豊臣秀吉に仕えた。秀吉のもとで長篠《ながしの》の戦い、備中

堀尾金助の母が綴った銘文を刻む裁断橋擬宝珠　元和 8 年（1622）鋳造。名古屋市指定文化財　名古屋市博物館蔵

高松城攻めに出陣し、山崎の戦いでは天王山を占拠して明智光秀を敗走させ、賤ヶ岳《しずがたけ》の戦い、小牧長久《こまきながく》手《て》の戦いにも参加した。秀吉の信任厚い吉晴は、近江佐和山《さわやま》四万石、次いで遠江浜松十二万石の大名へと出世した。

浜松入城のきっかけとなった小田原北条氏攻めで、吉晴は一人の子を亡くす。吉晴の子と伝わる十八歳の金助《きんすけ》である。残された金助の母は、その三十三回忌の供養に、尾張国熱田（名古屋市熱田区）の精進川《しょうじんがわ》に架かる裁断橋《さいだんばし》の改修を思い立つ。「この銘文《めいぶん》を見た人は、どうぞ念仏を唱えてやってください」と、追慕《ついぼ》の気持ちを、東海道を通る多くの人々の目に留まる裁断橋の擬宝珠《ぎぼし》に刻んだのだ。

内容は、「天正十八年（一五九〇）二月十八日に、小田原への御陣に、堀尾金助という十八になった子を出発させてから、もうこの世では二度と会えなくなった悲しさのあまりに、今、この橋を架けるのです。母の身には涙の種ともなりますが、安らかに眠ってください。逸岩世俊《いつがんせしゅん》（金助の法名）と、後の世のまた後まで、この銘文を見た人は、どうぞ念仏を唱えてやってください。わが子の三十三年の供養です」というものだった。

かな文字で刻まれたこの銘文は、一九八〇年代、小学校五年生の国語の教科書に「悲願の橋」と題して掲載された。子を亡くした母の気持ちが普遍的なものであることを知らせてくれる。金助の出自には、吉晴の実子説、吉晴の従兄弟説、従兄弟を養子に迎えたとする説の三説あり確定していない。関ヶ原の戦の後、徳川家康《とくがわいえやす》から出雲・隠岐二十四万石を与えられ、堀尾家の家督を継いだ子の忠氏と共に、吉晴は浜松から出雲国富田へと入国する。しかし、藩政の基礎固め半ばで、忠氏が二十八歳の若さで病没してしまう。金助を亡くし、忠氏にも先立たれた吉晴は、松江を領国支配の拠点に定め、浜松での城づくりの経験を基にして、孫の忠晴《ただはる》と共に城と城下町を完成させた。吉晴が六十九歳で没した年に、藩士の富田からの松江移住が完了し、城下が完成したと伝わる。

ただし、松江城天守は完成したが、城の西側に石垣はなく、十年以上も後に城下改変の計画がなされたことが、堀尾期松江城下町絵図で示されている。多大な経費と労力を要する城の築城と城下町造成のためには、何よりも吉晴の強い意志が必要だった。吉晴が没したことで、城と城下町づくりはいったん中断されたと見ることもできよう。今後さらなる検討が必要である。

いずれにせよ、松江のシンボル松江城とその城下は、堀尾吉晴の存在なくして語ることはできないことだけは確かである。

6. 松江の象徴・松江城の歴史

城地はどこに選定するか

日本海に面した山陰地方の中央部に、かつて出雲国《いずものくに》があった。現在の島根県の東部にあたる。出雲国の中心地として松江が登場するのは、そう古いことではない。松江城築城を語るには、まずなぜ松江の地が選ばれたのかを知る必要がある。

出雲国は室町時代、京極氏が守護を務める地であった。京極氏は出雲のほか隠岐・飛騨・近江の四か国の守護職を持っており、主に京都に拠点を置いていた。出雲の地はもともと国内の伝統的勢力が強く、その伝統的勢力に権限行使を委ねていた。十五世紀前半に近江国に出自をもつ尼子氏が出雲へ入り、国内の伝統的勢力と対抗した。戦国時代、京極氏は近江と出雲を拠点とする二派に分かれ争う。そして、出雲を拠点とする一方の京極氏の守護権を継承し、勢力を拡大し戦国大名となったのが尼子氏である。

尼子氏が拠点としたのは、能義《のぎ》郡富田《とだ》（島根県安来市広瀬町）の月山富田城であった。尼子氏はここを拠点に一時、中国地方十一か国に勢力を及ぼす。しかし、安芸《あき》を拠点とする毛利氏によって滅ぼされると、毛利一族である吉川広家《きっかわひろいえ》が富田城を拠点に支配する。吉川氏は富田城には入ったものの、やがて新たな拠点を模索する。それは、富田城が山城であり、山麓は狭く城下町を広くとることができず、日本海や中海《なかうみ》からも遠く、水運・交通の便が良くなかったこと、さらには新しい武器である鉄炮に対する防御が弱かったためである。吉川氏は天正十九年（一五九一）、富田とは別に毛利領国となっていた伯耆国（鳥取県）西部の日本海に面した米子《よなご》（米子市）に城を築き始めた。毛利氏は、山陰支配の拠点を米子に定めようとしていたのである。

上：堀尾吉晴木像　下：堀尾忠氏木像　ともに京都市右京区・春光院蔵

ところが慶長五年（一六〇〇）、天下分け目の戦いとなった関ヶ原の戦で、西軍大将の毛利氏は徳川家康を中心とする東軍に敗れ、毛利領国は長門・周防の二か国に縮小された。これにともない、米子城築城も中止となった。家康は東軍についた堀尾忠氏に恩賞として出雲・隠岐両国二十四万石を与えた。堀尾氏は尾張国出身で、忠氏の父吉晴は豊臣秀吉子飼《こが》いの武将として、秀吉の出世と共に大名となった。当主忠氏（二十三歳）は遠江国浜松十二万石の城主であったから、禄高が倍増しての出雲・隠岐入国だった。

堀尾忠氏も当初、富田城に入り、毛利氏と同じ理由で新たな拠点づくりを模索する。だが、吉川氏が移ろうとしていた米子城のある伯耆国は、中村一忠《なかむらかずただ》に与えられていたため、堀尾氏は出雲・隠岐両国内で新たな拠点を探さざるをえなかった。

吉晴・忠氏父子は、室町時代から出雲国内で栄えていた商業地である白潟《しらかた》と末次《すえつぐ》の地に目を付ける。宍道湖の喉咽《こういん》部にあたる砂州《さす》上にできた町で、遠く中国大陸にまでその名が知られていた。この町を取り込むことを念頭に、城地は選定されたのである。

堀尾父子は、松江の南にある床几山《しょうぎさん》から北を望み、城を築く場所を探したが、二人の意見は分かれ、吉晴は荒隈山《あらわいやま》を、忠氏は亀田山《かめだやま》を推した。決着をみないまま、忠氏が直後に二十八歳の若さで亡くなってしまう。忠氏亡き後、堀尾家を継いだのは、わずか六歳の三之介《さんのすけ》（のちの忠晴《ただはる》）であった。吉晴は亡き息子の遺志を継ぎ、忠氏が推した亀田山を城地と定め、孫の忠晴の後見役として城と城下町の建設に邁進《まいしん》するのである。

断続的に進められた築城

織田氏や豊臣氏の築城技術は優れていた。吉晴が入部する以前、それまで徳川家康が居城としていた浜松城は、土塁《どるい》と木の屋根をもつ屋敷からできた土の城であった。だが、吉晴は石垣を造り、瓦屋根をもつ屋敷、そして天守をもつ城へと造り替え、防御の点で優れた城作りを行った。また、浜松城で天守の中に井戸を据《す》えたことも、松江城天守内に井戸を据えたことに活かされている。吉晴は、豊臣秀吉を驚かせるほど土木工事に優れ、「堀尾普請《ふしん》」と言われた。そして、軍学《ぐんがく》・易学《えきがく》に優れた小瀬《おぜ》甫庵《ほあん》が、松江城の基本設計である縄張《なわば》りを考えたと伝えられている。近年、甫庵が出雲国での太閤検《たいこうけん》地《ち》を担当し、この地へ来ていたことが検地帳《けんちちょう》の記載から明らかとなった。

城下町は、白潟・末次の町場の北方、亀田山の東西に開ける湿地帯を埋め立てることで生み出そうとした。そのため、排水のために堀を設けるというだけでなく、掘り出した土を埋め立てに使い、城郭の堀本来の役割である防御の役割をも果たそうとした。さらに、亀田山北の稜線を切り抜いて堀とし、防御と排水と盛土の採取を目指す大土木工事を行ったのである。

吉晴が松江を拠点とし、築城と城下町の造成に着手したのは、慶長十二年（一六〇七）であった。一年目は道路や橋の整備を、二年目は本丸や天守の石垣、そして内堀の造成に取り掛かった。三年目は天守や大手口堀の石垣、二之丸御殿に着手、四年目に天守と二之丸御殿が完成したと伝えられる。近年再発見された祈祷札《きとうふだ》の年号からも明らかなように、五年目の慶長十六年正月に天守落成の祈祷が行われたのである。五年目に城下町もほぼ完成したと伝えられる。

松江城天守　2016 年 8 月撮影

五年目の六月十七日、松江城築城を推し進めた堀尾吉晴が六十九歳でこの世を去った。この功績を以て、吉晴を現在では「松江開府の祖」と呼んでいる。だが、大手口《おおてぐち》のある城の東側には重厚な石垣があるにもかかわらず、西側には石垣は築かれなかった。吉晴が没したことで、松江城の城郭の整備は中断されたと見ることができ、多大な経費と労力を要する築城と城下町造成のためには、何よりも吉晴の強い意志が必要であったのである。

堀尾氏二代、京極氏一代が城主となった後、松平《まつだいら》氏が城主となる。島原《しまばら》・天草一揆《あまくさいっき》（島原の乱、一六三七・三八年）直後、外様《とざま》しかいない中国地方に、幕府は徳川家に連なる人物を送り込んだ。徳川家康の孫にあたる松平直政《なおまさ》である。このとき、大工頭《だいくがしら》として直政に仕えていた竹内右兵衛《たけうちうへえ》は、天守が傾いていることに気付き、修理したと伝わる（桃節山『松江藩祖直政公事蹟』）。築城からわずか三十年で天守は傾き出したのである。

江戸時代を通じ、何度か部分的に天守の修理が行われた。十七世紀では附櫓《つけやぐら》や北側張出《はりだし》の破風《はふ》が部分修理されている（一六七六・一七〇〇年）。また、元文三・四年（一七三八・三九）には、最上階の屋根や垂木《たるき》、その下の三重屋根も修理し、十九世紀にも同様の修理がなされている。天守上層部に風雨による破損は多かった。

松江城は、本丸・二之丸・三之丸部分に大きく分かれる。当初、二之丸御殿で政務が執られていたが、松平氏が藩主になってから三之丸へと政務の中心は移る。現在の島根県庁がある場所である。三之丸御殿には、奥に殿様が居住する空間があり、表に政務を執る空間があった。

松江藩政において他藩にない特徴は、藩政改革を成功させたことである。成功へと導いた殿様は、茶の湯の世界に大きな足跡を残した松平治郷《はるさと》（不昧《ふまい》）である。父宗衍《むねのぶ》の改革の失敗を教訓に、治郷は利子を生む借金をせず、江戸屋敷の経費節減・人員整理・借金破棄などの諸政策を行った。これにより藩財政は持ち直し、治郷の代で約半分の借金を返済して、七十二年間で四十九万両を完済した。藩財政は黒字財政となり、幕末には西洋軍艦二艘を他藩より早い段階で購入するまでに至る。

松江城の売却から国宝指定まで

明治二年（一八六九）、全国の藩主が旧来領有していた土地と人民を朝廷に返還した版籍奉還《はんせきほうかん》により、松江城は明治政府の陸軍省《りくぐんしょう》の所管となった。さらに、明治四年の廃藩置県《はいはんちけん》により、松江藩も廃止されてしまった。二六〇年間、松江の殿様が統治の拠点とした松江城の運命は、明治政府の手に委ねられたのである。

明治六年に全国諸城の処分に関する法令（いわゆる廃城令《はいじょうれい》）が出され、松江城の命運も尽きた。伝わるところによれば、全国の諸城が売却され解体されるなか、松江城も明治八年に天守を除くすべての建造物が四～五円で払い下げられ、なくなった。天守も入札にかけられ、一八〇円で売却されたという。天守を燃やして釘など焼け残ったものを利益にしようとする考えがあったが、城下が火事になるのを恐れた城下の住人の反対にあった。天守がなくなるのを悲しんだ旧松江藩の下級藩士の高城権八《たかぎごんぱち》は、出雲《しゅっとう》郡出東《しゅっとう》村（島根県出雲市斐川町）の豪農《ごうのう》である勝部本右衛門《かつべもとえもん》と共に、天守だけでも残そうと、一八〇円を立て替えて買い戻すことに成功した。

　明治二十二年、島根県知事により松江城天守閣景観維持会が設立され、翌年には旧藩主松平家が市民の公園とするため城内（三之丸を除く）を国から買い戻し、天守を中核に整備していく機運が盛り上がった。そして、市民の有志により天守修繕計画が打ち出され、市民の寄付によって明治二十七年、天守の大修理が行われた。

　昭和に入り、松平家が城地を松江市へ寄付し（昭和二年）、同九年には国の史跡となった。翌年、国宝保存法により天守は国宝に指定される。しかし、戦後の昭和二十五年、文化財保護法制定にあわせ、天守は国宝を解除され重要文化財となった。この時点では、創建年が後世の伝聞でしかなく、構造上の特質も見出されていなかった。

　この年から五年をかけ天守の大規模な保存修理が行われた。いわゆる昭和の大修理である。これは天守を完全に解体し、天守台の石垣も一部解体しての大修理で、このとき、鎮宅祈祷札《ちんたくきとうふだ》や鎮物《しずめもの》など、天守築城時の呪術《じゅじゅつ》の様子がわかる資料が発見された。また、膨大な解体修理にかかる記録が作成され、解体前の状態を知る手がかりが残された。

天守が国宝を解除され重要文化財になったのは、昭和の大修理として解体開始のわずか三か月後のことであった。これに対し松江市は翌年、国へ国宝指定の陳情を行い、また大修理が終わった直後にも再度陳情している。四年後（一九五九年）にも市議会が国宝指定促進の決議を採択し、国へ陳情を行ったが、国宝となることはなかった。

平成の世に入り、松江市では、平成十九年（二〇〇七）から五年のあいだ開催された開府四〇〇年祭によって、松江城を築城した堀尾氏への関心が高まった。この間、平成二十一年に松江城を国宝にする市民の会が設立された。国宝化を求める十二万八千四百四人分の署名を集め、翌年十月に市長と市民の会代表が要望書を文化庁長官へ提出した。しかし、文化庁からは「新たなる知見」を求められた。

そこで、松江市は松江城調査研究委員会を設置し、元建築史学会会長で神奈川大学名誉教授の西和夫氏を委員長に、松江市史編纂室

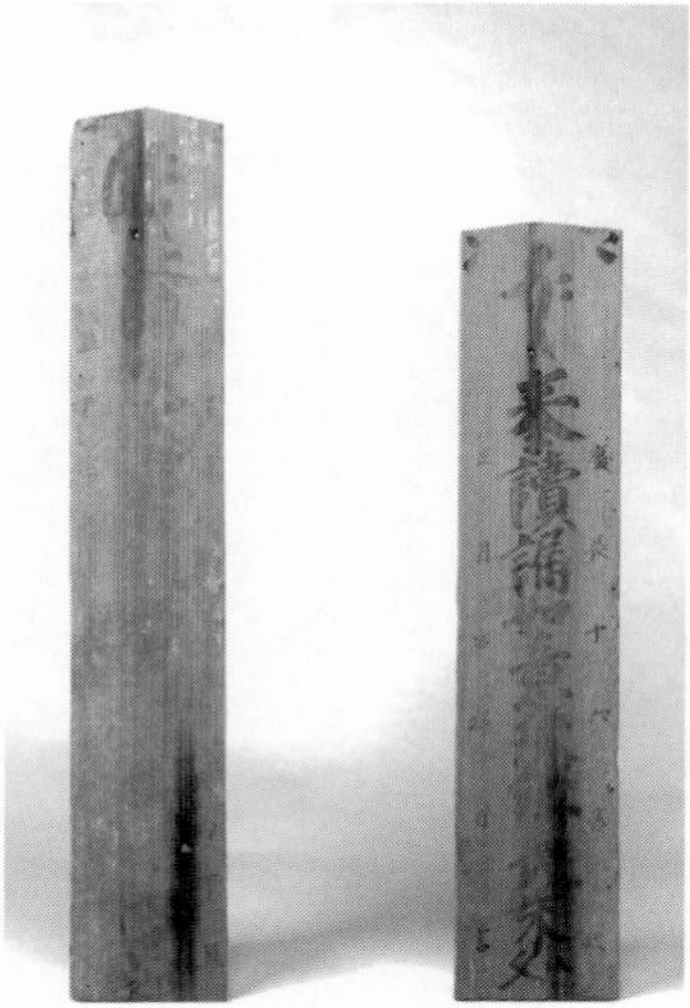
慶長16年（1611）正月付祈祷札　松江歴史館蔵

も関わり徹底的な学術調査を行った。それは、昭和の大修理の膨大な記録を丹念に読み込むことから始まった。その結果、二階分の通し柱を用いることで上階の重さを分散させ、下階へ伝える新たな工法を用いた、天守の構造的な特徴が明らかとなった。

さらに、所在が不明であった二枚の祈祷札が近くの神社から再発見され、天守地階の柱の釘穴と祈祷札の釘穴との一致から、祈祷札に記されている慶長十六年正月に天守は完成したことが証明された。この二点が決め手となり、平成二十七年五月十五日、国の文化審議会は松江城天守を国宝に指定するよう下村博文文部科学大臣に答申し、七月八日に官報告示され、正式に国宝指定された。これにあわせ、築城時の資料である祈祷札二枚、鎮宅祈祷札四枚、鎮物三点も附《つけたり》指定を受け国宝となった。市民運動と学術調査が国宝への道を開いた、六十五年目の再指定であった。

7. 松江城下町の形成と変遷

開府以前の松江

松江はどのように開かれ、城下町として完成し、そして現代に至るまでどのような変遷をたどったのか。ここでは、文献資料や絵画資料に基づき概観し、その特徴を探ろう。

表1　松江城略年表

和暦	西暦	事　件	松江藩および松江城に関わる事項
慶長 5	1600	関ヶ原の戦	堀尾忠氏、出雲・隠岐両国を拝領
9	1604		堀尾忠氏死去
12	1607		松江城の築城と城下町の造成開始
16	1611		正月、松江城天守完成。6 月、堀尾吉晴死去
寛永 10	1633		堀尾忠晴死去。堀尾家断絶
11	1634		京極忠高、出雲・隠岐両国を拝領
14	1637		京極忠高、死去
15	1638	島原･天草一揆	松平直政、出雲国を拝領（隠岐国預かり）
延宝 4	1676		天守附櫓破風の修理
元禄 13	1700		この頃、天守の部分修理
享保 2	1717		松江城石垣修繕
4	1719		この頃、天守内の柱に包板を添えるなどの補修がなされる
5	1720		松江城石垣修繕
元文 2	1737		この頃から天守の修理が本格的に行われる（～ 1743 年）
寛延 1	1748	出雲国地震	二之丸石垣修繕
安永 7	1778		松江城石垣破損
文化 10	1813		城内各所修復
12	1815		天守の修理
天保 3	1832		松江城石垣の補修
明治 1	1868	明治維新	
2	1869	版籍奉還	松江城、陸軍省の所管となる
3	1870		天守屋根修理
4	1871	廃藩置県	松江藩を廃し、松江県が置かれる
6	1873	廃城令	城内で勧業博覧会が行われる
8	1875		松江城廃城。天守のみ残る（180 円）
21	1888		天守の修理
22	1889		松江城天守閣景観維持会設立
23	1890		松江城地が第五師団から松平家に払い下げられる（4,500 円）
25	1892		天守を部分的に修繕するが、天守の痛みひどく話題となる
27	1894	日清戦争	天守の修理（明治の大修理）
32	1899		二之丸に松江神社を創建
36	1903		二之丸に城山御旅館（興雲閣）完成する
昭和 2	1927		松平家、城地を松江市へ寄付
6	1931	満州事変	
9	1934		城地、国の史跡となる
10	1935		国宝保存法により天守、国宝に指定される
20	1945	太平洋戦争終戦	
25	1950		国宝保存法の廃止および文化財保護法の施行により、天守は重要文化財に指定される 天守の修理（昭和の大修理。～ 1954 年）
平成 19	2007		開府四〇〇年祭開催（～ 2011 年）
21	2009		松江城を国宝にする市民の会設立
24	2012		天守創建時の祈祷札 2 枚が再発見される
27	2015		天守、国宝に指定される

大山寺縁起（部分、模本）の松江推定地　東京国立博物館蔵　Image : TNM Image Archives

松江に城を築き、新たな城下町を創りだした堀尾氏の、出雲（島根県）入国時の当主は忠氏《ただうじ》だった。そのため松江市では、忠氏を初代藩主、その父吉晴を開府の祖と呼んでいる。続く二代藩主忠晴と合わせて、堀尾氏は三十三年間、出雲・隠岐の両国を治めていた。堀尾氏は最初、遠江国浜松から出雲国富田へ入り、その後、松江へと移る。それには理由がある。

松江の地域がどういう場所であったのかを示す資料が、『大山寺縁起《だいせんじえんぎ》』である。この絵巻は応永五年（一三九八）に成立したもので、松江の場所は一番右側（西側）にしか描かれず、その左（東）に描かれるのが弓ケ浜《ゆみがはま》、そして大山《だいせん》が左上に描かれている。この場面は北から南を見た風景となる。右端の橋が大橋《おおはし》、その向こうが白潟《しらかた》と考えられ、十四世紀の松江地域の姿を知ることができる。

大橋川の北側の末次《すえつぐ》は、京都の東福寺《とうふくじ》が領する荘園《しょうえん》であった。戦国時代に至るまで、中国大陸にまで名が知られた地名は白潟に限られる（『籌海図篇《ちゅうかいずへん》』）。白潟には、職人や目代《もくだい》という代官、老中《おとなちゅう》の存在

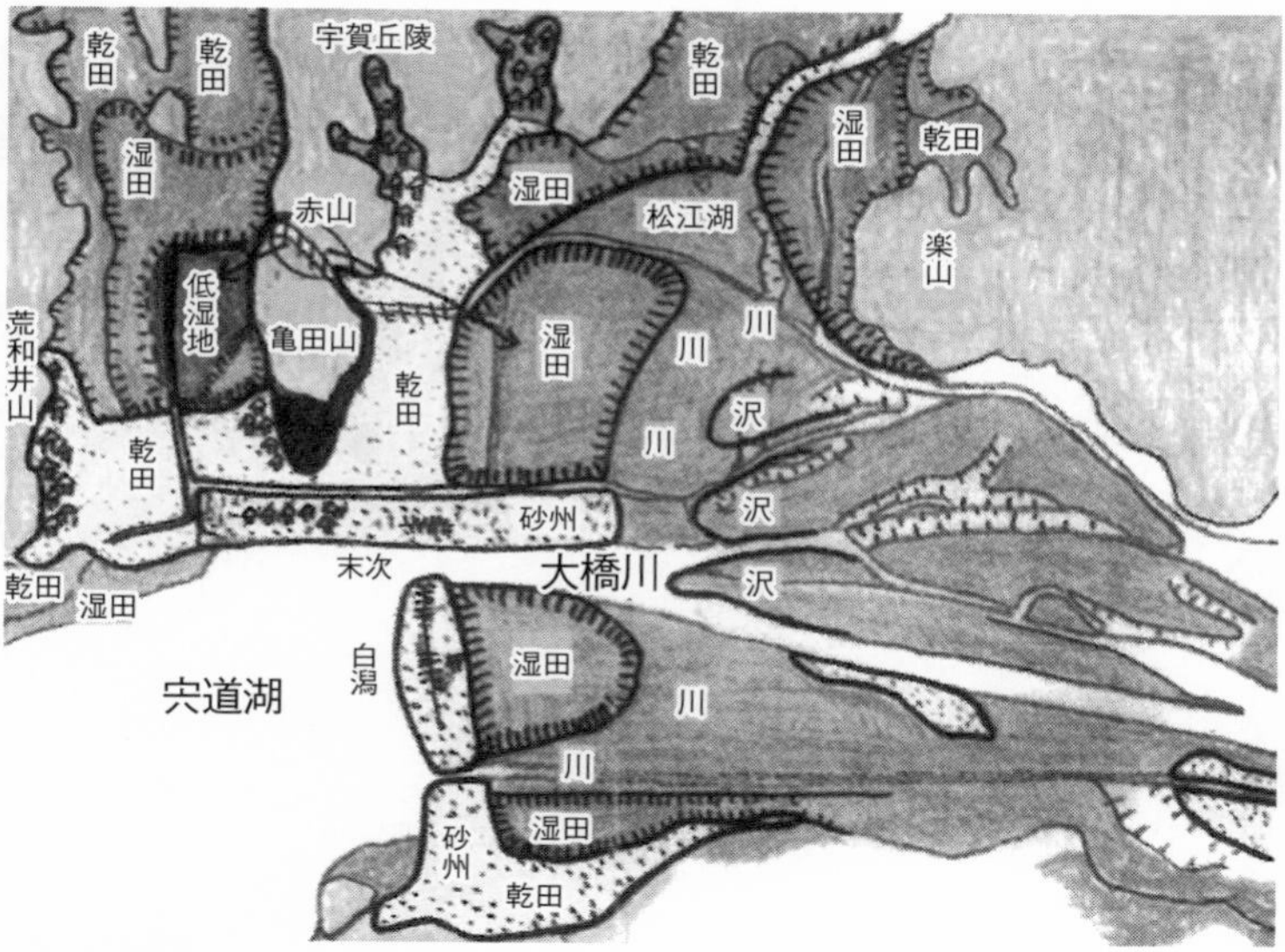

開府以前の松江

が史料に見え、自治を行っていたものと考えられる。中世段階の松江では白潟が中心で、その後その周辺に武士が入ってくる。

開府以前の松江の地形を地図に落としたものを見ると、砂州がT字のような形で描かれているのが目に入る。北に末次、その南に白潟の砂州がある。この場所に、同時代史料に出てくる末次、中町《なかまち》、白潟の三つの町場《まちば》があった。これは、永禄九年（一五六六）に毛利氏が河村又三《かわむらまたさぶ》郎《ろう》へ「白潟・末次・中町」の職人を支配する権利を与えていることからわかる（『萩藩閥閲録《はぎはんばつえつろく》』巻九八）。それ以外にも、北方の山際《やまぎわ》には五つの名《みょう》があったと言われているが、これは近世の史料にしか出てこない。

ちなみに、末次、中原《なかはら》、黒田《くろだ》、奥谷《おくだに》、菅田《すがた》の五つの名を地図に落とし、湿田《しつでん》だったのではないか、乾田《かんでん》ではないかと試行錯誤しながら描き込み、堀尾期の城下町図を合わせて開府以前の松江を復元した。すると、のちの城下の多くが水に浸かった場所となり、宍道湖から流れ出る唯一の川である大橋川《おおはしがわ》の入り口部分に、末次の砂州と白潟の砂州がT字のような形で存在する。

以上から、松江地域の中心は白潟の港町と考えられる。そこに堀尾氏が関ヶ原の戦後、月山の富田に入り、そして富田から移ってくる。この地が選ばれた理由は、大きく三つある。一つは、武士でもあり農民でもあるというそれまでの中世的なあり方を改め、完全に農業をやめて武士になるか、それとも専業の農民になるかの選択が、太閤検地でなされた。そのため、それまで戦いのときにだけ城下町へ赴いていた人々が、太閤検地で武士を選択した人はみな、城下町に住まなければならない状況が生まれた。しかし、堀尾氏が出雲へ入ってきたとき、富田の城下町では狭く、そのため、広い城下町が確保できる、新しい場所を見つける必要があった。

二つ目は、毛利氏勢力がこの地方を支配していたときは、富田城には毛利氏配下の吉川広家が入っていた。吉川氏の時期には、伯耆国米子（鳥取県米子市）までが勢力範囲だった。吉川氏も富田では城下町が狭いため、米子城を本拠地にしようと築城し始めていた。しかし、関ヶ原の戦で毛利氏が勢力を削減され、そこに堀尾氏が出雲へ入ってきた。このとき、米子は中村一忠に与えられていたため、堀尾氏は米子を本拠地にすることはできず、新たに出雲国内に拠点を探さなければならなかったのである。三つ目は、流通・交通の拠点をどこに求めるのか、その後の出雲国内で物流の中核となる場所

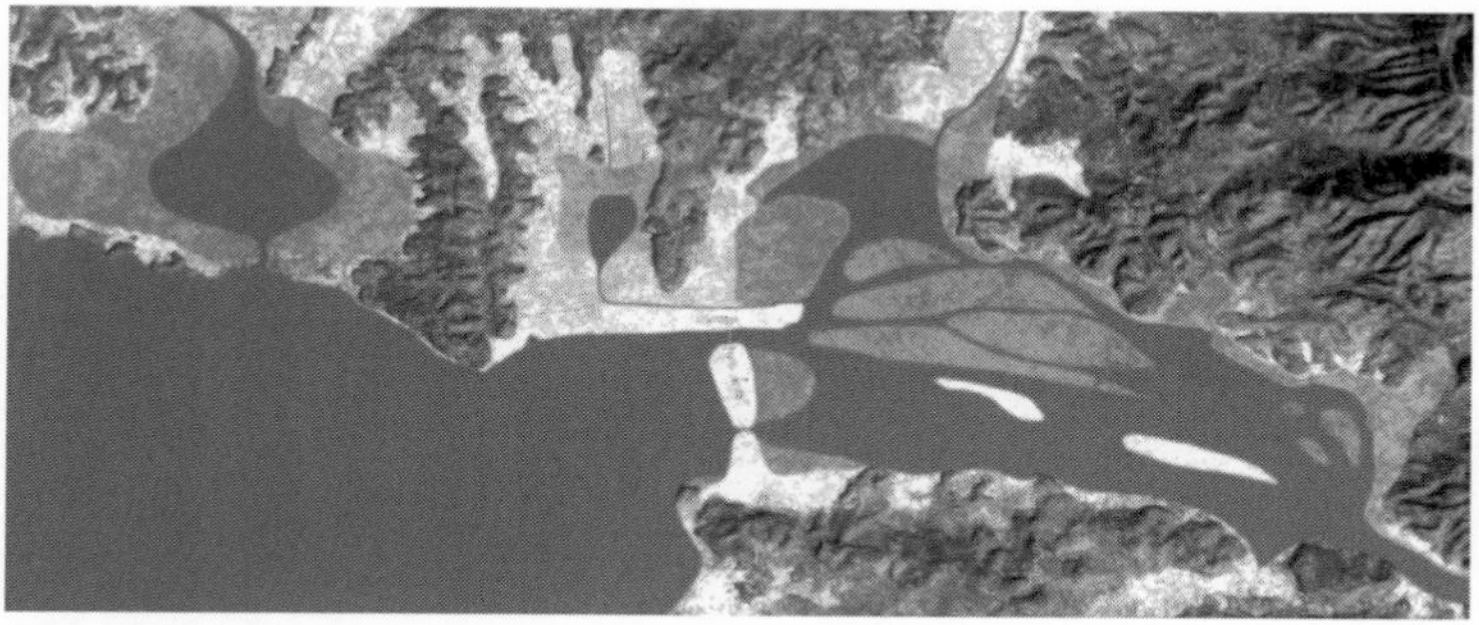

開府前の松江

舌状に延びる宇賀丘陵の先に末次砂州
その南（手前）に白潟砂州がみえる

松江城の完成（1611 年）直後の城下

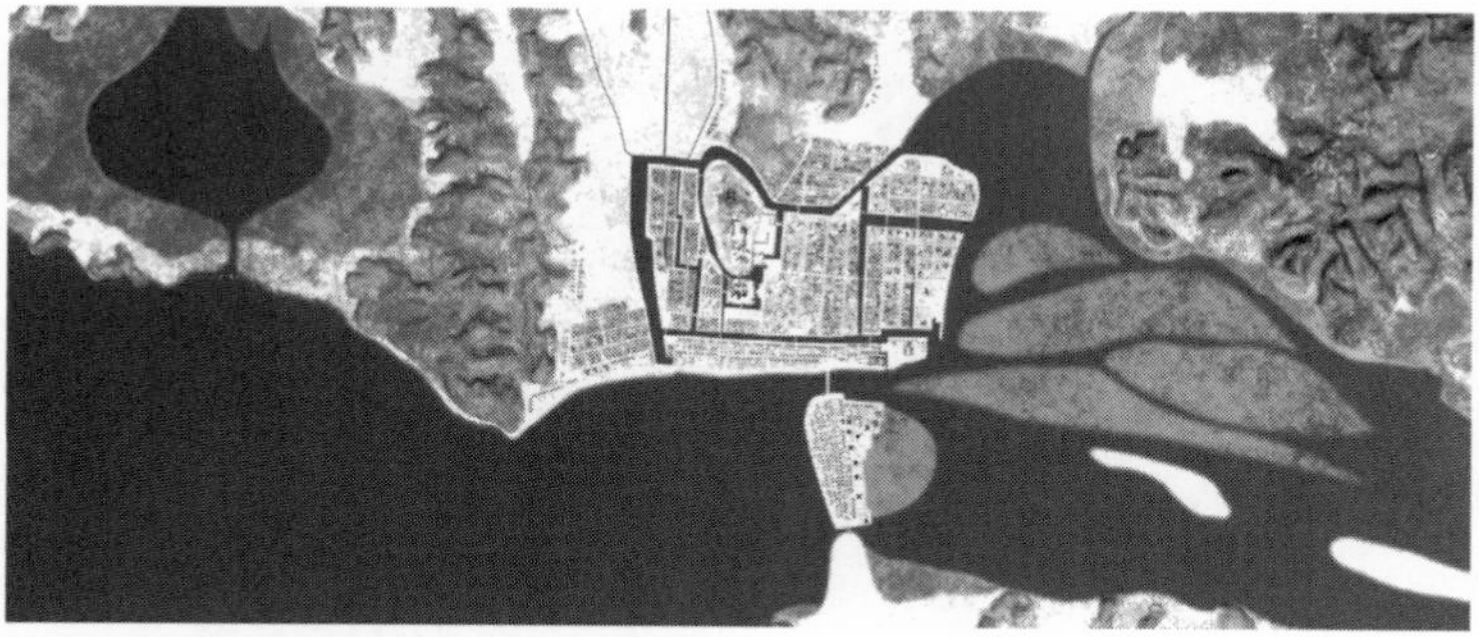

開府後の松江（堀尾期）　松江歴史館提供

を探す必要があったことが挙げられる。

富田城は、鉄炮などの新しい武器に対して不向きな城だという説もある。そのため、富田の弱点を克服できる場所として、堀尾氏は新しい城下町を探し出した。現在の松江辺りが候補となっても、その城地をどこにするは議論が分かれたという。床机山《しょうぎさん》（松江市）から北方を見て、堀尾吉晴は荒隈山《あらわいやま》を、子の忠氏は亀田山《かめだやま》を城地にすべきだと話したという逸話が残っている。しかし、そのような最初の頃の状況は、ほとんどその当時（同時代）の史料が残っていない。このような逸話は、江戸時代以降にできた、いわゆる二次的編纂物の中で描かれたものである。

『島根県史』（一九二六年刊）では、松江城とその城下町は慶長十二年から同十六年（一六〇七〜一一）にかけての、わずか五年間でできたというふうに言われている。一年目に何をやった、二年目に何をやったとはっきりと書かれているが、それがどこまで本当かは検証されていない。そのため、どういう過程を経て五年間で造り終えたのかという点は、他の地の城下町や築城のあり方などと比較し、検証が必要になってくる。

このように、松江の城下町が形成されてくる過程は、実は不明な部分が多い。堀尾氏は新しい地に拠点を移すため、慶長八年（一六〇三）に松江城築城のための許可を幕府から得た。しかし翌年、初代松江藩主の堀尾忠氏が亡くなると、吉晴は亡き子の推した亀田山を城地にするのである。

城下町の特徴と変遷

堀尾氏は最初に松江へ来て、何をやったのか。元和八年から寛永十年（一六二二～三三）の間に成立したと考えられる堀尾期の松江城下町図（島根大学附属図書館蔵）をもとに考えたい。まず、亀田山のある辺りは、北から舌のような形で宇賀丘陵が南へ飛び出ているが、その途中部分を開削《かいさく》して、中原と田町を埋めたと一般的に言われている。

堀尾忠晴期の城下を描いた堀尾期の松江城下町図は、都市計画図である。計画図だとされる理由は、雑賀町《さいかまち》が現在は屋敷割が東西に長くなっているが、この絵図では南北に長く描かれているためである（水田「計画図としての城下町絵図」）。もう一点は、現在の茶町《ちゃまち》や末次本町《ほんまち》・東本町《ひがしほんまち》の宍道湖岸に水色の薄い線がある。この色は石垣を意味するが、その後の江戸時代の絵図には石垣が描かれず、土手となっている。そのため、この部分も計画だろうと私は考えている。

もう一つ注目したいのは、石垣を示す水色が、ほとんど城地の辺りだけだという点である。後の京極期の城下町図や、そのまた後の松平期の城下町図を見ると、徐々に石垣ができ上がってくるということがはっきりとわかる。すなわち、堀尾氏の治世期には、城下に石垣はなかったと考えられる。そして、実際に石垣を造ることができたのは、松江城の表側（東側）だけだった。城の裏側（西側）には石垣がない。

松江の城下町自体は大きく、北から武家町《ぶけまち》・町人町《ちょうにんまち》・寺町《てらまち》という形で描かれている。堀尾氏の後に松江に入った京極氏は、白潟の南側の天神川《てんじんがわ》をさらに越えた場所、すなわち現在の雑賀町の辺りの土地に目印をつけ、屋敷を構えるように指示を出している。しかし結局、それが実現する前に藩主が亡くなってしまった。京極氏の治世から約十年後の城下を示した松平期の城下町図（正保図）を見ると、現在の雑賀町の地は、はっきりと縦向き（南北）に屋敷割がなされており、それは京極期までの町割りを九十度ずらして実現していった。そのため、堀尾期の城下の特徴は大橋川より北のみということになる。大橋川の北のみに武家町があり、その外側に町場がある。町場の南側はほとんど意識されていなかったのである。

もう一つの松江の城下町の特徴は、城下には鍵《かぎ》（鉤）のように道が曲がった鉤型路《かぎがたろ》がある。白潟には、鉤型路が現在三本ともきれいに残っている。現在のスティックビルのあたりである。突き当りが丁字になり、直進できない丁字路や、道筋が少しずれる筋違橋《すじかいばし》が現在でも残っている。さらに勢溜《せいだまり》も存在し、軍事的な要素が強い城下町であった。

では、家臣団はどこに住んでいたのか。やはり城を中心に重臣層がいる。現在の松江歴史館のある殿町《とのまち》辺りは、家老クラスが住む上屋敷《かみやしき》があり、城下町のはずれに下屋敷《しもやしき》がある。これがワンランク下の五〇〇石未満となると、上屋敷のもう少し周辺に散らばっていく。堀尾期や京極期、松平期もほとんど同じような状況を示している。さらに禄高の低い下級家臣となると、城地から離れた武家地に住んだ（西島太郎『松江藩の基礎的研究』）。

堀尾氏二代の後に出雲へ入った、京極氏の時代の城下町を知ることができる松江城下町図が、香川県の丸亀市立資料館に残っている。この絵図を見ると、京極期の城下町は、堀尾期の城下町とそっくりである。この絵図には堀の深さや幅などの注記があり、京極期の城下町図とその約十年後の松平期の正保年間の城下町図とを比較すると、城下町の堀が、「広くて深い堀から狭くて浅い堀へ」と変化している。そして、もう一つ気づくことは、城下町には石垣がないことである。これは、先に堀尾図に水色で示された石垣が、ほとんど城地に限られることと関わってくる。

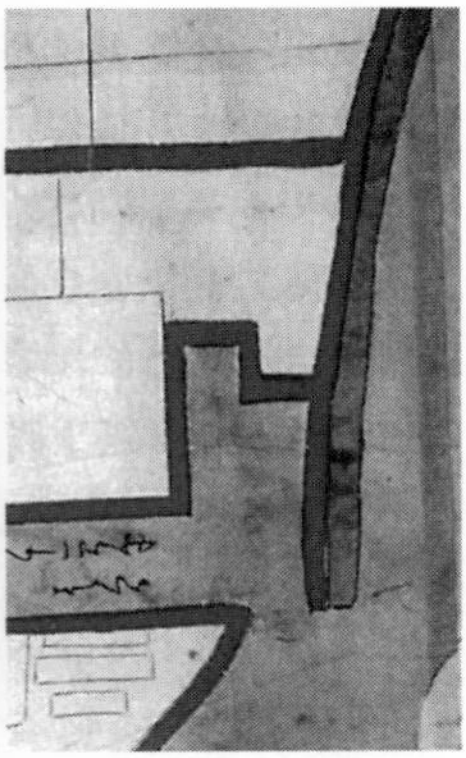

京極期の京橋川河口部
「寛永年間松江城家敷町之図」（部分）　丸亀市立資料館蔵

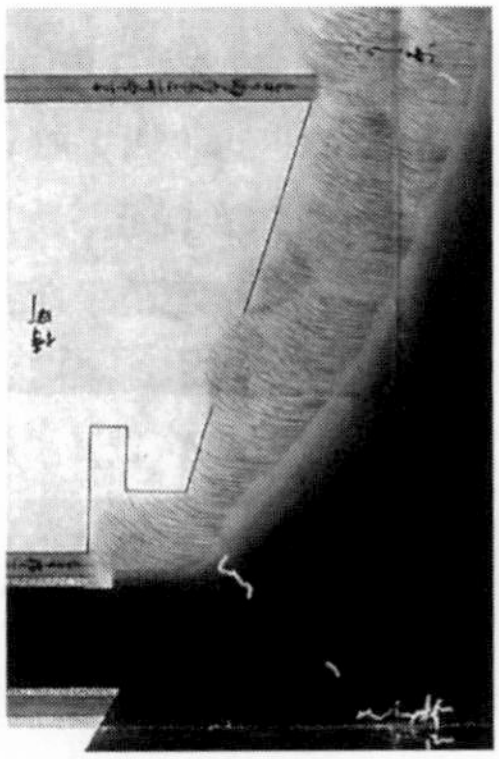

松平期の京橋川河口部
「出雲国松江城絵図」（部分）
国立公文書館蔵

さらに、だいたい十年ごとに作られた堀尾期、京極期、そして松平期の各松江城下町図を比較すると、多くのことがわかってくる。堀尾期には、現在の内中原《うちなかばら》辺りに出口のない堀があった。これが京極期には道になり、松平期（正保期）には完全になくなっていく。つまり、京極期に埋め立てられたのである。これはなぜか。内中原辺りは湿地帯なので、それを埋め立てたために地中から水がしみ出てきて、その水を溜めたところが水の入り口も出口もない堀と考えられる（山根正明『堀尾吉晴』)。それが、時が経つとともに埋め立てられて、完全な陸地になっていく。

城地の西側にある四十間堀《しじっけんぼり》も、京極期は幅が四十間、すなわち約七、八十メートルあったが、松平期になると四十メートルほどになっていく。堀は埋め立てられ、深田《ふけだ》という形で陸地化されていく。田ができてきて、四十間堀が徐々に狭くなっていき、名称だけが現代に生き残っていくのである。

三の丸も、京極期には北西の角が三角に出ているが、松平期には削られる。これは、堀幅の記載からはっきりと削ったということがわかる。

そして、京極期の城下町図には、城下東端の京橋川《きょうばしがわ》の出口に出っ張った土手がある。この河口部分を抜けることさえできれば、本丸まで堀伝いに一気に行くことができる。そのため、城下東の重要な部分に土手が造られた(もしくは造られようとしていた)。この土手は、松平期の城下町図にはなくなる。京橋川河口の土手がなくなったのは、東側から容易には攻められなくなったためで、河口の東部対岸が陸続きになってくる。その後、河口の東方が陸地化して開発（新田化）されていくのである。

次いで松平期になると、城下の中堀も改変されてくる。現在の内中原の地域には、京極期に埋められた水の出入口のない堀の他に、水の出口だけあって入り口のない堀があった。この堀の最北端を切って外堀と繋ぎ、水の流れを作って堀の水はけを良くした。切った場所には、現在は道になってしまった祖母橋《ばばばし》が架かっていた。

城下の石垣も注目される。松平期の正保図には、京橋川沿いと田町《たまち》の堀に石垣が描かれている。これは松平期になり、京橋川沿いはやはり非常に重要な場所との認識から、ここだけは護岸をしたのだと考えられる。そして、このときに堀幅を狭めていく。石を据えると、以後、簡単に堀幅を変えることができなくなる。しかし、それまでは土手だったため、堀幅を変えることができた。

いま一つ、田町にある京橋川河口近くの南北に延びる堀の石垣も新たに造られている。河口の船の係留地《けいりゅうち》と思しき部分が退化していくなかで、一歩京橋川に入り込み、南北に延びるこの堀に船を係留させたのではないか。また、田町辺りはもともと埋め立てた所であったため、この辺の土手は崩れやすかった。そのため、石垣で護岸をしたのではないかと考えられる。その後、ほとんどの堀に石垣が敷き詰められるが、現在でも城下町造成時の姿と思しき堀の土手がある。松江市の伝統美観地区に指定されている塩見畷《しおみなわて》の堀は土手であり、また、本丸の内堀の西向かいの対岸も土手である。石垣のない堀は、現在でも随所で見ることができる。

城下のもう一つの特徴は、堀に面した屋敷には必ず船入《ふないり》がある点である。たとえば、京橋川沿いの武家屋敷には、川に面して屋敷内に船入があることから、城下を船で行き来していたことが理解できる。

また、京橋川河口近く、現在の東本町の東部に藩主の茶屋屋敷や武家屋敷があったが、松平期になると町屋に変わっていく。これにともない、南東からの攻撃への備えが簡略化され、防御の要素が弱くなる。東本町はこの後、職人町となっていく。

さらに注目されるのは、十八世紀半ばの延享期の城下町図（島根県立図書館所蔵）にはっきりと描かれ、他の文献とも突き合わせると明らかになることとして、元禄二年（一六八九）の三代藩主松平綱近《つなちか》による城下町改変である。一つは、末次砂州の途中にあるハトノハナ部分を開削し、宍道湖の水を城下の堀へ流した。それまで松江城下の堀と宍道湖とは繋がっておらず、城下の堀水は、地中からしみ出る水や山からの水を東方へ流すか、逆に東方から水が流入するしかなかった。しかし、城下西南のハトノハナ部分を開削したことで、宍道湖と城下の堀が繋がり、宍道湖からも水が流入するようになった。

もう一つは、天神川である。ここは、それまであまり流路がはっきりしなかった部分であるが、この年に真っすぐに東西に流路を造り、現在のような形にしている。三つ目として、現在の北田町《きたたまち》の普門院《ふもんいん》前は、堀尾・京極両図ではすべて陸地になっていた。そこに堀を東西に通し、水の流れを直線となるように変えた。綱近により、同じ年にいくつかの改変がなされたのである。

これらの改変はなぜなされたのか。松平氏以前の領主京極氏は、奥出雲の水が集まる斐伊川《ひいかわ》に土手を造り（若狭土手《わかさどて》）、それまで分流し、日本海へも流れていた流路を一本化して宍道湖に流すようにしている。しかし、それにより斐伊川の水がすべて宍道湖へ流れるようになった。この頃、宍道湖の水の出口は、松江城下を流れる大橋川しかなかった。大橋川のみで宍道湖の水を中海・日本海方面へ押し流すのは難しく、城下が洪水となる原因となった。そのため、水が流れ出る流路を作る必要があった。その対策の一つが、天神川を東へ真っすぐ通して水を流すことを企図し、もう一つは城下へも水を流すようにすることであった。水が流れやすいように、城下の堀の流路も整備する。このような大きな改変がなされ、松江城下はほぼ現在の形になる。そのため、段階的に城下町の形はでき上がってくると言えよう。幕末の城下町図でも、城下の形は変わっていない。そして昭和時代になると、一部埋め立てが進んでいくのである。

松江の城下町は、形成時の姿を現在も色濃く残している。堀の形はほぼ同じで、そのなかに部分的に改変を加え、工夫を重ねている姿が松江の城下町なのである。

第三章　京極期の松江藩

堀尾《ほりお》氏が松江城と城下町に力を入れたのに対し、出雲国全体を視野に入れた基盤整備を行ったのは、堀尾氏の後に入った京極《きょうごく》氏であった。わずか一代、三年半と極端に短い領国支配であったため、人々の記憶からは忘れ去られていたが、残したものは大きい。

京極若狭守忠高《わかさのかみただたか》の官途《かんと》「若狭守」で人々に記憶される若狭土手《わかさどて》は、八岐大蛇《やまたのおろち》伝説のモデルとなった斐伊川《ひいかわ》下流の流れを大きく北方から東方へ変える武志《たけし》の地域で知られていた。しかし、その上流にある、今は桜で有名な木次《きすき》の桜土手や、出雲国東部の伯太川《はくたがわ》にも若狭土手があった。大土手を造る技術を駆使し、川の流れを一つにすることで、新田開発による田地と米の収穫の安定的な確保を目指し、堀尾氏が禁止した中国山地での鉄穴流《かんなながし》しによるたたら製鉄を解禁した。京極期は松江藩における殖産《しょくさん》興業《こうぎょう》の転換点だった。さらには石見銀山《いわみぎんざん》を幕府から預かり、その後の銀山支配の基礎を築いている。

忠高を特徴づけるのは、その人脈と家臣たちである。京極氏は室町時代に出雲国の守護家だったから、忠高は祖先が支配した地を再び統治したことになる。名門の家で、かつて京極氏の家臣には浅井《あざい》氏や尼子《あまご》氏といった戦国大名となる家がいた。浅井氏は主家京極氏と姻戚関係を築くため、浅井長政《ながまさ》の次女の初《はつ》を京極高次《たかつぐ》（忠高の父）の正妻としている。長女が豊臣秀吉《とよとみひでよし》の別妻である淀《よど》（茶々《ちゃちゃ》）、三女の江《ごう》が後に将軍となる徳川秀忠《とくがわひでただ》の正妻となったため、中央政権とのパイプは太かった。銀山支配を認められたのもこの点にある。

忠高の右腕となった佐々九郎兵衛《さっさくろべえ》は、忠高が若くして当主となった際、老臣たちの扱いに苦労したことから、新たに取り立てられた側近である。出雲国統治期は、ほぼ忠高の意志を代弁する唯一の地位にあった。忠高の没後、御家断絶を救ったのも九郎兵衛であり、家臣のリストラを自らの禄を差し出すことで少しでも食い止めようとしたこともある。また、忠高は福島正則《ふくしままさのり》の改易後、その有力家臣であった大橋茂右衛門《おおはしもえもん》を家老格で迎えている。そして忠高が死去した際、二名の殉死者がいた。殉死は主君への忠節が強く求められつつあった戦国期特有の風習であり、人材の枯渇を危惧する幕府により禁止される直前のものであった。

京極忠高肖像（部分）　滋賀県米原市・清瀧寺徳源院所蔵

また、京極家臣たちによる松江城下で起こった刃傷《にんじょう》事件では、武士たちの間での男色《だんしょく》や、足の裏を割くという特異な行動が注目される。とくに、殺害した遺体を城下の「塩津川」に流したとあり、これは現在、松江の中心を流れる大橋川の古名ではないかとみられる。

松江藩として最大の領域を統治した京極期は、藩政の転換点として位置づけることができる。以下、詳しくみていこう。

1. 京極忠高が造った若狭土手の記憶

江戸時代、松江藩の藩主といえば、松江の地に城と城下を築いた堀尾氏と、明治維新に至る二三三年間藩主であった松平氏がすぐに思い浮かぶ。しかし、この両氏の間の時期に京極氏がいたことを、どれだけの人が知っているであろうか。

京極忠高が松江藩主となったのは、堀尾氏改易《かいえき》後の寛永十一年（一六三四）閏《うるう》七月である。忠高は三年後の六月に急死してしまい、その年の暮《くれ》に京極氏の改易が決定するという、実質三年余の支配であった。わずかに知られた忠高の事績は、乱流する斐伊川に大土手を造り、流れを一本にした「若狭土手」の造成くらいである。京極忠高が若狭守であったことから、「若狭土手」と人々に記憶された。

京極氏はもともと、室町・戦国時代に室町幕府のもとで出雲・隠岐両国の守護を務める家柄であった。ではなぜ、忠高のときにこの大土手が造られたのか。その謎は、土木技術の進展と、出雲へ来る

忠高が着手した若狭土手　島根県出雲市武志

までの忠高の事績を追うことで明らかにできる。

室町時代に治水《ちすい》技術が進歩し、堤防《ていぼう》を造る技術が発達した。そして戦国時代、約百年続いた戦乱のなか、築城技術を中心に一気に高度化する。全国が統一されるにしたがい、さまざまな土地で多くの大名たちが共同で土木工事（普請《ふしん》）を行うようになり、築城・土木技術は共有されるようになった。

忠高も例外ではなく、徳川家の命令で、三度にわたる大坂城や、禁裏《きんり》御所《ごしょ》、仙洞《せんとう》御所など、たび重なる土木工事を請け負い、さまざまな土木技術を身に着けていた。若狭国小浜《おばま》（福井県小浜市）では遠敷川《おにゅうがわ》を改修し、河船の上り下りを実現させてもいる。このような機運のなかで、忠高は出雲の地において、それまで氾濫に悩まされていた斐伊川の改修を行うのである。

出雲入国当初、京極家の年寄《としより》たちが国内を視察したところ、斐伊川では春先の水量の少ない一、二月に毎年、堤防に砂を盛って修繕するが、少しでも水位が高くなると決壊し、本・支流に架かっていた板橋も流されたという。京極家中で協議の末、七～八あった川筋を一つにして「大《おお》川《かわ》」とする決定に到った。造成の理由は、ただ氾濫するからというだけでなく、国内の新田開発を確実にするためでもあった。斐伊川の場合、菱根《ひしね》新田（島根県出雲市）からの収穫を確実にするためであった。近年、「若狭土手」の名称は斐伊川だけでなく、安来市の伯太川でも伝承されていることが明らかとなった。同市大塚《おおつか》にある大塚両大《りょうだい》神社社殿は、京極期の土手の高さを示している。

さらに、毎年春になると桜の名所となる桜並木のある雲南市木次《きすき》町の斐伊川沿いの土手も、京極期に築き始められた。江戸時代の地誌『雲陽誌《うんようし》』の大原郡来次（木次）の項に、「土手長三百五十間《けん》、京極若州《じゃくしゅう》の大守《たいしゅ》築せたまふ」とあり、六三六メートルにわたり土手が築かれた。木次は斐伊川と久《く》野川《のがわ》の合流地点にあり、奥出雲で生産された鉄などが舟運で運び込まれ、中世から市場が形成された交通・流通の拠点である。木次の町は「木次流れ町《まち》」の異名をとる氾濫原であったが、京極氏は堤防（大土手）を築くことで町場の確保を目論んだものとみられる。

若狭土手に対する忠高の自信は、前藩主堀尾氏が二十六～二十七年間も禁止していた、鉄穴《かんな》流しを認めたことにも表れている。下流へ大量の土砂を流す鉄穴流しを解禁するという、鉄山政策の転換は、忠高による殖産興業政策の一つである。これらの政策は、次の藩主松平直政へと引き継がれていく。

このように、京極氏の藩政はわずか三年余と短くとも、後の松江藩政の指針を示す重要な期間であったのである。

2. 出雲・隠岐・石見の三国を見据えた支配

堀尾氏が出雲・隠岐二十四万石、松平氏が出雲十八万六千石に隠岐預かりであったのに対し、京極氏は出雲・隠岐二十六万四千二百石（一説に二十四万石）を支配するだけでなく、石見国邇摩《にま》・邑智《おおち》両郡を幕府から預かった。両郡には石見銀山が含まれるので、銀山支配が京極氏に任されたことになる。江戸時代を通じ、松江藩主のなかで最大の石高を持つ領主が京極忠高であった。

忠高はその利点を生かし、領国全体に目配せした政策を行っていく。その一つが、前節で見た宍道湖西側の斐伊川や、中海に流れる伯太川の若狭土手の造成であり、鉄穴流しを認める鉄山政策の転換であった。そして隠岐には、島前《どうぜん》・島後《どうご》にそれぞれ一人ずつ代官をおいた。

ではなぜ、忠高だけが石見銀山までも任されたのか。このことは、忠高の人脈と銀山奉行竹村《たけむら》家の断絶が大きい。銀山奉行の断絶だけならば、他の奉行が幕府から派遣されればよいが、同じ石見国ではなく隣国の松江藩主に預けられたのは、京極忠高の政治手腕および徳川家との関係が大きい。

忠高の母初《はつ》は、戦国大名浅井長政の次女で、姉の茶々は豊臣秀吉の妻、妹の江は二代将軍徳川秀忠の正妻である。さらに、忠高の正妻は秀忠と江の子初姫《はつひめ》であり、忠高の義父は将軍、義母は江であっ

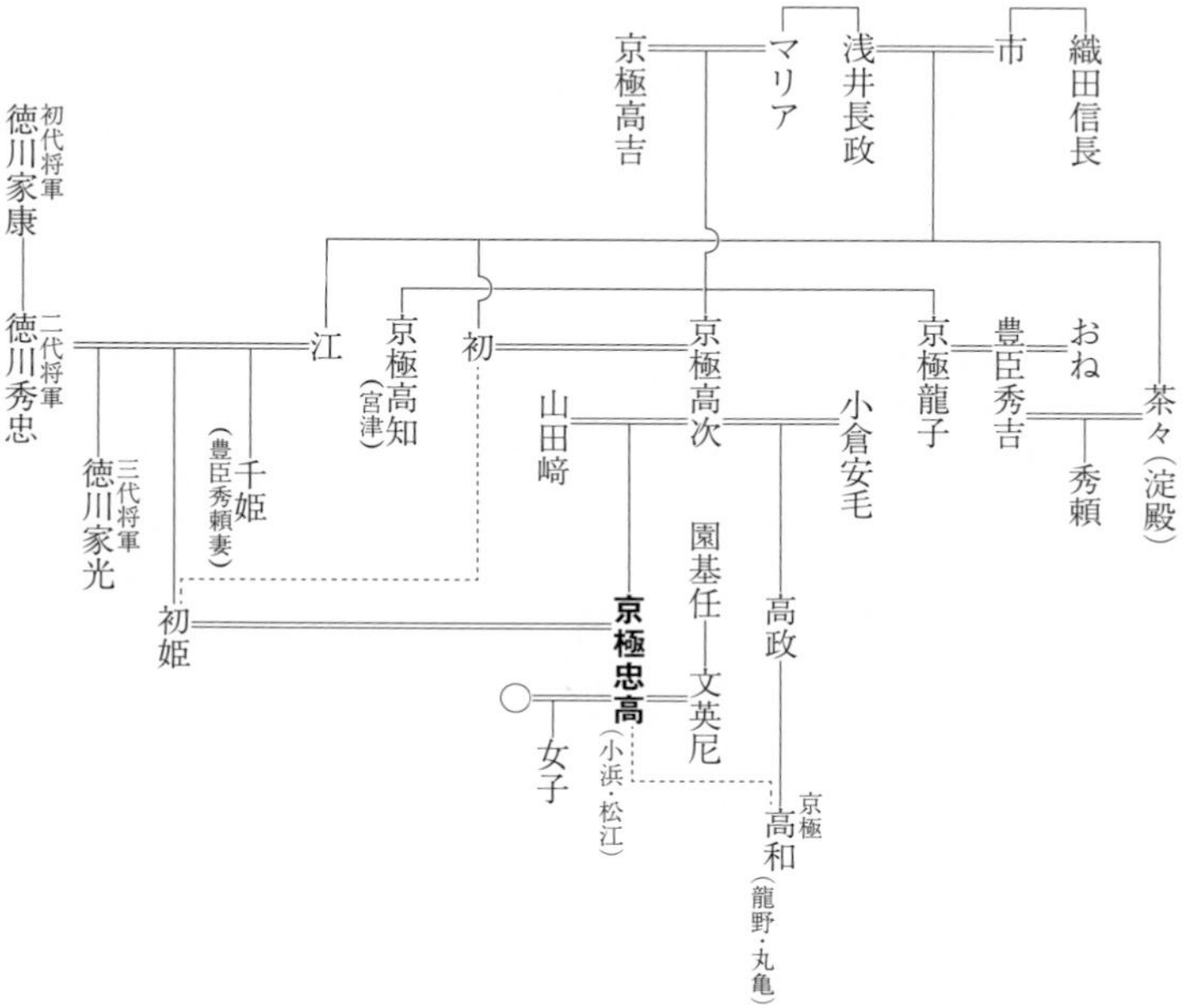

京極氏系図

た。そして人脈だけではない。忠高の肖像画（滋賀・徳源院《とくげんいん》蔵）の上部に記された賛《さん》には、出雲へ入る以前に統治していた若狭国では良い評判が立つほどの善政を敷き、出雲・隠岐の統治では善政の上に、他者への思いやりを大事にする、いつくしみによる政治を行ったと記してある。像主を称えるための文章なので、割り引いてみなければならないが、それでも生前は政治家として一流の人物であったことがわかる。

忠高の統治は、出雲・隠岐・石見という領国全体を見据えた政策だけではなかった。松江城下の整備も大きな功績である。丸亀市立資料館所蔵の京極期の松江城下絵図（「寛永年間松江城家敷町之図」）

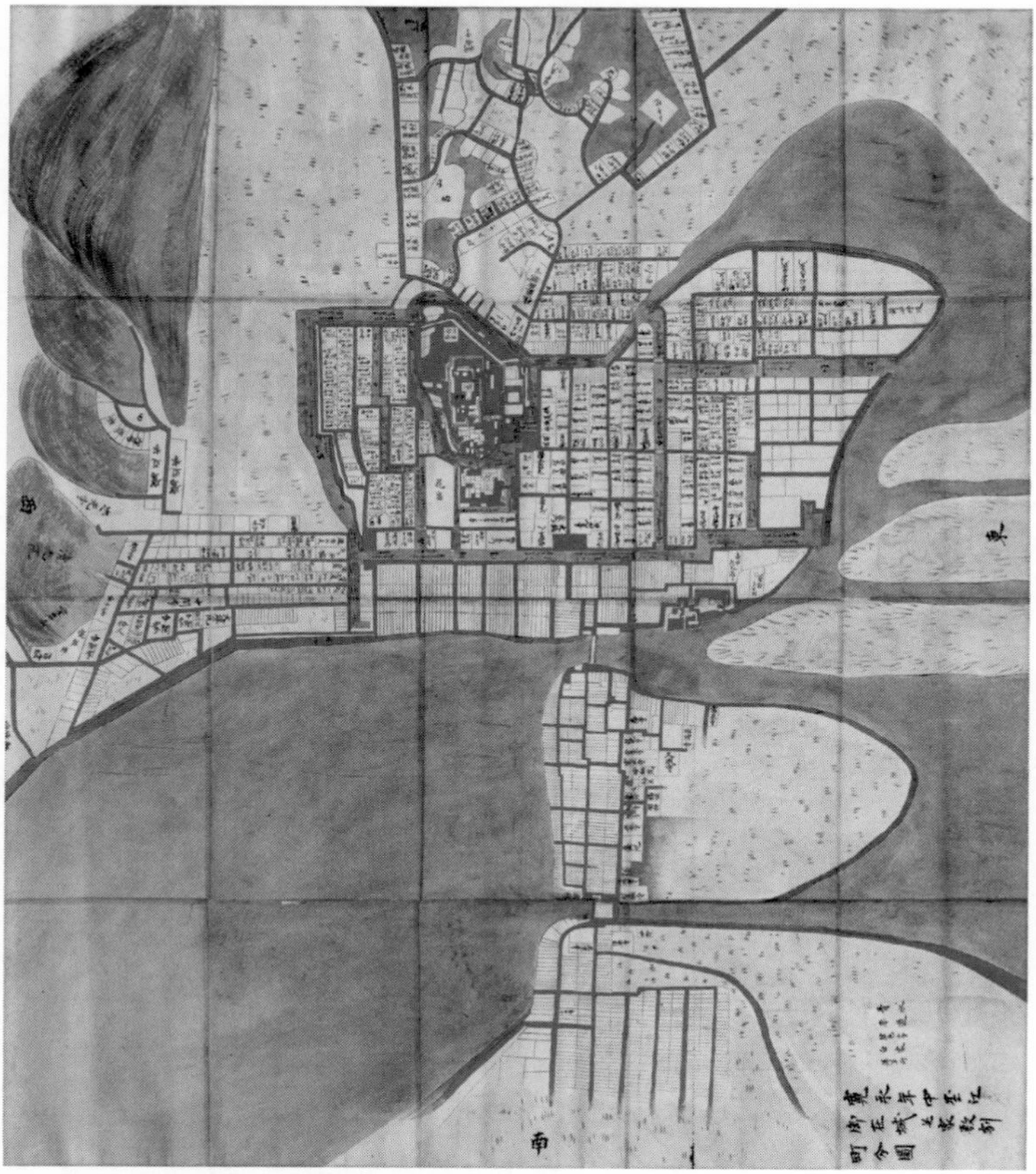

「寛永年間松江城家敷町之図」　丸亀市立資料館蔵

の分析により、内中《うちなか》原《ばら》の堀の一部を埋め立て、天神橋《てんじんばし》の南側にのちに雑賀町《さいかまち》となる町の建設を具体的に指示するなど、忠高は松江城下の改変を志向していたことが明らかとなった。また、京橋川《きょうばしがわ》河口の御船屋《おふなや》には大きな入り江があり、若狭国小浜から五艘の船を停泊させ、海からの攻撃に備えてもいた。

この他にも、忠高の命で作成されたと考えられる「出雲国十二郡図」（島根大学附属図書館蔵）は、宍道湖を「風郡《ふうのこおり》」、中海を「天満郡《てまのこおり》」とする等、京極期の絵図は興味深い。改変する志向を持ちながらも、計画段階で止まったのが京極期の城下町建設だった。この志向性を受け継ぎ、一気に改変していくのが第二部で詳しく述べる松平直政だったのである。

3．藩主忠高の恵まれた人脈

ここまで京極忠高の事蹟について述べてきたが、本節では生い立ちや人脈、人となりを見ることにする。

実は、忠高の出生には秘密があった。調査により新たに発見された父京極高次《たかつぐ》の直筆書状や、豊臣秀吉の妻となっていた京極龍子《たつこ》の書状によると、次のようなことが記されている。秀吉が朝鮮を攻めた文禄の役のとき、高次は侍女《じじょ》・山田崎《さき》の懐妊《かいにん》を知ると、妻の初《はつ》を恐れ、家臣磯野《いその》氏に崎を預け、潜伏させた。生まれた子（後の忠高）は三年後、はじめて初と会い、京極家の跡取りとして、そして初の子として育てられていく。磯野家は初の怒りを買い、初が逝去《せいきょ》するまで、京極家に再仕官することが許されなかった。この文書の発見により、高次が恐妻家だったことや、京極家における初の存在の大きさを知ることができる。

関ヶ原の戦後、熊麿《くままろ》（忠高の幼名）は江戸に下り、次期将軍徳川秀忠の面前で元服《げんぷく》し、秀忠の「忠」字をもらい忠高と名乗る。元服の年、秀忠と江《ごう》の娘初姫《はつひめ》が許嫁《いいなずけ》となった。この関係からであろう、「京極若狭守忠高拝領《はいりょう》物《ぶつ》之《の》覚《おぼえ》」（丸亀市蔵）をみても、将軍家から相当の財政援助を受けている。そして豊臣家と徳川家が争った大坂冬の陣では、豊臣秀頼《ひでより》の母が初の実姉であり、妹が徳川秀忠の妻であるという関係から、京極家は和議《わぎ》のため周旋《しゅうせん》し、忠高の陣屋で徳川・豊臣両軍の和議がなった。

京極忠高木像　滋賀県米原市・清瀧寺徳源院蔵

忠高の人柄をうかがう話として、相撲観戦に熱中するあまり、妻の初姫の臨終《りんじゅう》を看取《みと》れなかったという失態をおかしたことが知られている。細川忠興《ほそかわただおき》が子の忠利《ただとし》へ宛てた書状には、その状況が詳細に記されている（図録『松江創世記　松江藩主京極忠高の挑戦』収載21文書）。熊本藩主細川忠利とは親友で、参勤交代《さんきんこうたい》を示し合わせて行く仲であった。なお、忠利が忠高へ和歌の出来を尋ねた書状や、忠高自筆の和歌短冊などを見ると、忠高が教養人であったことがわかる。
初姫の逝去後、初姫の実妹で後水尾《ごみずのお》天皇の妃《きさき》となっていた徳川和子《まさこ》は、姉の嫁いだ家の跡取りを案じ、推挙により後水尾天皇の母である中和門院《ちゅうわもんいん》に仕えていた女性（文英尼《ぶんえいに》）を忠高の後妻《ごさい》とした。文英尼は松江藩期の忠高の妻であり、後に霊元《れいげん》天皇の乳母《うば》となる。京都の圓通寺《えんつうじ》が所蔵する文英尼の肖像画は、霊元天皇の兄たちが描き賛を記したもので、その姿は生々しい。

4．松江藩の石見銀山支配

すでに触れたように、江戸時代、歴代松江藩主のなかで唯一、京極忠高のみが幕府から石見銀山を預かった。忠高が出雲に入国して二年後、将軍徳川家光《いえみつ》は参勤交代で帰国する直前の忠高に、石見国邇摩《にま》・邑智《おおち》の両郡を預かるよう命じた。なぜ、家光はそのようなことを言い出したのか。それは、ちょうどその年（寛永十三）の正月十三日に、銀山奉行の竹村万嘉《たけむらかずよし》が亡くなり、子供がなかったことにより家が断絶したことを契機に、忠高への銀山預かりが命ぜられたのである。忠高は、徳川将軍家から信頼されていたのだ。

このとき、幕府は杉田忠次《すぎたただつぐ》を遣わした。忠次は、京極氏のもとで石見国の邇摩・邑智両郡を監督する役目を勤めた。忠次の祖父や父親は、近江の浅井氏の家臣だった。浅井氏の主家筋は京極氏である。

浅井氏が滅亡した後、忠次は近江の豊臣秀次《ひでつぐ》に仕えていたが、秀次が豊臣秀吉によって殺されると、その後、徳川家康に見出され、家康から大久保長安《おおくぼながやす》のもとにいろと命ぜられ、長安のもとにいた。長安は全国の鉱山経営を任された人物なので、その間に鉱山や銀山の経営、土木の知識を得たものと考えられる。その後、忠次は幕府の命令で諸国を巡検する。

堀尾氏が断絶して改易となり、京極氏が出雲へ入国するまでの藩主が決まらない間、幕府はこの地域をいったん接収した。このとき、幕府の役人として派遣されたのが忠次だったのである。忠次は土地に関わることを扱う勘定頭《かんじょうがしら》という立場でやってきた。実際、当時発給された古文書等にもその名が見える。

京極氏が出雲へ入国すると、いったん出雲を離れ、作物の出来を見たりするため東海地方などへ向かったが、その後しばらくして山陰へと戻ってくる。これは、京極氏が石見銀山を預かり、それに合わせて幕府が忠次に京極氏の下で銀山の面倒を見るよう命じたからであった。忠次は、忠高の銀山支配の実務担当者となる。忠高の銀山支配は、杉田忠次により経営されていたのである。

この後わずか六か月後、京極忠高は亡くなってしまう。そして半年ほど、幕府の中で京極家を取り潰すか、存続させるか議論がなされ、最終的に転封となった。そのため、京極氏の銀山管理は非常に短い期間で終わった。しかし、京極家の断絶後、松平氏が入ってくるまで、幕府がいったん出雲・隠岐を接収し、役人を派遣したとき、再度この杉田忠次が堀尾氏の改易時と同じように派遣されてくる。

そしてその後、忠次は幕府からそのまま石見銀山の代官に任ぜられ、三年後に亡くなるまでその職務を全うする（以上『寛政重修諸家譜《かんせいちょうしゅうしょかふ》』）。松江藩と石見銀山をつなぐ、京極氏とゆかりのある人物が杉田忠次だったといえよう。

5．忠高が最も信頼した家老・佐々九郎兵衛

松江市殿町《とのまち》に開館した松江歴史館（二〇一一年三月開館）の敷地は、京極忠高が松江藩主だった寛永十一〜十四年（一六三四〜三七）の間、家老の佐々九郎兵衛《さっさくろべえ》の屋敷地であった。城下の一等地にある上屋敷は、藩主忠高のもとで、彼がどのような立場にあったかを物語っている。

九郎兵衛は、小姓《こしょう》として主君忠高の側《そば》に仕えた。実名の光長《みつなが》ではなく、普段は通称の九郎兵衛で呼ばれていた。忠高の出雲入国に際し、彼の禄高はそれまでの五五〇石から十倍以上の八一〇〇石に加増され、二年後の家臣団改革では一万石にまで登り詰める。彼について、忠高の一人娘である伊知子《いちこ》は、次のように述べている（『涙草《なみだぐさ》』）。

九郎兵衛は、心が広く、情け深く、どんなときでも誠実に心配し、世間の事情をよく心得ていて、細かなことまで心に入れて処置するので、とても頼もしい。心の持ち方が、他の人より立派であっ

たから、忠高も早くから、誰よりも彼を可愛く思い重用した。また九郎兵衛は、主君のために忠を尽くし、同僚にも情け深く、家臣として政道を忠実に行い、奉仕した。

九郎兵衛が、心配りのできる、勝《すぐ》れた人格の持ち主であったため、忠高から絶大な信頼を得て、重用されたことがうかがえる。このことは、彼が発給した文書にも表れている。

忠高がまだ若狭国小浜にいた頃、藩政に関わる文書を佐々九郎兵衛が単独で出すことはなく、筆頭家老の多賀越中守《たがえっちゅうのかみ》と連署《れんしょ》するか、重要事項は多賀越中守単独で発給していた。これが松江藩期になると、九郎兵衛単独で発給する文書が増える。彼は、忠高への取《とり》次《つぎ》や代弁を行ったりするほとんど唯一の存在となっている。出雲において、忠高が彼をとくに重用し、藩政の核となる人物として扱っていたことがわかるだろう。

　忠高が急死すると、京極氏は松

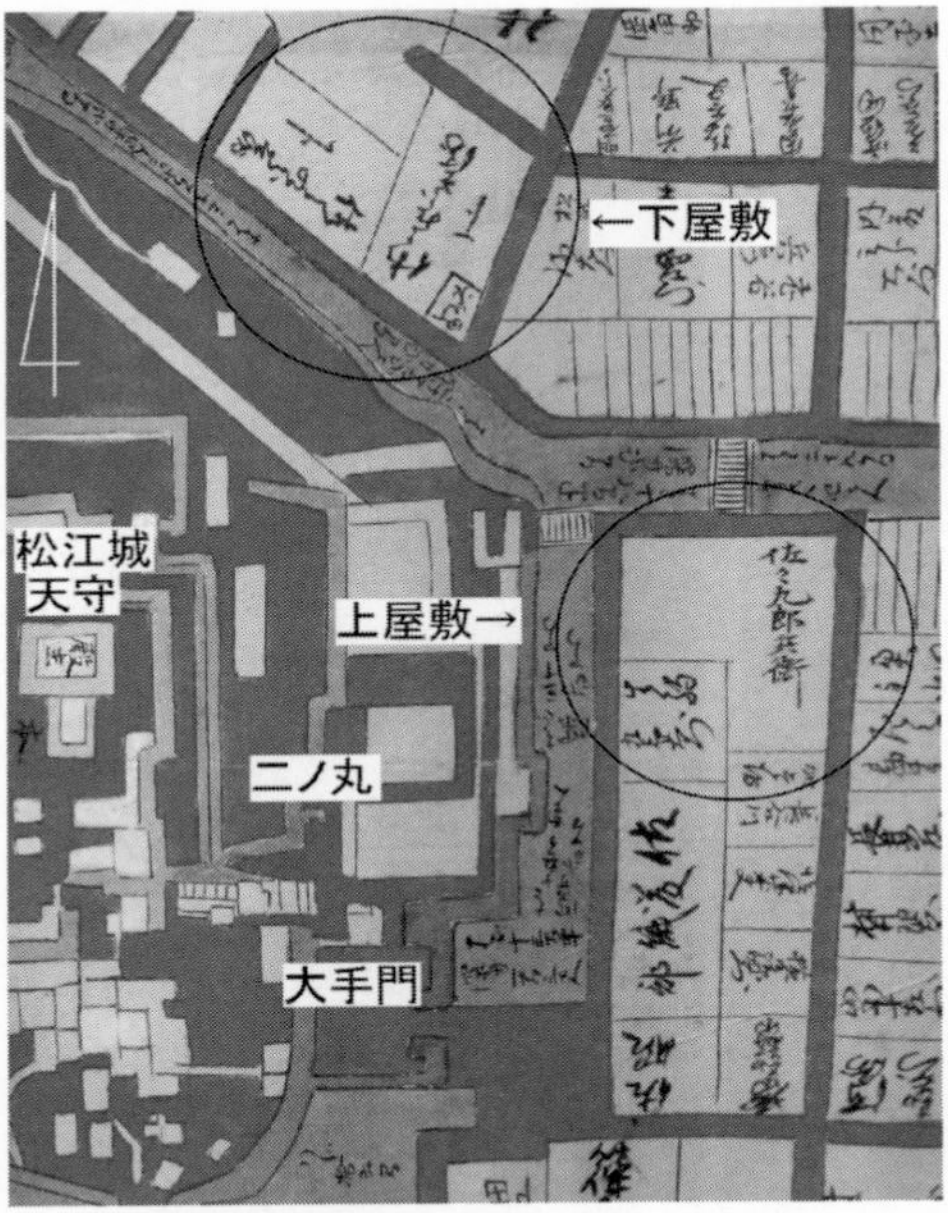

佐々九郎兵衛が日ごろ居住した上屋敷　すぐ北の塩見畷には、九郎兵衛の別邸である下屋敷が二区画あった（左上の円）「寛永年間松江城家敷町之図」（部分）　丸亀市立資料館蔵

江から播磨国龍野《たつの》（兵庫県たつの市）へと移る。九郎兵衛は、忠高の跡を継いだ主君高和《たかかず》に子がいないことを憂慮《ゆうりょ》し、忠高の娘で、家老の多賀家に嫁いでいた伊知子の子頼母《たのも》を高和の養子にすることを提案し、周旋した。

彼の人柄がうかがえるのは、これだけではない。龍野では藩財政の悪化から、家臣に暇《いとま》を出して人件費を切り詰める政策が断行されそうになった。このとき、九郎兵衛は一人反対し、新参者は明日にでも路頭に迷うのは必定であるから、なによりもまず高禄を得ているものの禄を削るべきだと主張した。そしてこの主張は認められ、京極氏は龍野で一人の解雇者をだすこともなかった。佐々九郎兵衛が、京極家や家臣団のことをどのように思って行動していたかが、ひしひしと伝わってくる。

殿町の松江歴史館建設地にあった佐々家の屋敷は、忠高から信頼され、重用された人格者・九郎兵衛が住んだ場所だったのである。

6．渡り歩く家老・大橋茂右衛門

松江藩主松平家に仕えた家老・大橋《おおはし》家が残した鎧甲《よろいかぶと》や、同家伝来と言われる伝利休《りきゅう》茶室は、現在、松江歴史館で見ることができる。

大橋家初代の茂右衛門《もえもん》は、関ヶ原の戦の際に岐阜城攻めで功績をあげ、福島正則《ふくしままさのり》に仕えた。正則が改易になると、若狭の京極家に仕え、松江藩主となった京極忠高のもとでは、京極家の重臣と同じ五〇〇〇石の禄高だった。忠高が嗣子《しし》なく断絶し、出雲を去ると、茂右衛門は一時、牢人《ろうにん》（浪人）となる。ところが京極家の後、出雲へ入国してきた松平直政が切《せつ》に希望したことにより、茂右衛門は松平家の家臣となった。このとき、茂右衛門は京極家に仕えていたときと同じ禄高を条件とし、これを直政は認めている（『松江藩祖直政公事績』）。なぜ、忠高は彼を家老格で家臣とし、直政は切に希望したのか。謎は残されたままである。

掲載した十月五日付京極忠高書状（次々頁写真）は、寛永六年（一六二九）に小浜藩主だった忠高が、家臣の大橋茂右衛門へ宛てた書状である。この年の十一月に明正《めいしょう》天皇（女性天皇）が即位した。事前に、幕府の年寄《としより》土井利勝《どいとしかつ》と酒井忠世《さかいただよ》が上洛するのに合わせて、忠高が急遽、茂右衛門へ京極家の使者として上洛を命じ、茂右衛門は「首尾《しゅび》良く」行動した。茂右衛門の行動について、京都の公家・菊亭《きくてい》家から知らせを受けた忠高は、「大変満足している」と茂右衛門に知らせている。

京極・松平と主家を変えても家老格で迎えられた、大橋茂右衛門と京極忠高との関係を示す、松江に残る忠高の書状である。

7. 松江城下を揺るがす刃傷事件

江戸時代初め、京極忠高が松江藩主であったわずか三年半に、松江城下で刃傷《にんじょう》事件が起こった。それは、京極家臣の男色《だんしょく》に端《たん》を発し、殺人、ついには仇討《あだう》ちにまで発展する。

事の始まりはこうである。松江藩士の箕浦備後《みのうらびんご》の末っ子である「与四郎《よしろう》」は、顔かたちがとても美しい青年だった。彼は、同じく藩士の内藤兵庫《ないとうひょうご》の子である「八左衛門《はちざえもん》」と親密な交際をしていた。男同士の交際である。この両者の交際を知らずに、多賀孫左衛門《まござえもん》の息子の「孫兵衛《まごべえ》」が、箕浦与四郎に思いを寄せてしまった。交際を迫る孫兵衛に、与四郎は「言い交わした者がすでにいるので」と答えたところ、孫兵衛は「それでは根拠がはっきりしないので、その人の名を教えてください」と再度聞いてきたのであった。

もし相手の名を孫兵衛が知ることになったら、交際相手の八左衛門に危害が及ぶかもしない。そこで与四郎は、八左衛門と共に孫兵衛の殺害を計画する。孫兵衛が与四郎の居宅である箕浦家を時々訪れるのをいいことに、ある夜、与四郎は彼の部屋に孫兵衛を呼び寄せ、懇ろにもてなした。そして酔った孫兵衛を、八左衛門と与四郎は刺し殺し、足の裏を割き、屍《しかばね》を城下の塩津川に捨てたのであった。

10月5日付京極忠高書状　松江歴史館蔵

その後、川下で発見された孫兵衛の屍を見て、人々は箕浦与四郎と内藤八左衛門の仕業だと噂した。殺された多賀孫兵衛の父孫左衛門は、証拠はないが噂があるので、と藩へ訴えた。藩主の京極忠高は、目付《めつけ》を派遣し、密かに箕浦・内藤両者に聞いたところ、はたしてそれは事実であった。有力家臣の多賀家の訴えなので捨て置くことはできず、一方の箕浦・内藤も忠節を尽くす古くからの家臣なので、忠高は箕浦・内藤の両者に出奔《しゅっぽん》を勧めた。そのため、箕浦与四郎と内藤八左衛門の二人は出奔し、姿を眩ましてしまう。そして、しばらくして忠高が跡継ぎなく亡くなったことにより、京極家は播磨国龍野へ移ることとなった。

なお、殺された多賀孫兵衛には二人の弟がいた。十三歳の「孫左衛門」と十一歳の「忠太夫《ちゅうだゆう》」である。二人は兄の仇討ちを果たすべく、父孫左衛門が助けた牢人（浪人）で、箕浦与四郎と内藤八左衛門の顔を知っている「間市太夫《はざまいちだゆう》」や、孫兵衛の妹の子である「三田右衛門八《みたうえもんはち》」らの協力を得て、姿を眩《くら》ました箕浦与四郎と内藤八左衛門を探し出す。

出奔後の箕浦与四郎は、父が土井大炊頭《どいおおいのかみ》に仕えたが老齢で死去し、与四郎も二十歳で病死した。内藤八左衛門は小笠原忠修《おがさわらただなが》に仕官し、五〇〇

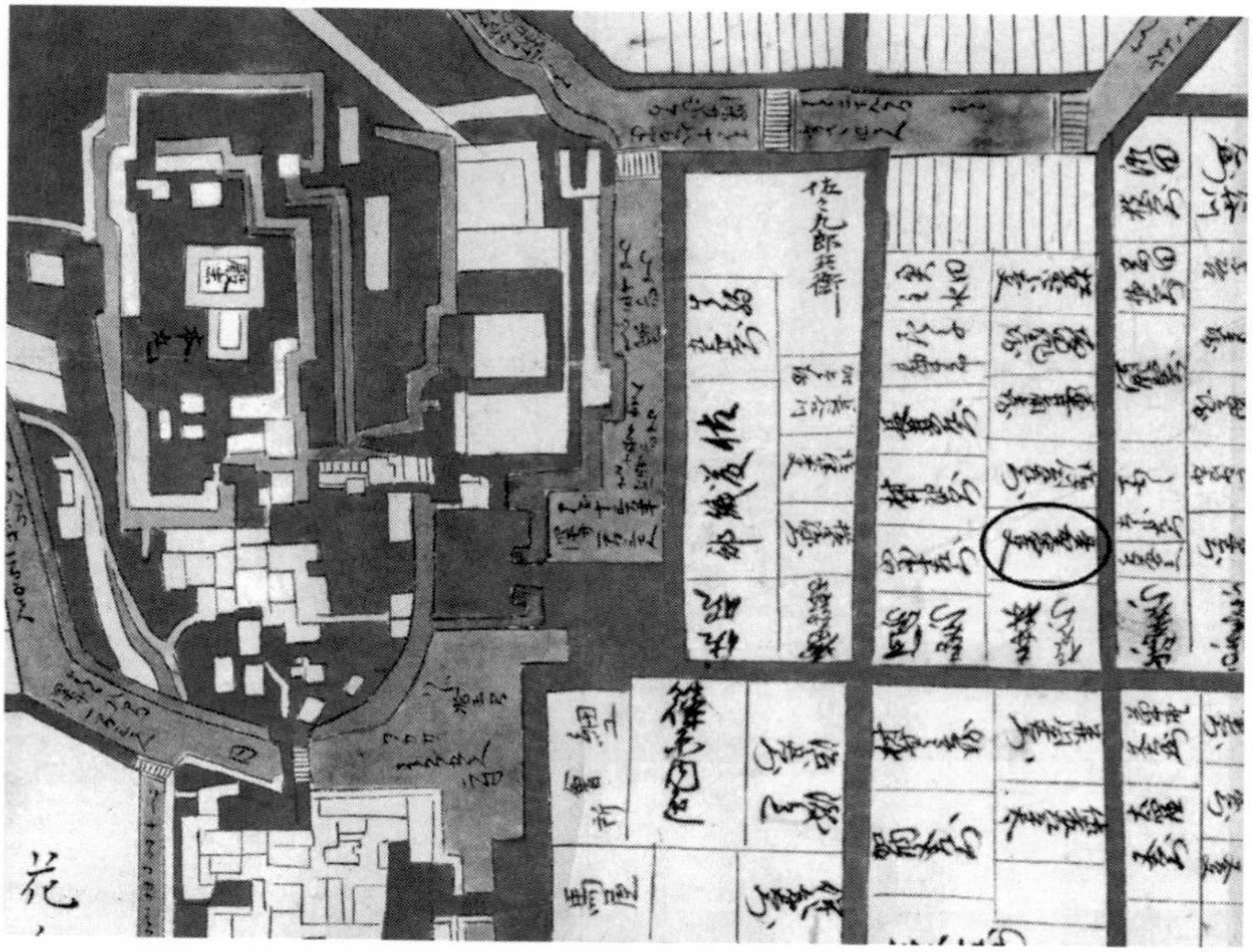

城下の一等地に屋敷のあった多賀忠大夫屋敷（黒丸囲み部分）　現在の松江市殿町　「寛永年間松江城家敷町之図」（部分）　丸亀市立資料館蔵

石を得ている。

　事件から二十一年後の四月十七日、とうとう多賀孫左衛門と忠太夫、牢人の間市太夫、甥の三田右衛門八ら一行は、江戸へと向かう小笠原家の行列に付き従う内藤八左衛門を発見した。場所は、江戸の土井大炊頭の邸宅に近い「大炊殿橋」であった。馬上の内藤八左衛門をはじめ、従者九人を見つけた間市太夫は、「あれこそ内藤よ」と多賀らに教え、馬で逃げる可能性があるので、多賀孫左衛門と間市太夫が前から、多賀忠太夫と三田右衛門八が後ろから迫った。

　内藤との距離が近づくと、孫左衛門が頭の編み笠を脱ぎ去り、「覚えなきか八左衛門」と言葉をかけ、内藤の額へ切りつけた。

多賀忠太夫は八十一センチの長い刀で飛び掛かって切りつけ、内藤が崩れ落ちるところを畳み掛けて孫左衛門が切り、忠太夫がとどめを刺した。しかし、多賀孫左衛門は内藤の従者の薙刀に刺され倒れ、「念願の仇討ちが叶ったので思い残すことはない」と言って息絶えた。犠牲者をだしながらも、仇討ちは成功した。人々は「江戸大炊橋の敵討」と呼んで、江戸で評判となった。松江城下の刃傷事件は、ついに江戸での仇討ちとなって決着がついたのである。

仇を討った多賀忠太夫は、その後九十歳余まで生き、播磨国龍野から移った京極家の治める讃岐国丸亀《まるがめ》（香川県丸亀市）で病死した（以上は、江戸時代中期に完成した岡山藩に仕えた湯浅常山《ゆあさじょうざん》の記した逸話集「常山紀談《じょうざんきだん》」巻二十四による）。

8．殉死する家臣

武家の世界では、戦場で命を落とすだけでなく、主人の死に続いて家臣が自殺して、死後の世界に御供する習俗があった。これを「追腹《おいばら》」とも「殉死《じゅんし》」ともいう。主人の後に続く従者の死は、古代からの習俗ではあったが、一〇〇年もの間戦争をし続けた戦国時代を経験するなかで、主人と家臣の関係は強まり、主人に続き家臣の追腹が「忠義《ちゅうぎ》」の行為として流行った。

寛永十一年（一六三四）に、若狭国小浜から松江に移った藩主京極忠高は、入国後わずか三年半で死去してしまう。同十四年三月四日に松江を発ち江戸へ向かった忠高は、五月上旬頃より少し「御不快《ごふかい》」となり、六月十二日ににわかに他界した。享年四十五歳であった。遺骸《いがい》は一時、江戸の東禅寺《とうぜんじ》（臨済宗）に置かれて火葬された後、遺骨は松江へと運ばれた。そして、七月十六日に葬儀が行われた。

忠高の死に追腹（殉死）した家臣が二名いた。加納又左衛門尉《かのうまたざえもんのじょう》と井上重継《いのうえしげつぐ》である。京極家の系譜「京極御系図」（『新編丸亀市史』所収）によれば、「忠高は、常に万民への哀憐《あいれん》がとても深かったので、病死の時、加納又左衛門尉と井上重継が御供として切腹した。諸人は感涙を催した」、と記している。忠高の民に対するあわれみの気持ちが、とても強いものであったことを示すと同時に、加納・井上二人の殉死に人々は涙したことがうかがえる。

殉死した加納又左衛門尉は、若狭国小浜に忠高がいた頃は三〇〇石取りの小姓であった。松江へ来て出世し、一〇五〇石取りとなって鉄炮の撃ち手二十三人を持ち、石川藤大夫《いしかわとうだゆう》以下の十六名を従え、雑賀衆《さいかしゅう》十人を預かる近習組頭《きんじゅうくみがしら》を勤めた。六十二歳の又左衛門尉は、忠高の葬儀の日に殉死、介錯《かいしゃく》は小姓の野村与左衛門《のむらよざえもん》が勤めた。

井上重継（門三郎《かどさぶろう》）は、忠高が出雲へ入国したときに、若くして忠高に気に入られ、新たに三〇〇石で取り立てられた小姓である。忠高の葬儀の三日後（十九日）、二十二歳の若さで殉死した。このことを記す京極家の記録には、「子細があって」殉死が遅れたとしており、忠高との関わりがまだ浅

右：殉死した加納又左衛門尉の白装束像　左：殉死した井上重継の白装束像　ともに滋賀県米原市・清瀧寺徳源院蔵

い若者には、少し荷が重かったのかもしれない。井上の介錯も、加納と同じく小姓の吉田又太夫が勤めた（以上、東京大学史料編纂所架蔵謄写本「京極家物語書留」による）。

江戸幕府は、武家の殉死の風習が各家の優秀な人材を死に追いやり、人材の枯渇《こかつ》をもたらすため禁止の方向を打ち出す。寛文三年（一六六五）五月の江戸幕府による武家諸法度《ぶけしょはっと》の公布とともに、殉死の禁止が口頭で伝達された。幕府の真の意図は、戦国の美風として残る主人個人に対する忠義から、跡継ぎの息子が継いだ主家に奉公することを義務付けることで、主人個人の能力次第で主家を変える、戦国時代のような主従関係を改めることであった。これは、たとえ能力の劣った主人であっても、それに仕えていく主従関係とすることで、大名や幕府の体制安定化を目論んだものであった。

京極忠高の死にともなう二名の殉死は、幕府が禁止する二十八年前の出来事であり、忠高がいかに個人として慕われたかを知るバロメーターとなるものであった。

忠高の死の九年後、忠高の跡を継いで播磨国龍野藩主となっていた京極高和は、近江国清龍寺徳源《きよたきでらとくげん》院《いん》に先代・忠高の墓を建立する。その際、忠高の墓石（宝篋印塔《ほうきょういんとう》）の両後脇に加納・井上両人の墓石（五輪塔《ごりんのとう》）を建て、さらに白装束姿の両人の木像を造り、京極家位牌堂に安置し供養したのである。

第二部　松平期の松江藩

第一章　松平家二三三年の礎を築いた松平直政

出雲《いずも》国で藩祖《はんそ》と言われる人物は、何をおいても松平《まつだいら》家十代、二三三年の礎《いしずえ》を築いた松平直政《なおまさ》だろう。父の結城秀康《ゆうきひでやす》は徳川家康《とくがわいえやす》の実子であり、豊臣秀吉《とよとみひでよし》の養子ともなった関係で、直政は二人の天下人《てんかびと》を祖父に持つことになる。そのため、父から受け継いだ豊臣家の五三《ごさん》の桐紋《きりもん》を当初の家紋としていた。祖父家康や父秀康から譲り受けた品々に、葵紋《あおいもん》を付すものがあるが、松平家が江戸幕府から正式に葵紋の使用が許されたのは、孫の綱近《つなちか》の代からである。結城秀康を発祥とする徳川氏支流の越前《えちぜん》松平家は、秀康の長男の流れが津山《つやま》松平家、次男の流れが福井《ふくい》松平家、三男の流れが松江松平家となるため、幕末に至るまで福井・津山・松江三藩の繋がりは強かった。

直政が信濃《しなの》国松本《まつもと》（長野県松本市）から松江へ移封されたのは、九州で起こった島原《しまばら》・天草一揆《あまくさいっき》を契機とする。外様大名《とざまだいみょう》ばかりの中国地方に徳川の流れを汲む家を置くこと、及び周防《すおう》・長門《ながと》の毛利《もうり》家当主の正妻が直政の実姉であることから、毛利家の相談役となることを幕府が見込んでのことであった。また、霊元《れいげん》天皇即位の大礼《たいれい》で、直政は将軍名代《みょうだい》として江戸から上京し、参内《さんだい》する栄誉に浴している。霊元天皇やその姉の明正《めいしょう》上皇は直政のいとこ違いにあたる。

直政は、藩祖として神格化される。なかでも、十四歳で迎えた大坂冬の陣での初陣《ういじん》は、真田信繁《さなだのぶしげ》

（幸村《ゆきむら》）の籠もる真田丸《さなだまる》に単身攻め込み、直政の勇猛さを真田家も認めた。このとき信繁から投げ与えられたと伝わる真田軍扇《ぐんせん》を、後の松平治郷《はるさと》（不昧《ふまい》）は大坂の陣後に真田家から拝領したものとみている。松江藩の馬験《うまじるし》（紺地に丸を白抜きした、紺地白餅や白地黒餅）は、このときの故事に因む。

直政がまず取り組んだことは、前代の京極《きょうごく》氏の事業を引き継ぎ完成させることであった。第一部で触れた、若狭土手《わかさどて》や日御碕《ひのみさき》神社社殿、松江城下の雑賀町《さいかまち》の造成などである。このようななか、林羅山《はやしらざん》の弟子で、幕府が諸大名の系譜をまとめた『寛永諸家系図《かんえいしょかけいず》伝《でん》』編纂に関わった黒澤石斎《くろさわせきさい》を儒者《じゅしゃ》として登用《とうよう》したことは、その後の藩政の指針を形作る上での起点となった。杵築《きづき》大社（出雲大社）が、尼子氏時代の神仏習合《しんぶつしゅうごう》の形態から、完全に仏教を排除した神仏分離を果たしたのも、直政と石斎の意向が大きい。石高も、堀尾・京極両氏が二十万石台としていたものを、幕府との合意により十八万六千石と少なくして、幕府からの諸課役《しょかやく》（人夫役《にんぷやく》や軍役《ぐんやく》）の負担を少なくしている。

松平家伝来の徳川家康の陣中守護本尊　家康が戦いの際、常に共にしたが、松平直政が譲り受け、この本尊を伴い大坂の陣に臨み勝利を得た　松江歴史館蔵

また、直政が増築した松本城天守《てんしゅ》の辰巳櫓《たつみやぐら》と月見櫓《つきみやぐら》、居住した松江城天守は共に国宝に、造営した日本最古の神明造《しんめいづく》りの仁科神明宮《にしなしんめいぐう》（長野県大町市）、日御碕神社社殿もまた国の重

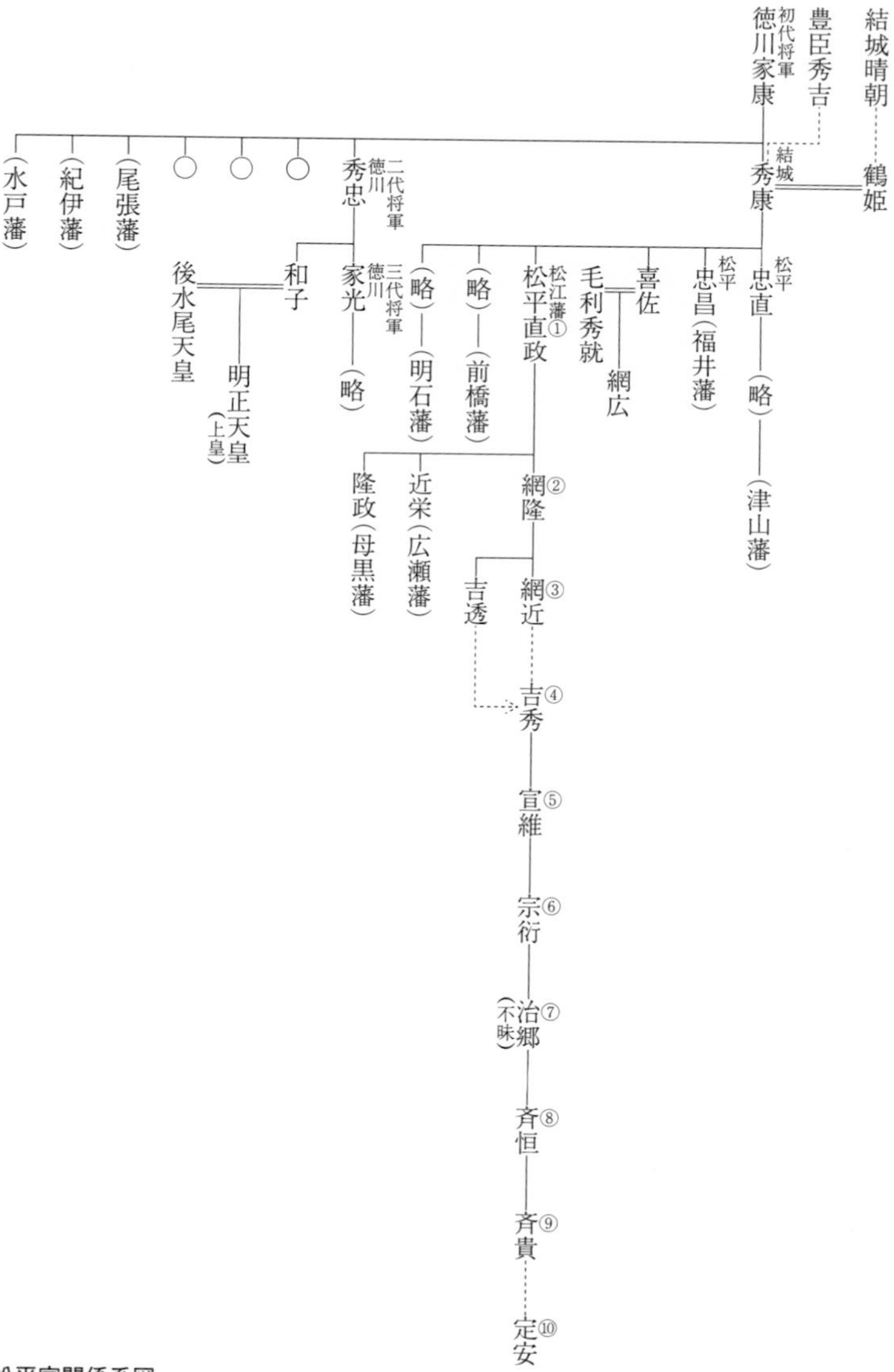
結城晴朝
豊臣秀吉
初代将軍 徳川家康
鶴姫
結城 秀康
二代将軍 徳川 秀忠
(尾張藩)
(紀伊藩)
(水戸藩)
松平 忠直
松平 忠昌(福井藩)
喜佐
毛利秀就
網広
松江藩① 松平直政
(略)(前橋藩)
(略)(明石藩)
三代将軍 徳川 家光
(略)
和子
後水尾天皇
明正天皇(上皇)
(略)
(津山藩)
網隆②
近栄(広瀬藩)
隆政(母黒藩)
網近③
吉透
吉秀④
宣維⑤
宗衍⑥
治郷⑦(不昧)
斉恒⑧
斉貴⑨
定安⑩

松平家関係系図

要文化財として現存する。

ここまで簡単に松平直政の事蹟を述べてきたが、以下、本章では直政の事蹟をより詳しくみていくこととする。

1．松江藩御用絵師が描く松平直政初陣図

松江藩主京極氏は、わずか一代・三年半で嗣子《しし》なく改易《かいえき》となった。京極氏の改易後、外様《とざま》しかいない中国地方に、江戸幕府は徳川家康の孫・松平直政《なおまさ》（一六〇一～六六）を送り込む。

直政には出雲に入る前の若年の頃、後世語り継がれる名将・真田信繁《さなだのぶしげ》（幸村《ゆきむら》）との逸話があり、藩の御用絵師《ごようえし》・陶山勝寂《すやましょうじゃく》は、その場面を何度も描いた（次々頁写真）。その場面とは、慶長十九年（一六一四）に家康が大坂城の豊臣秀頼《ひでより》を攻めた大坂冬の陣である。このとき、直政は十四歳。兄松平忠直《ただなお》のもとで初陣を飾る。初陣を前に、直政の母・月照院《げっしょういん》は直政を励まし、月照院自ら甲冑《かっちゅう》の下に着る服を縫い、布に墨で丸を描いて直政の馬験《うまじるし》として与え、名香《めいこう》を懐中に入れさせ、名が後世に薫《かお》ることを願った。

初陣の出撃先は、真田信繁が護る真田丸《さなだまる》であった。越前松平家や加賀前田家の軍勢が攻めあぐねるなか、一人、直政は先駆《さきが》けを敢行、真田丸の堀に乗り込み木戸際《きどぎわ》に攻め寄ろうとし、人々を驚かせた。

家臣の天方通総《あまかたみちふさ》も矢面《やおもて》に立ち主人を護り、また、直政も家臣を護って、六・七度と矢面を争った。信繁はこの光景を城内から見て感じ入り、弓を射させず、櫓《やぐら》から軍扇《ぐんせん》を直政に投げ与えたという（「松江藩祖直政公御事蹟」）。

その後、直政は信濃国松本七万石の大名となり、寛永十五年（一六三八）には出雲国十八万六千石を幕府から拝領し、松江城主となった。松本城天守の一部、辰巳櫓と月見櫓は直政によって建設されたものである。直政が居城とした松本城と松江城は、現存十二天守のうちの二つを占め、双方ともに国宝となっている。

松江城の主《あるじ》として、松平家十代、二二三年の礎を築いたのが松平直政だったのである。

2. 直政が繋ぐ信州松本と雲州松江

松平家松江藩初代の藩主である松平直政が、徳川家康と豊臣秀吉の二人の天下人を祖父に持つ人物であることはあまり知られていない。両者を祖父に持つということは、父結城秀康《ゆうきひでやす》が家康の次男で、かつ秀吉の養子となったことによる。徳川家とのつながりはとくに強く、これは直政の代だけでなく、その後十代にわたる松平家松江藩の立場を決定づけるものであった。

関ヶ原の戦での功績により、父秀康が越前国を与えられ、京都伏見《ふしみ》から越前への入国道中、近江国伊香《いか》郡中河内《なかのかわち》（滋賀県長浜市）で直政は生まれた。

その名が知れ渡るのは、前節で述べた大坂冬の陣での初陣である。その後、二十四歳になった直政は、越前国大野《おおの》城（福井県大野市）五万石を拝領する。翌年、侍従《じじゅう》になり官位も上昇していった。大野での治世の九年間では、美濃大垣《おおがき》藩主・松平忠良《ただよし》の娘国姫《くにひめ》を娶《めと》り、長女万姫《まんひめ》、長男綱隆《つなたか》、次男近栄《ちかひで》（のちの広瀬《ひろせ》藩主）が生まれている。

直政は三十三歳のとき、二万石を加増され、信濃国松本七万石の領主となる。松本ではわずか五年の治世であったが、多くの功績を残している。一つは将軍徳川家光が上洛の帰路、松本城へ立ち寄るという内意を受け、将軍を迎えるため松本城天守に辰巳附櫓と月見櫓の二つの櫓を増築し、連結複合式の天守とした。とくに、月見櫓は観月用に造られ、もはや戦時を意識した造りではなかった。

松平直政初陣図　陶山勝寂筆　松江歴史館蔵

連結複合式の国宝・松本城天守　天守の右側に乾小天守、左側に二重に突き出た櫓は松平直政が増設した辰巳附櫓と月見櫓　長野県松本市

いずれも現存する国宝天守の一部である。

また、江戸幕府は、古代以来、国内で鋳造《ちゅうぞう》されなかった貨幣を、国内の貨幣需要に応えて鋳造した。鋳造は全国八か所で認められ、水戸・仙台・岡山など大藩のなかに松本も含まれていた。松本が選ばれたのは、将軍徳川家光の従兄という、徳川との関係の深い直政の存在が大きい。松本では新銭座《しんぜにざ》が設けられ、寛永通宝《かんえいつうほう》が鋳造された。

また、のちに松江藩大工頭《だいくがしら》となる竹内宇兵衛《たけうちうへえ》も江戸から呼び寄せ、破損していた松本城を修繕している。

さらに、長野県大町市にある仁科神明宮《にしなしんめいぐう》は、かつて伊勢神《いせじん》宮《ぐう》にならって二十年に一度、式年遷宮《しきねんせんぐう》を行っていた。しかし、直政が行った寛永十三年（一六三六）の造営を最後に、その後はすべて修造にとどまっている。そのため、現存する日本最古の神明造《しんめいづく》りとして、直政造営の現社殿は国宝に指定されている。

松本城と松江城、現存する二つの国宝天守に住んだのが直政であった。松本において、家康を祖父に持つ直政の立場は存分に生かされたのである。

3. 松平家二三三年の礎を築いた名君

信濃松本城主であった松平直政は、三十八歳のとき、三代将軍徳川家光から出雲国の支配と隠岐国を預かるよう、面前《めんぜん》で言い渡された。ではなぜ、直政が出雲国の領主に選ばれたのか。すでに述べたように、島原・天草一揆（島原の乱）の直後、外様大名しかいない中国地方へ徳川家に連なる人物を送り込むという理由の他、直政の実姉が、周防・長門を領する毛利家当主・毛利秀就《ひでなり》の正妻《せいさい》で、縁戚《えんせき》関係による毛利家の相談役としての立場を期待されてのことであった。

松平直政肖像（部分）　顔面の皺の多さから、最晩年の姿を描いたものと推察される　松江歴史館蔵

松江における直政の施策は、わずか三年半で改易となった前藩主・京極忠高《きょうごくただたか》の事業を継承し、完成させることから始まった。

一つは、斐《ひ》伊《い》川・伯太《はくた》川の大土手（若狭土手）造成で、直政が事業を継続したことにより完成した。次に、日御碕《ひのみさき》神社社殿の造営である。将軍徳川家光の命で始まった前藩主の事業であったが、直政に継承され、着手から十年後に完成する。現在の日御碕神社社殿は、すべて直政により建てられたもので、十二棟の社殿と二基の鳥居すべてが重要文化財に指定されている。

また、直政は後進の人材育成を考えていた。出雲入国の三年後、藩政の補佐と子の久松丸《ひさまつまる》（二代藩主綱隆《つなたか》）の教育のため、幕府の儒者・林羅山《はやしらざん》の推挙を得て、黒澤石斎《くろさわせきさい》を松江藩に迎え入れている。藩の教育は石斎から始まった。さらに、亡くなるまで参勤交代《さんきんこうたい》に合わせ、直政が江戸にいるときは嫡子綱隆が国元《くにもと》におり、直政が国元に帰るときは綱隆が江戸にいるようにした。それは、嫡子の初めての帰国が直政五十三歳のときであり、自らの年齢を鑑み、不在時の出雲支配を嫡子に任せることで、代替わりを円滑に行おうとしていたのである。

寛文三年（一六六三）四月二十七日に執り行われた霊元《れいげん》天皇の即位《そくい》の大礼《たいれい》で、直政は将軍徳川家綱《いえつな》の名代《みょうだい》として上京し、宮中に参内《さんだい》する役を幕府から命ぜられた。将軍の代わりを務めることは非常に名誉なことで、松江松平家では直政の他、五代宣維《のぶずみ》、六代宗衍《むねのぶ》、九代斉貴《なりたけ》が務めている。直政一行は三千人にものぼる行列で四月五日に江戸を出発、二十一日に入京した。即位の儀式は二十七日に執り行われ、直政は紫宸殿《ししんでん》の御椽《ごえん》で儀式を拝見した。五月六日に再び参内し、殿上《でんじょう》で暇《いとま》を賜い、伝奏《てんそう》を通じて慰労《いろう》され、包平《かねひら》の太刀一腰を御椽で頂戴した。包平は平安時代中期の備前《びぜん》国の刀工《とうこう》である。

また、天皇の父・後水尾《ごみずのお》法皇《ほうおう》からは、文台《ふみだい》や百和香《ひゃくわこう》を拝領した。百和香は、五月五日に百草《ひゃくそう》を合わせて作る練《ね》り香《こう》の一種である。

霊元天皇には、先に女性天皇となった姉の明正上皇《めいしょうじょうこう》がいて、父は後水尾法皇、母は徳川秀忠《ひでただ》の娘・和子《まさこ》であったので、天皇・上皇共に直政とはいとこ違いにあたる。直政の参内で、上皇は父が直政に贈った勅製の百和香《ひゃくわこう》を納めるための、橘《たちばな》の実と枝をかたどった銀の打枝《うちえ》を贈った。橘の実の上部が蓋で、実の中に百和香を納める。

銀打枝　松江市・松江神社蔵

三年後の寛文六年（一六六六）二月三日、直政は江戸赤坂《あかさか》の上屋《かみや》敷《しき》で六十六歳の生涯を閉じた。常日頃から、「よき子ありて跡に思ひ残す事なければ遺言し置くべき事なし」と言っており、遺言はなかった。

明治が過ぎ、大正時代に入った三年目（一九一四年）、旧松江藩士の発起で、藩祖松平直政の英姿を永久に伝えるべく、銅像の建設が企画された。島根県安来市出身の彫刻家・米原雲海《よねはらうんかい》に制作が依頼されたが、関東大震災で原型が壊れてしまった。雲海は、弟子の長野県松本市出身である太田南海《おおたなんかい》と協力して元の型に修復し、大原型に着手しようとした直後、雲海は病死する。弟子の南海を中心に、雲海遺作の完成が目指され、昭和二年（一九二七）にようやく完成し、松江城本丸に設置された。しかし、太平洋戦争時の金属類供出で撤去されてしまう。その後、松江開府四〇〇年祭を機に銅像は再建され、平成二十一年（二〇〇九）に松江城三之丸の県庁前庭に銅像は設置され、今に到る。

遺言を必要とせず、藩政の基礎を築いた直政の生涯が充実したものであったことは、その後、松平家十代、二三三年にわたる治世が証明しているといえよう。

第二章　多種多様な松江藩士のルーツ

江戸時代を通じ、松江藩主となった家は、堀尾《ほりお》・京極《きょうごく》・松平《まつだいら》の三家であった。いずれも、それ以前の領地から石高が倍増の上、出雲国へ入部している。

江戸幕府は、石高に見合った人夫役《にんぷやく》や軍役《ぐんやく》など諸課役《しょかやく》を賦課《ふか》したので、必然的にその家臣も倍増させざるをえなかった。出雲の地で新たな家臣が大量に召し抱えられただけでなく、断絶した堀尾氏の遺臣は京極氏に、堀尾・京極両氏の遺臣は松平氏にというように、多くが新しい藩主に召し抱えられた。何よりも、堀尾氏は尾張出身で、出雲へ来るまでは、若狭（高浜《たかはま》、国吉《くによし》）・近江（佐和山《さわやま》）・遠江（浜松《はままつ》）へと移り、京極氏は近江、若狭（小浜《おばま》）、祖父徳川家康が三河を出身とする松平氏は上総（姉崎《あねがさき》）、越前（大野《おおの》）、信濃（松本《まつもと》）と移り、また、幕府のある江戸を行き来した。これらの地の家臣を中心として、各家臣の出身は全国に及んでいる。出自を日本各地にもつ家臣や殿様が、新たに生まれた松江という都市に集住したのである。

新たに召し抱えられた家臣の中でも、その経緯が詳細にわかるのが雨森《あめのもり》家である。近江浅井《あざい》氏に仕えた雨森家は、主家の滅亡後、牢人《ろうにん》となった。しかし、島原《しまばら》・天草《あまくさ》の一揆で幕府軍に陣借《じんが》りして功績をあげ、その功績を証明する戦場の目撃証言を地道に入手し、出雲入部直前の松平氏に仕官した。

松江藩の合印・猪目（♤）のある黒澤家伝来の甲冑　浅黄威鎧　松江歴史館蔵

対照的に、学問を究めることで仕官の道を探ったのが、松江藩初の儒学者《じゅがくしゃ》である黒澤石斎《くろさわせきさい》である。伊勢神宮の神官《しんかん》に仕えた家に生まれた石斎が、江戸に出て画業や学問で出世した、その自信に満ちたその姿を、五十歳にして自ら描き、賛文《さんぶん》を記した自画自賛の肖像画で知ることができる。石斎が晩年暮らした菅田《すがた》（松江市）の山荘に掲げ、石斎自身が到達した境地を示す扁額《へんがく》「曲直《きょくちょく》」は、物事の融通性を説く。藩主子弟の教育や藩政の助言を行う儒者の伝統は石斎に始まり、その後、江戸の宇佐美《うさみ》家、松江の桃《もも》家へと引き継がれていった。

家老として松平家を支えたのが、乙部《おとべ》家である。その風貌や服装の特徴から、松平直政に仕えた乙部九郎兵衛可正《くろべえよしまさ》と考えられる肖像は、右向きの姿なので生前に描かれた可能性が高い。乙部家の屋敷跡は、現在の松江歴史館の地にあった。京極期に京極忠高を支えた佐々九郎兵衛《さっさくろべえ》の屋敷跡でもある。この場所は、天守に最も近い城下の一等地だった。

以上、簡単に松平家の松江藩士について述べてみたが、以下、詳しくみていくこととする。

1. 乱世最後の就活

松江藩士にはどのような家があり、どのようにして藩士となったのか。そして、江戸時代をどのように生きてきたのか。二つの家を事例として、明らかにしてみよう。

群雄割拠の戦国時代が終わり、豊臣秀吉による天下統一後、徳川家康によって泰平《たいへい》の世が訪れようとしていた。大規模な戦争がなくなり、戦場で手柄を立てて仕官することはもはや現実的なものではなくなりつつあった。幕府による諸大名の改易《かいえき》で、大量の牢人《ろうにん》が生み出されるなか、九州で起こった島原・天草一揆（島原の乱）は、牢人たちにとって戦功を挙げる最後のチャンスだった。

のちに松江藩士となる雨森《あめのもり》氏は、近江国雨森（滋賀県長浜市）を名字の地とする一族である。戦国時代は戦国大名浅井氏に仕えていたが、雨森清広《きよひろ》の父は、浅井氏滅亡を契機に牢人となる。同郷の好《よしみ》で渡邊了《わたなべさとる》の扶持《ふち》を得たが、了がその主家藤堂《とうどう》家から離れると、再び牢人となり近江で亡くなった。父の死後、清広は紀州徳川家の付家老《つけがろう》・彦坂光正《ひこさかみつまさ》のもとで過ごし、江戸へ出て光正の子光重《みつしげ》宅で牢人のまま居候《いそうろう》していた。

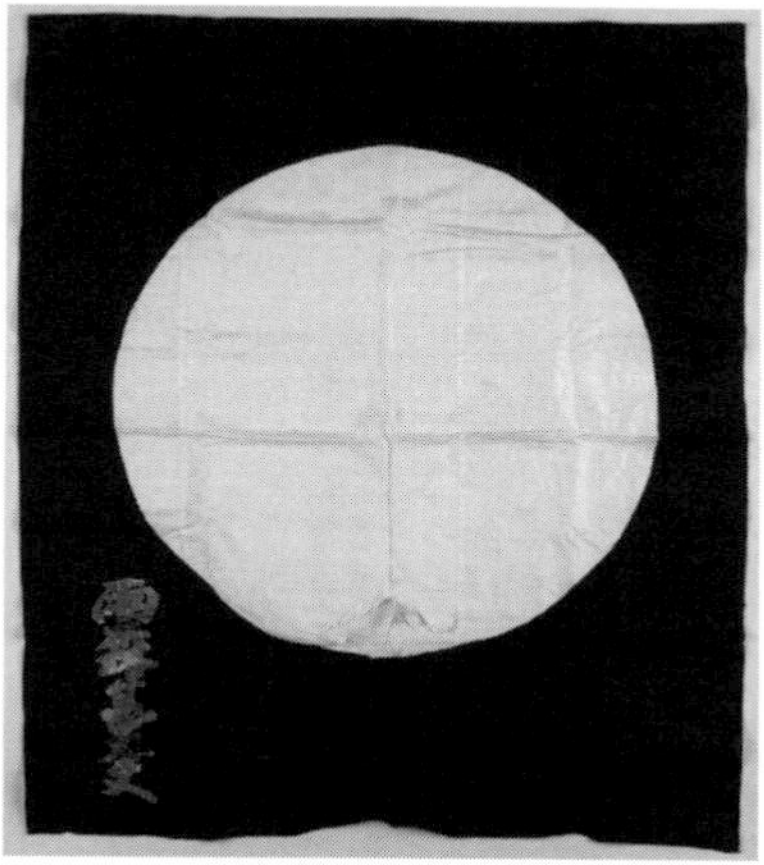
松江藩の馬験（うまじるし）　戦時で大将の馬側に立て所在を示す旗で、松平直政の母が、布の上にたらいを伏せ、丸を描き初陣の直政に持たせたことに始まる　松江歴史館蔵

寛永十四年（一六三七）十月に起こった島原・天草一揆は、翌年二月二十七・二十八両日の幕府軍による総攻撃で、一揆が籠城する原城《はら》（長崎県南島原市）が陥落し、鎮圧される。三十三歳でいまだ牢人の雨森清広は、戦功による仕官を目指し、九州へ下り幕府方として参戦した。そして、立花《たちばな》軍に陣を借りて一揆鎮圧に加わり、ついに本丸一番乗りを果たす。原城落城直後から、清広は本丸攻めで言葉を交わし合い、働きを目撃した者同士で目撃証言書を交換し、証言書を多く集めた。

同じ近江湖北の地に生まれた松平直政は、信濃松本から松江へ入国する途上、大坂まで上ってきていた清広と出会う。証言書とさまざまな人々とのネットワークにより、清広の仕官は叶うのであった。

松江藩士として四〇〇石取にまでなった初代清広に続き、幼少より兵術を好んだ二代目由清《よしきよ》は、京都三十三間堂《さんじゅうさんげんどう》の通《とお》し矢《や》に二度も参加する等、弓術に優れ、藩主・藩士の弓師となった。由清が受け継いだ日置《へき》流の弓術は、その後も松江藩弓術の流派の中心となる。六代目清実《きよざね》も兵法を学び、七代目清遊《きよゆき》は修験道《しゅげんどう》にも関心を示し、忍術書《にんじゅつしょ》を入手して学んだ。また、六代目清実からは備中国松山藩士の雨森家、七代目清遊からは近江国雨森の本家と交信し、自家のルーツに関心を示している。

だが、雨森家も他の藩士と同様に、代を重ねるごとに禄高が減り、ついに一〇〇石となる。七代当主清遊は、武芸の志が厚く、身持ちも良いとして藩主斉貴《なりたけ》から褒められ、軍用方《ぐんようかた》、異国防禦取調役《いこくぼうぎょとりしらべやく》を勤め、異国艦船が立て続けに隠岐へ来航したときも、速やかに対処した。第一次長州《ちょうしゅう》征討の際には隠岐へ渡海し、第二次長州征討では神門《かんど》郡田儀口《たぎぐち》まで出陣して、藩主の側役《そばやく》を勤めた。

たびたび旗奉行を勤めた雨森家には、松江藩の馬験《うまじるし》が残っている。清遊は、明治二年（一八六九）に還暦を迎えると同時に隠居した。二年後、廃藩置県《はいはんちけん》を迎え、松江藩士としての雨森家の時代は終焉《しゅうえん》を迎えることとなる。

2. 学問で仕官した松江藩儒の鼻祖・黒澤石斎

雨森《あめのもり》家が自らの戦功を訴えて仕官したのに対し、松江藩初の儒者《じゅしゃ》となった黒澤石斎《くろさわせきさい》（弘忠《ひろただ》）は、藩主のスカウトによる仕官だった。

石斎の出身は、伊勢神宮の門前山田に住む外宮《げくう》の神官に仕えた與村《よむら》家である。家は貧しく、いつも繧繝縞《うんげんじま》の服を着ていたため「ウンゲンジマ」とからかわれた。十八歳で江戸へ発ち、同郷の画工・猪《い》

黒澤石斎の自画像　自ら像主を称える賛文をも書いた自画自賛の珍しい肖像画である　松江歴史館寄託

野等室《のとうしつ》を頼り、等室の取り持ちで、幕府の馬預《うまあずかり》を勤める黒澤定幸《さだゆき》に仕えた。定幸の目に適《かな》った石斎は、黒澤の名字を許され、定幸から願いを聞かれて「林家《りんけ》に入門し、学問がしたい」と告げる。その願いは叶い、定幸の取り持ちで、江戸幕府の儒官である林羅山《はやしらざん》の門人《もんじん》となることができた。石斎は定幸の影響もあり、馬の研究に没頭し、その書物は将軍の上覧となるまでとなった。また、羅山のもとで、幕府が編纂した系図『寛永諸家系図伝《かんえいしょかけいずでん》』の清和源氏《せいわげんじ》の項を担当した。

松平松江藩の初代藩主直政は、子の教育係を誰にするか、林羅山に相談した。羅山は、儒者の品格も値段次第だと答えると、直政は上品の一〇〇〇石に値する儒者を求めた。羅山は石斎を推挙し、石斎は松江藩儒《はんじゅ》となる。石斎は、当初二〇〇石取で採用され、ついには一〇〇〇石取の家老格となった。当時、一〇〇〇石取の儒者を抱えた藩は福井藩くらいしかなく、破格の待遇であった。石斎は、直政の近習《きんじゅう》として藩政へ助言を行い、後の二代藩主綱隆《つなたか》や広瀬藩初代近栄《ちかひで》の師範となり、松江藩初の教育係となった。

初期の松江藩を明らかにする上で、石斎の著作なしには語ることができない。石斎は生涯に三〇タイトル、二〇〇巻以上の書物を著した。馬の研究に始まり、幕府による系譜編纂《けいふへんさん》にも携わった経験から、松江藩主の年譜、藩士の先祖調査（列士録《れっしろく》）、さらには出雲国の地誌をも編纂している。石斎は、実母への孝行を常に忘れず、母への土産話として出雲の地誌『懐橘談《かいきつだん》』を著す。また、石斎が集成した日本の女性二一七人の伝記『本朝列女伝《ほんちょうれつじょでん》』は、日本で最初の女性史としても重要である。石斎は晩年、原理原則にとらわれない柔軟性が大切であるとする境地（曲直《きょくちょく》）に達した。

石斎一代をもって、藩儒としての地位は長澤《ながさわ》家に譲られた。藩儒は長澤家の後、江戸では宇佐美《うさみ》家、松江は桃《もも》家へと受け継がれる。ちなみに、石斎の二人の子（長顕《ながあき》・長尚《ながひさ》）は、出雲の地誌『雲陽誌《うんようし》』、藩の法令集『国令《こくれい》』を編纂している。幕末の七代黒澤弘章《ひろあき》と八代弘孝《ひろたか》は、九代藩主松平斉貴《なりたけ》と十代定安《さだやす》の信任が厚く、家老並の中老《ちゅうろう》として藩政助言役を勤めた。

戦功で仕官できた最後のチャンスを、戦いの場で実践し、戦場の目撃証言書を積極的に集めた上で、人脈も手伝って松江藩士となることができた雨森清広。学問をもって生きることを決意し、それを実行したことで、松江藩主松平直政に請われて初の松江藩儒となった黒澤石斎。仕官の方法にはさまざまな形があるものの、自らが何に取り組むべきかを自覚し、行動していた点に共通点がある。彼らの仕官への道は、やるべきことをやり、仕官の時期に備えることで開けていったのである。

3. 自画自賛の石斎肖像画を読む

背後から追い風を受け、正面を見すえ、馬上にまたがる武将がいる（前々頁写真）。この画は、像主みずからが絵筆をとって描いた五十歳の自画像である。そのため、自分を象徴する姿で描いている。

画は大きなものではない。しかし、細い線で精密に描かれている。像主は江戸の画家、猪野等室《いのとうしつ》と昵懇《じっこん》だった。画法は彼に学んだのであろう。馬についても、義兄の黒澤定幸《さだゆき》が幕府の馬預《うまあずかり》を勤め、像主自身、馬についての著書がある。馬に対する造詣《ぞうけい》の深さが、その描写に反映されている。武士の肖像画は、一般に礼服の束帯《そくたい》や裃《かみしも》姿で描かれる。しかし、この自画像は違う。甲冑《かっちゅう》姿なのは、臨戦態勢にあることを示している。

それだけではない。最も注目すべきは、兜《かぶと》の前部にある前立《まえだて》と呼ばれる部分である。前立が「巻き物」なのである。像主にとっては、文字を記した書物こそ、自らが信じるものだった。そこには、学問にかける意気込みが感じ取れる。像主・黒澤石斎は、幕府儒官で林家の祖・林羅山《はやしらざん》のもとで三年の間学んだ。また、幕府編纂による『寛永諸家系図伝《かんえいしょかけいずでん》』の清和源氏の部を担当した。羅山の推挙により、三十歳のときに松江藩主の松平直政に儒学をもって仕え、直政の嫡子綱隆《つなたか》の学問の師となる。松江藩初の教育係である。彼は、義を貫くことが大事であると、自画像上部の自筆の添え書きで述べている。いくさ姿に巻き物の前立。学問で戦うことを決意した、石斎の信念が伝わる肖像である。

4．石斎が山荘に掲げた〝曲直〟の扁額

江戸幕府の儒官・林羅山《はやしらざん》の下で学び、松江藩松平家初代の藩主直政に招かれ、藩初の儒学者となった黒澤石斎は、すでに述べたように、藩政の助言者として、二代藩主綱隆の教育係として、初期藩政の要《かなめ》となった人物である。石斎は延宝四年(一六七六)、六十四歳の夏から、松江城下北東にある菅田《すがた》(松江市)に巻石山《けんせきざん》と名付けた山荘を営み、翌年、家督を譲ってからは亡くなるまでの一年半をこの山荘で暮らした。山荘に掲げた自筆の扁額《へんがく》には、彼の生き方が示されている。

春寒く、冬暖かいのは天の曲《きょく》であろうか、直《ちょく》であろうか。不義《ふぎ》で栄え、清廉《せいれん》で辱《はずかし》めを受けるのは、世の曲であろうか直であろうか。

と石斎は問う。そして、

静けさを知る者は、街中でも山林に居るように思え、知らない者は山林でも街中にいるよう思える。

「曲直」　黒澤石斎筆　松江歴史館寄託

と、心の持ちようが住む世界を変えると説く。山荘の暮らしは、

晩餐《ばんさん》で腹を満たし、大粟《おおあわ》の深い味わいを楽しむ。午後の暖かいうちに眠る。高く大きい家に安らかにゆったりと座り、巻子《かんす》を開いて詩を詠《よ》む。これが公務の暇《ひま》に浸るわたしの隠居である。山で蕨《わらび》を採り、湖（宍道湖）で釣りをする。街中《まちなか》（城下）も山林のようである。

と語る。最後に、

天の道にも人の道にも、曲と直、すなわち曲がった不正な状況と、真っ直ぐな正しい状況が存在する。わたしは不正で裕福になることも、正しいからと貧しく賎しくなるのも良しとしない。「直《ちょく》せず曲《きょく》せず、ただ曲直《きょくちょく》の間を行くのみ」。

と文章を締め括る。

曲直の長短を認め、物事をうまく処置するための融通性を説いた、原理原則にとらわれない柔軟性の大切さこそ、石斎が到達した境地であった。

5．全国から集まる松江藩士

松江の開府後、城下に居住した藩士たちには、どのような特徴があるのか。松平氏家臣の来歴を記した『列士録《れつしろく》』（島根県立図書館所蔵）から、その出身地を禄高別に日本地図に落としてみると、ある特徴が見えてくる。

まず、藩士たちの出身地が全国にわたる点である。なかでも、尾張・若狭・近江・三河・越前・信濃といった国々が多く、最も多いのは出雲国出身者である。

このような構成になる理由は、次のように考えられる。一つは、堀尾・京極・松平各氏が出雲へ入国するにあたり、いずれも石高が倍増されて入国したことによる。堀尾氏は遠江国浜松十二万石から、そして京極氏は若狭国小浜十一万三六〇〇石から出雲・隠岐両国二十四万石へ石高が倍増している。松平氏は信濃国松本七万石から出雲国十八万六〇〇〇石へと石高は二・六倍に増えている。江戸幕府は石高に見合った軍役《ぐんやく》を賦課《ふか》したので、出雲の地で新たな家臣が大量に採用された。さらに京極氏の場合、堀尾氏の遺臣三十一名を家臣とし、松平氏も堀尾氏の遺臣六十六名、京極氏の遺臣五十九名を家臣として採用していた。

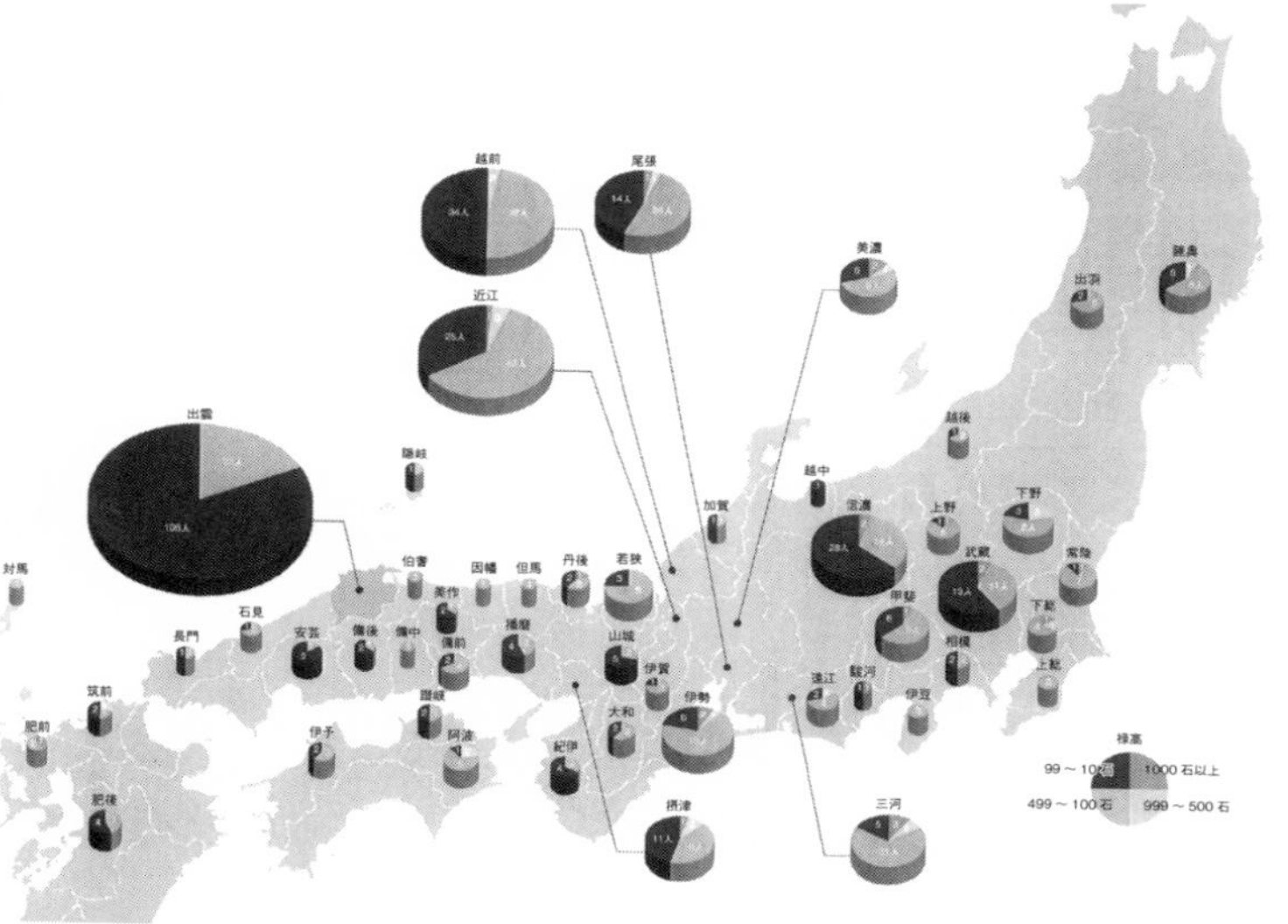

松江藩士の出身地と特徴（『雲州松江の歴史をひもとく―松江歴史館展示案内』より）

家臣たちの特徴は、藩主の出身地や拝領地も大きく関わっていた。堀尾氏は尾張出身、京極氏は近江出身、そして松平氏は三河の出身で、そこから越前、信濃の領主を経て出雲へと移った。尾張・若狭・近江・三河・越前・信濃といった地域の出身者が多いのは、藩主の出身地や領地において、家臣団が形成されていったことを示している。

石高別に松平氏家臣の出身地を見ると、五〇〇石以上の藩士が出雲出身者にはいない。出雲出身家臣一三一名の内、一〇〇名が一〇〇石未満、二十三名が五〇〇石未満なのである。これに対し、一〇〇〇石以上の重臣の出身地は皆、三河・近江・尾張・信濃といった国々で、松平氏が出雲へ来るまでに拝領していた地域や出身地に、堀尾・京極氏遺臣たちの出身地が加わる。大まかな傾向として、重臣は苦楽を共にしてきた者たちだったといえる。

このような特徴をもった松平氏家臣団であるが、藩政初期に五三一名いた藩士は、藩政機構の充実により、幕末では一一五八名に増える。しかしその内訳は、二〇〇石以上の禄をとる家臣が約七十名と、初期人数の四分の一に減るのを特徴とする（『新修島根県史』通史篇一）。すなわち、大部分が少禄の藩士へと変化したのである。

堀尾氏や京極氏の遺臣を吸収し、藩主の出身地や移動地を中心に全国から集まったのが松平氏家臣団だった。出雲の新たな中心地に集住する、人々の多様性に気づかされるのである。

6. 家老乙部家に伝わる肖像画の正体

松江市殿町《とのまち》にある松江歴史館は、松江藩の代々の家老、乙部《おとべ》・朝日《あさひ》両家の屋敷跡に建っている。

その乙部家に伝わるのが、掲載した肖像画である。胸にある同家の家紋（三頭左巴《みつがしらひだりどもえ》）から、乙部家当主を描いたものと思われる。江戸時代を通じ十一代を数え、松平斉貴《なりたけ》が将軍名代として上京した時も、もっとも名誉な行列の殿《しんがり》を勤めた。

広い額《ひたい》といく重《え》もの皺《しわ》、しっかりと見開いた眼、大きな鼻と耳、小さく結ばれた口元。この肖像画

乙部可正肖像　松江歴史館寄託

の像主はだれなのか。像主を示す墨書《ぼくしょ》はない。

しかし、手がかりがある。像主の服装を注意深くみると、裃《かみしも》を着ている。古い形式の裃は、袖《そで》なしの短衣《たんい》を下ですぼめて袴《はかま》をつける。そのため、下腹の前部がV字型になるのを特徴とする。時代が下ると、袖なしの短衣をまっすぐに下ろして袴をつけるようになる。肩の部分も、時代と共に、大きく角を張る。この像主はV字型で、肩も小さいため、相当に古い、江戸も初期の服装ということになる。

老齢で、乙部家にとって肖像画を残すだけの江戸初期の人物という条件を満たすのはただ一人、慶長十三年（一六〇八）に家督を継ぎ、四十一年後に没した初代九郎兵衛《くろべえ》可正《よしまさ》をおいて他にはいない。可正は、藩主松平直政の父結城《ゆうき》秀康《ひでやす》に仕え、早くから直政を支えた。残された書簡からも、直政の可正に対する信頼は絶大なものであったことがうかがえる。

城下の一等地、乙部屋敷に住んだ家老の人柄が偲《しの》ばれる肖像である。

第三章　江戸文化を牽引した藩主と藩士

松平家松江藩は十代二三三年の長きにわたり出雲国を統治したが、江戸ではなく、国元を重視し行動で示した殿様が二人いる。一人は、三代藩主松平綱近《つなちか》である。綱近は、上総国姉崎《あねがさき》の地と隠岐国を幕府に返上し、統治範囲を出雲国内に絞った。晩年は歴代藩主のなかで唯一、国元松江で暮らし、生涯を閉じた。綱近は、国元の菩提寺月照寺《げっしょうじ》（松江市）に初代直政の廟門《びょうもん》、二代綱隆《つなたか》の廟所を建造し、同寺の大修理を行った。四代吉透《よしとお》の代に、江戸の天徳寺《てんとくじ》に墓所を設け、以後は本墓とし、国元の月照寺は支墓となった。直政・綱隆・綱近は、国元で骨を埋めたのである。

七代藩主松平治郷《はるさと》（不昧《ふまい》）は歴代藩主のうちで最も多く国元に帰った殿様である。国元の実情をよく把握していたからこそ、治郷の代の藩政改革は成功を収めた。朝日郷保《あさひさとやす》・恒重《つねしげ》（丹波）父子等の有能なブレーンを従え、一年間の収入の三倍もの四十九万両の借金を、七十二年間で完済へと導いた。

治郷（不昧）は政治家としての評価だけでなく、茶文化を発展させた点でも特筆される。茶道と禅道の目指すところは同じとする「茶禅一味《ちゃぜんいちみ》」の境地に至り、茶道具を研究して『古今名物類聚《ここんめいぶつるいじゅう》』全十八冊を刊行し、道具を「日本国の宝物」として扱い、保存して後世に伝えていくこと提唱した。これにより、茶道具の名品をいまに見ることができるのである。楽山《らくざん》焼・布志名《ふじな》焼といった藩窯《はんよう》や漆《しっ》工《こう》、指物師《さしものし》など、国元で職人を育成し、茶会では和菓子が用意された。治郷の遺産は大きい。

治郷の父宗衍《むねのぶ》に重用された江戸詰《づめ》の藩士・萩野信敏《はぎののぶとし》は、江戸時代の奇人一〇〇人のうち三人目に名があがる人物であった。しかし、実際は博覧強記《はくらんきょうき》の学者で、大槻玄沢《おおつきげんたく》が著した蘭学《らんがく》入門書『蘭学階梯《らんがくかいてい》』や、治郷の妹を娶った福知山《ふくちやま》藩主の朽木昌綱《くつきまさつな》の翻訳した海外地理書『泰西與地図説《たいせいよちずせつ》』等の序文を執筆した。藩主松平宗衍からは、宗衍自身の寿蔵碑《じゅぞうひ》（通称：月照寺の大亀）の碑文の作成を命ぜられている。信敏はまた、「天愚孔平《てんぐこうへい》」のペンネームのもと、千社札《せんじゃふだ》の元祖としても有名である。これは、参詣した寺社の山門等へ貼り付ける札で、屋号《やごう》や姓名を刷り、商売繁盛などを祈願した。その独特の字体（江戸文字）やデザインは、江戸文化を特徴づけていく。

藩政においても、中級家臣たちが多く企画立案した「御趣向《ごしゅこう》」と呼ばれる宗衍の代の政策や、治郷の代の新機軸を打ち立てる「御立派《おたては》」と呼ばれる政策を実行しえたところに、この頃の松江藩の人材と、立案できる発想の柔軟さを知ることができる。

九代藩主松平斉貴《なりたけ》の代は、祖父治郷の代に本格的な返済の始まった藩の借金を完済した。斉貴は、初代直政、六代宗衍等が勤めた天皇代替わりに上京する将軍の名代《みょうだい》を勤め、御用絵師《ごようえし》の陶山勝寂《すやましょうじゃく》に総長一〇六メートルに及ぶ行列図を描かせている。また、鷹書や和時計のコレクション、塙保己一《はなわほきいち》に校訂を依頼した『出雲版延喜式《えんぎしき》』の刊行など、学術や文化に力を入れた。幕府が蘭学者の弾圧を行った蛮社《ばんしゃ》の獄《ごく》では、捕らえられた渡辺崋山《わたなべかざん》や高野長英《たかのちょうえい》らと共に、親交のあった松江藩の蘭学者・望月《もちづき》兎毛《とも》と庄司郡平《しょうじぐんぺい》の名が告発状に記され、西洋への関心を持つ藩士の姿をみることができる。

このように、松平松江藩ではたびたび文化的な人物を輩出している。以下、詳しく見ていくこととする。

1．出雲愛にあふれる三代藩主・松平綱近

松平松江藩の三代藩主綱近《つなちか》が、宝永六年（一七〇九）十一月十五日に五十一歳で亡くなってから、二〇〇九年には没後三〇〇年を迎えた。これまで、綱近から五代宣維《のぶずみ》までの治世《ちせい》は、洪水や作物の不作など、自然災害に悩まされ、「国勢頽廃《こくせいたいはい》の時代」（『松江市誌』）としてひとくくりにされ、低く評価されてきた。そこで没後三〇〇年に際し、いま一度、綱近について考えてみたい。

綱近は、十七歳で家督《かとく》を継ぐまで江戸にいた。彼は隠居するまでの二十九年間、欠かさず参勤交代《さんきんこうたい》を行い、国元に十五度帰国している。これは、七代治郷《はるさと》の二十一度に次ぐ回数であり、理由をつけて江戸に留まった六代宗衍《むねのぶ》や、九代斉貴《なりたけ》と対照的である（西島「松江藩主の居所と行動」）。

また、綱近以外の藩主すべてが隠居後、江戸で暮らしたのに対し、彼は隠居後、亡くなるまでの五年間を松江城北之丸で暮らした。今の護国神社のある場所である。

綱近の出雲国に対する思い入れは、自らが隠居後、松江で暮らしているという点だけでなく、松江における松平家の菩提寺月照寺《げっしょうじ》の整備と大修理を行ったことにも表れている。延宝三年（一六七五）に綱近が藩主になると、まず先代綱隆《つなたか》の廟所《びょうしょ》の設営にかかり、翌年、その廟門《びょうもん》を建造した。続いて初代直政の廟門建造に取り掛かり、三年後に完成させた。その四年後には同寺の大修理を行っている（西島「松江藩松平家の墓所移転について」）。

家督を継ぐと、すぐに上総国姉崎《あねがさき》の鷹狩《たかがり》場を幕府へ返上、その後、幕府から預かる隠岐国まで返上した（死後、再び預り地となる）。綱近は出雲国に限定して、領国の統治に腐心したのである。

その思い入れは、開拓と植民に並々ならぬ力を注いだことにもうかがえる。浜佐田《はまさだ》やのちに薬用人《やくようにん》参《じん》の栽培地となる古志原《こしばら》を開墾《かいこん》し、開墾地への移住を奨励した。また、大梶七兵衛《おおかじしちべえ》に命じて高瀬川《たかせがわ》や差海川《さしみがわ》を開削《かいさく》、神西湖《じんざいこ》の排水などを行った。さらに、天神川《てんじんがわ》を改修し、産馬や製鉄、植樹を奨励した。

そして、今に伝わる藩窯《はんよう》、楽山《らくざん》焼の祖・倉崎権兵衛《くらさきごんべえ》を長門《ながと》国萩《はぎ》（山口県萩市）から呼び寄せ、いまだ謎の多い陶工《とうこう》、加田半六《かだはんろく》らも招聘《しょうへい》し、出雲に焼き物の技術を根付かせることに成功した（以上『島根県史』『松江市誌』）。のちに治郷へと受け継がれる殖産興業の基礎が、ここに出そろっている。

隠居して松江に居所を定めると、藩の儒者・黒澤石斎《くろさわせきさい》（三右衛門）らに命じ、出雲国の地誌『雲陽《うんよう》誌《し》』の編纂に着手し、後世に残る事業を始めた。

綱近は、眼病のため隠居し、ついに失明する。好きな牡丹花《ぼたんばな》も、香りをかぐのみであった。綱近には男子がなく、跡を継いだのは弟吉透《よしとお》だった。吉透は、綱近の養子として四代藩主となるものの、翌年亡くなり、藩主として帰国することはなかった。しかし、吉透は松江に生まれ、江戸へ立つ十八歳まで出雲で育った。他の藩主にはみることのできない、生粋の出雲人を、綱近は後継者にしたのである。兄の出雲での取り組みを、松江でつぶさに見て育ち、これから藩主として活躍しようとした矢先の死であった。

他の誰よりも出雲国のことを思い、統治に望んだのが綱近だった。自らの領国をよく知ること。地に足をつけて考えること。綱近の為政者《いせいしゃ》としての姿勢を、もっと評価してもよいのではないか。

月照寺にたたずむ綱近廟を前に、故人の遺徳《いとく》を偲《しの》びたい。

失明した綱近に、好きな牡丹花を見せてあげたいと、小姓自ら眼玉を差し出そうとした。これに綱近は落涙したという逸話を描く。安達不傳画（部分）　松江市蔵

2. 藩の財政を再建し、茶文化を発展させた松平治郷（不昧）

松江藩主松平治郷《はるさと》（不昧《ふまい》、一七五一〜一八一八）といえば、茶の湯の世界に大きな足跡を残した人物としてよく知られている。治郷により、茶道具・焼き物・和菓子といった、今に息づく茶の湯の文化は残ったのである。

治郷は、若い頃から禅や茶の湯を学び、生涯その道を追求した。十七歳の頃から茶道を学び始め、十八歳のときに将軍家や大名家の茶法・石州《せきしゅう》流の茶道を正式に学び、十九歳で禅学を江戸の天真寺《てんしんじ》（大徳寺《だいとくじ》派）の大巓和尚《だいてんおしょう》に学んだ。そして二十歳にして、茶道界の現状を批判しながら茶道の本意を説いた「贅言《むだごと》」を著す。これは、藩主として藩政改革の最中であったことが背景にある。奢侈にならない「知足《ちそく》の道」を説き、茶の湯が治国《ちこく》の道にも通じること、堕落《だらく》した茶道界の現状を批判して、茶道の根本を説いている。

「不昧《ふまい》」の号は、二十二歳のときに大巓和尚に決めてもらった。実際に使用したのは、江戸の大崎《おおさき》に隠居してからである。この言葉は、禅問答の際の公案《こうあん》（問）のなかにあり、「昧《まど》わされず」という意味がある。そして治郷は、茶道と禅道は違うものであるが、茶道の理想とする人間像や美が禅のそれと同等なため、両者は一味であるとする「茶禅一味《ちゃぜんいちみ》」の境地に到る。

また、茶道具を徹底的に研究し、茶道具の解説書『古今名物類聚《ここんめいぶつるいじゅう》』全十八冊を著した。茶道具を実際に見ることや文献から法量《ほうりょう》・所蔵者・図・附属物まで詳細に調査し、その成果を九年かけて刊行したもので、「大名物《おおめいぶつ》」「中興名物《ちゅうこうめいぶつ》」等の分類は現在でも生かされている。子の月譚《げったん》（斉恒《なりつね》）に宛て、藩主としての心得を記した遺言譲状には、圜悟墨跡《えんごぼくせき》・油屋肩衝《あぶらやかたつき》は「天下の名物にて日本国の宝物」なので、代々大切にするよう厳命している。

松平治郷（不昧）肖像画　1818年頃　松江市・月照寺蔵

さらに、茶の湯を通じ、工芸などさまざまな分野で職人の育成に努め、自らの好みにそった名品を創作させた。三代藩主綱近《つなちか》の代に、楽山《らくざん》焼の祖・倉崎《くらさき》権兵衛《ごんべえ》を長門国萩から呼び寄せ、陶工の加田半六《かだはんろく》も招聘するなど、焼き物の技術はすでに出雲に根付いていた。治郷が登用した長岡貞政《ながおかさだまさ》は、楽山焼の中興の祖となり、他に布志名《ふじな》焼の土屋雲善《つちやうんぜん》や、漆工《しっこう》の小《こ》島漆壺斎《じましっこさい》、指物師《さしものし》の小林如泥《こばやしじょでい》らの職人を育てた。また、治郷が催した茶会では、その席に合わせて趣向を凝らした和菓子が用意された。現在でも当時の名前や製法が伝わる和菓子（沖《おき》の月《つき》〈姫小袖《ひめこそで》〉・若草《わかくさ》・菜種《なたね》の里《さと》・山川《やまかわ》等）がある。

治郷の領国への想いは、国元への帰国回数に表れている。歴代藩主が数度から十度程度であるのに対し、治郷は二十一度帰国しており、最も多く帰国した殿様であった。隠居（一八〇六年）後も二度、玉造《たまつくり》温泉へ入湯のため帰国している。治郷は父宗衍とは違い、領国のことを熟知して藩政改革に臨み、殖産興業に努めたことがわかる。茶道で評価され、今に受け継がれる松江の文化の礎を築いたのが松平治郷（不昧）であった。

3. 松江藩主松平治郷の藩政改革――改革は一日にしてならず

今でも松江の人々に不昧《ふまい》さんと親しみをもって呼ばれる松平治郷《はるさと》（一七五一～一八一八）は、茶の湯の世界に止まらず、借財に苦しむ藩財政を好転させた時期の殿様でもあった。治郷は朝日郷保《あさひさとやす》・恒《つね》重《しげ》父子を中心に、宇佐美恵助《うさみえすけ》・桃白鹿《ももはくろく》などの有能なブレーンと共に、父宗衍《むねのぶ》の代とは異なる新たな政策を展開した。

初代松平直政以来、藩財政は幕府からの諸役賦課、洪水、飢饉、大規模な事業等により赤字財政を余儀なくされた。松江藩は、江戸時代前期の一六〇〇年代からすでに、一年の収入の三分の一が足りなくなる赤字財政であった。早くから奢侈《しゃし》（過度な贅沢）禁止、家臣への俸給《ほうきゅう》の半減、借金、藩札《はんさつ》の発行などで支出を切り詰めたが、収入の目途はなく、一七〇〇年代には米価の下落や天災で財政はさらに逼迫《ひっぱく》した。

また、四代藩主吉透《よしとお》は一度も入国することなく死去し、五代藩主宣維《のぶずみ》も三十四歳で死去、六代藩主となった宗衍はわずかに三歳だった。藩主が幼少で江戸にいる場合、新たな政策を打ち出さずに、幕府は先例に則った藩政を求めた。そのため、松江藩は逼迫する藩財政にもかかわらず、新たな政策を打ち出すことはできなかった。

松平不昧像　瀧秋方筆　松江歴史館蔵

成人した宗衍の入国に、藩士や領民は期待した。以後二十二年、小田切尚足《おだぎりひさたり》と共に新たに立案（御趣向《ごしゅこう》）した諸政策は、領内経済の活性化を目指した商業重視の政策だった。年貢収納を増加させて財政収支を安定化し、経済活性化による利益を藩財政に取り込もうとしたのである。

鋳造《ちゅうぞう》技術を導入した釜甑《ふそう》方にみられる官主導のインフラ整備や、蝋《ろう》生産のための櫨《はぜ》の木の植樹政策など、その後の藩財政に好転をもたらす政策もあった。しかし、一時的な利益に止まる義田《ぎでん》や、資金のやりくりに行き詰まった泉府《せんぷ》など、その場しのぎの政策は、十分な効果を上げなかった。

このようななか、新たに幕府から命ぜられた比叡山延暦寺《ひえいざんえんりゃくじ》の修理は、藩財政を破綻寸前に追い込み、その打開策は新たな体制に託すしかなかった。

父宗衍の隠退にともない、藩主となった十七歳の治郷は、六十三歳の朝日郷保とその子恒重と共に、新機軸を打ち立てる御立派《おたては》と呼ばれる政策を行う。農業重視のその政策は、先の改革で実施した義田政策を撤回し、免税地を減らした。借金を帳消しにする闕年《けつねん》を実施し、大坂の蔵元《くらもと》へは、藩借財を長期ローンに組み替え、毎年の返済額を抑えるという長期的な視野に立った政策を行った。

そして借金の返済は一般会計に手をつけず、新たな増収分で行った。かつて、治郷は茶道具を多く購入して藩の財政状況を顧みなかったと言われていたが、治郷の私的な費用を捻出する奥向費用は、藩財政全体に占める割合が少なく、かつ増加していない。治郷は藩の一般会計には手を付けず、自ら私的に動かせるお金だけで茶道具を揃えていたのである。

開始から八年、改革の成果は上がった。しかし、その内実は藩士に質素倹約、リストラや俸禄半減などを求め、百姓や豪農・豪商にも借金の帳消しや五万俵割《ぴょうわり》という臨時税など重い負担を課した。領主・領民すべての階層の痛み分けの上に成り立ったのが御立派の改革だった。父の代から試みられた蝋の生産や、新たに育成に成功した御種人参《おたねにんじん》などの産業振興政策も功を奏し、藩財政は好転する。治郷存世中に借金は半減し、十万両もの貯蓄をするまでに到る。治郷期は、藩財政運営の大転換期だったのである。

治郷は、四十六歳から隠居するまでの十年間、自ら政治を執る御直捌《おじきさばき》を始める。これは、改革開始から二十九年が経ち、御立派改革の政治理念が崩れつつあったのを、藩主自らが再度、喚起することを目指したものである。これにより改革の理念は継承され、以後の藩政の基軸となっていく。

父宗衍の改革に反省と工夫を加え、成功へと導くことができたのが治郷の藩政改革だった。それは、いくつもの立案（御趣向）があったからこそ、新機軸（御立派）を打ち出すことができたのである。

4．不昧の指紋が残る自作花生――治郷の所作を探る

島根半島の先端、美保《みほ》神社（松江市）に松平不昧《ふまい》（治郷《はるさと》）が自作した陶器花生《はないけ》一器が奉納されている。歌舞音曲《かぶおんぎょく》の神様でもある事代主神《ことしろぬし》に、不昧の父宗衍《むねのぶ》は小鼓《こつづみ》を奉納した。治郷は花生を奉納している点、茶の道を究めた人という感を強くする。

この花生は、不昧の右手親指の指紋が残っていることで知られている。高二一センチ、直径四・二センチ、茶色で濃淡のある釉薬《ゆうやく》がかかっていて、表面は直線でなく、変則的に凸凹している。正面には、「よい旅や、虫をき丶つ丶、月を見つ、花の江戸まで御詠《おうたい》なされ」と狂歌《きょうか》が刻まれ、参勤交代《さんきんこうたい》での

道中を思わせる。背面上部には、花生を掛ける孔《あな》と、下部に「一々《いちいち》」と不昧自身が署名を刻んでいる。

名著『松平不昧伝』の著者高橋梅園《たかはしばいえん》は、大正十二年（一九二三）八月二十七日に美保神社の宮司宅を訪れ、この花生を見たときの感動を次のように記している（意訳）。


この花入が尊いのは、不昧の手の指紋が、はっきりと現れ、手を触れると不昧と握手《あくしゅ》しているようで、その尊さは言葉にできない。天下一品の不昧の道具中でも最上の宝器である。


不昧と握手している感覚を、観覧者に伝えることはできないだろうか。原品は、粘土を焼き固めたもので、長い年月とともに脆くなっている部分があるかもしれず、扱いは慎重にならざるをえない。

発想は、この花生の複製を作り、梅園が感じた不昧との握手感覚を再現することだった。そして、近年著しく進化した３Ｄスキャナとプリンターによる再現を考えた。所蔵者と松江工業高等専門学校の協力を得て、その形を樹脂で再現した。乳白色の複製品は工業用３Ｄスキャナで計測しただけあって精巧である。ただ、不昧の指紋までは再現できなかった。

再現された花生は色がついていないため、表面の凸凹がよりはっきりとわかる。原品では中央右側にある親指跡に目が行くが、よく見ると下部に右手、上部に左手の握り跡がはっきりと残っていることに気づく。

まず、指紋の残る右手親指の指跡を基準に握ってみる。他の四本の指跡に合わせて握ると、不昧が花生の下部をギュッと握ったことがわかる。表面の変則的な凸凹は、不昧の指の跡だったのである。

ここでまた新たに気づくことは、不味の手は意外に小さいのではないか、ということである。

　次に、これら握り跡をていねいに調べていくと、花生を持つ不味の手の動きがわかってくることに気づいた。まず花生の下部を右手で握ることで、花生の上部を確認する。次いで、手首を右回りに捻ることで、上部裏側も確認できる。元に戻し、右手で握ったまま、上部の左手握り跡に合わせ左手で握る。左手は意外と右奥に捻って握っている。そして右手を離すと、花生の下部が確認でき、左手頸を左回りに捻ると下部の背面が確認できる。つまり、不味は花生の上下全側面を確認するために、右手から左手に花生を持ち替えるという一連の動きが、その指跡から確認できるのである。

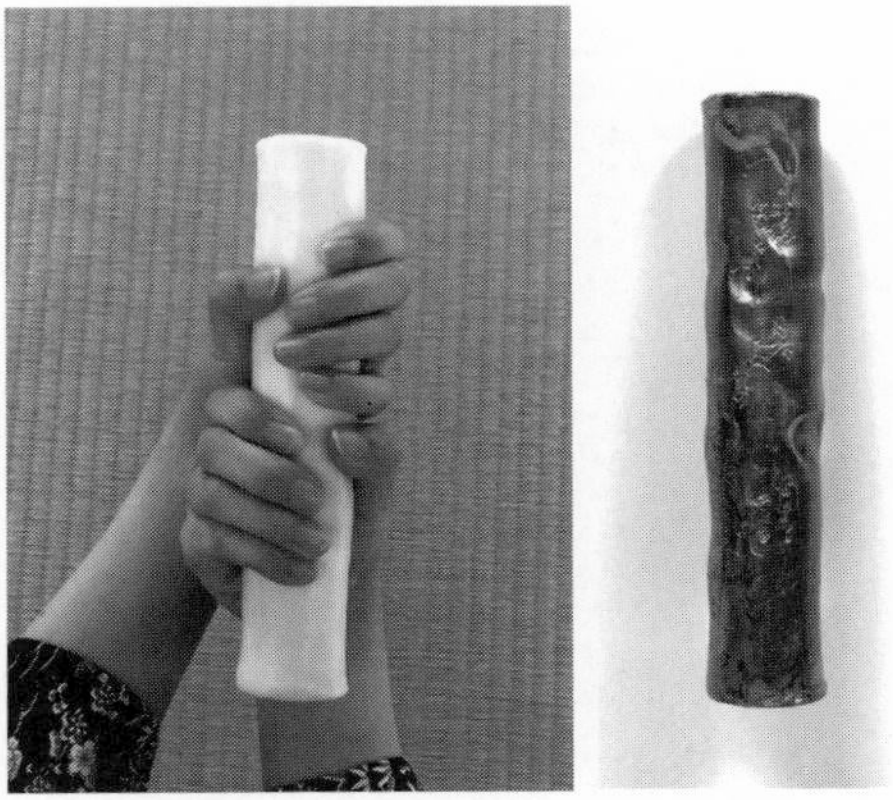
右：松平不昧自作陶器の花生　松江市・美保神社蔵
左：松平不昧の手の動きを追体験できる復原した花生

　工業用３Ｄプリンターで花生を復原したことで、原品に触れることなくさまざまな角度から握り方を調べることが可能となった。企画展「松江藩主松平治郷の藩政改革」(二〇一八年九月七日〜十一月四日、於松江歴史館)では、不味の指紋と花生を握る一連の動作を確認して、握手している感覚を観覧者は体験することとなった。

5. 江戸の文化を牽引した萩野信敏

江戸赤坂の松江藩上屋敷に住んだ松江藩士・萩野信敏《はぎののぶとし》（天愚孔平《てんぐこうへい》、一七三三～一八一七）は、破《やぶ》れ袴《ばかま》を着て、集中できるからと車の中で書物を読み、晴れていても外出用の羽織《はおり》だと言って雨合羽《あまがっぱ》を着て、道に捨ててある草履《ぞうり》を拾っては家で綴じ合わせて履いた。また、歳は常に百歳と言い、風呂にも入らず、賽銭箱《さいせんばこ》へ入れる銭には、紐《ひも》を結びつけて投げ入れ、後で回収した。往来の人がその姿を見て笑っても気にしない。狂人《きょうじん》ではないかと思いつつ、実際に会って話してみると、その博学ぶりは随一で、「世の中の廃れ行くものを挙げ用いることが好きだ」と言う。

天愚孔平（『百家琦行伝』）　松江歴史館蔵

壮年《そうねん》の頃から、神社仏閣を参詣するときは必ず堂塔に「天愚孔平」と書いた紙を貼って帰った。生まれながら愚かで（天性愚《てんせいぐ》）、孔子《こうし》と平家《へいけ》の子孫だと自称したためである。当初、筆で一枚一枚書いていたが、煩わしくなり刷《す》り物《もの》とする。これを人々が真似て、「千《せん》社参《しゃまい》りの札貼《ふだは》り」が流行した。この札は千社札《せんじゃふだ》と言われ、現代でも流行《はや》っている。

天保六年（一八三五）に刊行された書物『百家琦行伝《ひゃっかきこうでん》』には、江戸時代の奇人百人《きじん》のうち三人目に萩野信敏を挙げ、右の話と挿絵《さしえ》（右の図）を載せている。次節で詳しく見るように、信敏は、松江藩主松平宗衍《むねのぶ》・治郷《はるさと》・斉恒《なりつね》三代の側近くに仕え、信頼されて松江にある松平家の菩提寺・月照寺《げっしょうじ》の大亀の上に乗る碑の文面を書いている。また、幕府隠密《おんみつ》が集めた情報誌『よしの冊子《さっし》』によれば、「江戸に幕府の交易所《こうえきじょ》を設け、自分を奉行にすれば物価の地域格差をなくすことができる」と、信敏は発言したという。

千社札で江戸の文化を牽引《けんいん》し、日本国の治世についても考えをめぐらす萩野信敏の存在が、松江藩の藩政改革を成功へと導く原動力となったのである。

6. 殿様との深い信頼関係を示す月照寺の大亀

奇人とも評される天愚孔平《てんぐこうへい》（萩野信敏《はぎののぶとし》）は江戸詰の松江藩士で、松平家六代藩主の宗衍《むねのぶ》や七代藩主治郷《はるさと》（不昧《ふまい》）とは、ツーカーの仲と言ってもいいぐらい親しい間柄だった。父が藩主側医《そばい》だった関係で、のちに六代藩主となる幼少の宗衍の遊び相手となり、宗衍とその子治郷から絶大な寵愛《ちょうあい》を受けた。

左：天愚孔平が筆を振るった松平宗衍寿蔵碑（月照寺の大亀）　右：碑文（裏面）　松江市・月照寺蔵

天愚と藩主との関係を示す巨大なモニュメントが、今も松江の藩主菩提寺・月照寺《げっしょうじ》に残る。宗衍の寿蔵碑《じゅぞうひ》（月照寺の大亀《おおがめ》）である。天愚は前藩主宗衍から寿蔵碑の碑《ひ》文《ぶん》の作成を命じられ、約二千字の碑文を完成させた。碑の裏面には、宗衍が使っていた筆で、天愚自身が大胆な筆遣いにより碑文作成の苦労を記している。その筆致《ひっち》は、「龍のごとく翔《かけ》り、鳳《おおとり》のごとく舞う」と評価されている（淞北夜譚《しょうほくやたん》）。

天愚は博覧強記の知識人として、多くの執筆活動を行った。たとえば、盲目《もうもく》の国学者《こくがくしゃ》・塙保己一《はなわほきいち》を早くに見出し伝記を書いた。家老小田切尚足《おだぎりひさたり》（備中）や朝日郷《あさひさと》保《やす》・恒重《つねしげ》（丹波）父子のもとで活躍し、また藩財政の危機を救った村上舎喜《むらかみしゃき》の伝記では、尾道《おのみち》（広島県尾道市）の富豪を招待して大散財し、信用させて大金を出させるという、質素倹約とは真逆の方法で財政再建を目指したエピソードを載せる。村上の大胆な行動は、天愚の積極財政志向と相通じるものがあった。

その他にも、書道や御種人参《おたねにんじん》、治水《ちすい》に関する書物、為政者《いせいしゃ》の考え方や藩役人の合理化を説く文章を執筆し、時には幕政にまで自らの意見を述べた。

治郷の茶道の弟子であった福知山《ふくちやま》藩主・朽木昌綱《くつきまさつな》を軸に、蘭学《らんがく》の入門書『蘭学階梯《らんがくかいてい》』や幕末に至るまで日本人の海外知識の重要源泉となった『泰西輿地図説《たいせいよちずせつ》』の序文や、藩お抱え力士・釈迦ケ嶽《しゃかがたけ》雲右衛門《えもん》の等身大碑の碑文など、多くの書物や碑に文章を求められ、また天愚もそれに応えた。

天愚の狂態奇行《きょうたいきこう》の始まりは、父と学問の師匠である宇佐美灊水《うさみしんすい》没後の四十五歳頃と見る説がある。しかも、前藩主宗衍の命だったという。

七十歳のとき、松江古志原《こしばら》で行われた藩の軍事演習では、棒火矢師《ぼうびやし》として名が見え、藩から隠居が許されたのは、亡くなる前年の八十四歳のときであった。藩主から頼りにされ、宗衍・治郷二代の藩政改革や治郷の文化人としての活動の蔭には、天愚がいたことを記憶しておきたい。

7. 多くの著書をまとめた博覧強記の知識人

七代藩主松平治郷《はるさと》（不昧《ふまい》）の下には、藩政改革を成功に導いた朝日郷保《あさひさとやす》・恒重《つねしげ》（丹波）父子などの秀才がいた。江戸詰の藩士・萩野信敏《はぎののぶとし》は、藩政の実務を担う立場になかったとはいえ、六代藩主宗衍《むねのぶ》および治郷期の松江藩を代表する知識人であった。

萩野信敏自筆の「慎独」の文字　松江歴史館蔵

信敏は博覧強記《はくらんきょうき》の知識人として、多くの執筆活動を行った。たとえば、手習《てなら》いのはやみちを説いた実践的な書道入門書『学書《がくしょ》捷径《しょうけい》』は、信敏の著作中、最も知られ評判もよく、明治・大正時代に到るまで活用された。また、小村茂重《おむらもじゅう》が日光で製法を伝授される二十五年以上も前に、信敏は自宅で御種人参《おたねにんじん》の栽培に成功しており、御種人参の効能や使用法を説き、国産と輸入品の人参を比較し紹介した『択参捷径《たくじんしょうけい》』を著述している。

さらに、本来六人必要とする江戸藩邸の者頭《ものがしら》役は、自分なら一人で勤めることが可能だと、勤番の合理化を提言し、また為政者の考え方を説いた文章『推公施政《すいこうしせい》』や、関東方面の川普請《かわぶしん》役を勤めた経験から、荒川《あらかわ》や隅田川《すみだがわ》等の治水《ちすい》策を説いた『荒河営説《あらかわえいせつ》』などの著述がある。

杉田玄白《すぎたげんぱく》の弟子・大槻玄沢《おおつきげんたく》が著した蘭学入門書『蘭学階梯《らんがくかいてい》』の序文も信敏は執筆しており、そこでは、「諸外国の良いところを選び貴《とうと》ぶ日本にとって、中国の形式主義による欠陥を、オランダの実証主義を取り入れることで、外見的な美しさと内面的な実質との調和がとれることとなる」と記している。

治郷の妹を正妻《せいさい》に迎えた福知山《ふくちやま》藩主・朽木昌綱《くつきまさつな》が翻訳した『泰西與地図説《たいせいよちずせつ》』は、幕末まで日本人の海外知識の重要源泉となる書物であるが、その序文も信敏が執筆し、世界五大陸の内、アジアの片隅に日本があることを説いた。この書には、フランスのパリの市街図が掲載されており、信敏はパリの街区を日本にいながらいち早く知ることができた。

松江藩の儒学者・宇佐美灊水《うさみしんすい》は、荻生徂徠《おぎゅうそらい》の弟子で、治郷に学問を教え、藩政改革の顧問ともなった人物である。そして、灊水が編纂し刊行した『徂徠先生素問評《そらいせんせいそもんひょう》』の跋文《ばつぶん》（あとがき）を執筆するほど、信敏は優秀であった。前節で述べたように、藩主宗衍は月照寺《げっしょうじ》にある寿蔵碑《じゅぞうひ》（大亀）の碑文と退筆塚《たいひつ》の由来を信敏に依頼した。治郷も、赤坂の江戸藩邸にあった玉川の滝を修復した記念に碑を立て、その碑の裏面に刻まれた滝の由来を信敏が執筆し、「玉川の滝は奇勝《きしょう》（優れた景色）で幽涼《ゆうりょう》の趣《おもむき》があり、天下に稀《まれ》である」と評価している。

とくに、信敏が好んで書いたのが「慎独《しんどく》」の文字である。自分ひとりのときでも、行いを慎《つつし》み、道を外れないようにすることを意味する。自らに厳しくも、江戸の奇人と人々から言われた信敏は、藩主の信頼が厚く、八代藩主斉恒《なりつね》の治世にあたる八十四歳まで隠居することが許されなかった。

8. 粋な江戸っ子を魅了した千社札の元祖

第5節で簡単に触れたように、天愚孔平《てんぐこうへい》（萩野信敏《はぎののぶとし》）は、神社仏閣に貼り付ける千社札《せんじゃふだ》の元祖と言われている。本節でより詳しく見ていくこととする。

千社札は、神社仏閣の柱等に貼りつけられた、独特の書体（江戸文字）で書かれた札のことである。江戸のグラフィックデザインともいうべきもので、大胆で印象深い図柄は、堂舎に貼るだけでなく、名刺代わりの交換も盛んに行われ、粋《いき》な江戸っ子たちを魅了した。

札貼り行為は、霊場巡礼《れいじょうじゅんれい》と関係がある。平安時代末期から始まる当初の霊場巡礼は、行者《ぎょうじゃ》など僧侶に属する人たちが主で、庶民へ普及するのは室町時代からであった。霊場巡礼の風習ができると、それとともに納札《のうさつ》や納経《のうきょう》（札《ふだ》や経典《きょうてん》を納める行為）が行われる。室町時代には、木や真鋳《しんちゅう》・銅等で作った札を釘で打つ「札打《ふだう》ち」が行われるようになる。これにともなって、各霊場は札打ちをする場所、すなわち「札所《ふだしょ》」と言うようになった。

鎌倉・室町時代、有力武士等は大型の札を納めたが、庶民は小型の木片《もくへん》を納める場合が多かった。江戸時代に入って紙が普及すると、紙の納札が主となる。当初の札は、本尊との結縁《けちえん》を願って、梵字《ぼんじ》や南無観世音菩薩《なむかんぜおんぼさつ》の名号《みょうごう》、年月日、巡拝者の出身地や姓名や屋号《やごう》、功徳《くどく》を願う文言等を札の両面に書いた。江戸時代中期、江戸で稲荷《いなり》信仰が流行り、千社の稲荷へ参詣する千社参りが登場する。同じころ、札（題名納札《だいめいのうさつ》）を貼ることが流行りだし、千社参りの札貼《ふだは》りとして、札を「千社札」と言うようになった。それまでの札との違いは、札に自らの名や屋号を書くくらいで、名号や功徳文言もない簡素なもので、かつ、いかに多くの堂舎へ貼りつけるかが競われた。千社札仲間の間では、「せんしゃふだ」と澄んで読むのを通例とする。

初期の人物として、天明期（一七八一～八九）に活躍した天孝《てんこう》や麹五吉《こうじごきち》らがいる。なかでも、千社札の流行に決定的影響を与えた人物が、天愚孔平であった。寛政二年（一七九〇）に刊行された田《でん》定賢《さだかた》著『題名功徳演説《だいめいくどくえんぜつ》』で、天愚は大きく取り上げられる。ここでは、納札の起源を平安時代の花《か》山法皇《ざんほうおう》に事寄《ことよ》せる。そして、姓名を書いた札（題名納札）を貼る行為に、功徳があると理論化し、今は衰えている真の題名を甦らせた人物として、天愚を位置づける。天愚による納札行為の理論化により、一気に千社参りの札貼りと千社札は流行

『題名功徳演説』に載る翼の生えた神人・天愚孔平　東京都立中央図書館特別文庫蔵

する。

天愚が五十八歳のときに刊行された『題名功徳演説』に載るその姿は、雲中から翼の生えた「神人《じんにん》」として登場する。孔子《こうし》を思わせるその姿は、納札の世界の神として、さらには天愚自身の意識をもうかがえる貴重な姿である。また、手の届かない高いところへ札を貼りつける、振り出し竿《さお》による納札方法を編み出したのも天愚であるとの説もある。

江戸で知らぬ者がいなかった天愚は、奇人として有名であっただけでなく、藩主からも信頼された博覧強記の知識人だった。その多彩な才能は、始まったばかりの千社札にも示され、天愚による納札行為の理論化が、江戸に一大ブームを引き起こした。江戸の粋を体現した文字やデザインへとつながる千社札の元祖として、また、蘭学や地誌学など最先端の書物の序文執筆など、天愚孔平は江戸文化を先導した松江藩士だったのである。

9. 天愚孔平の千社札を読む

千社札《せんじゃふだ》は、前節で見たように、寺社へ参詣した際に山門などへ貼りつける札で、屋号や姓名を刷り、商売繁盛などを祈願したものである。貼ることで、功徳《くどく》を積むことができる。

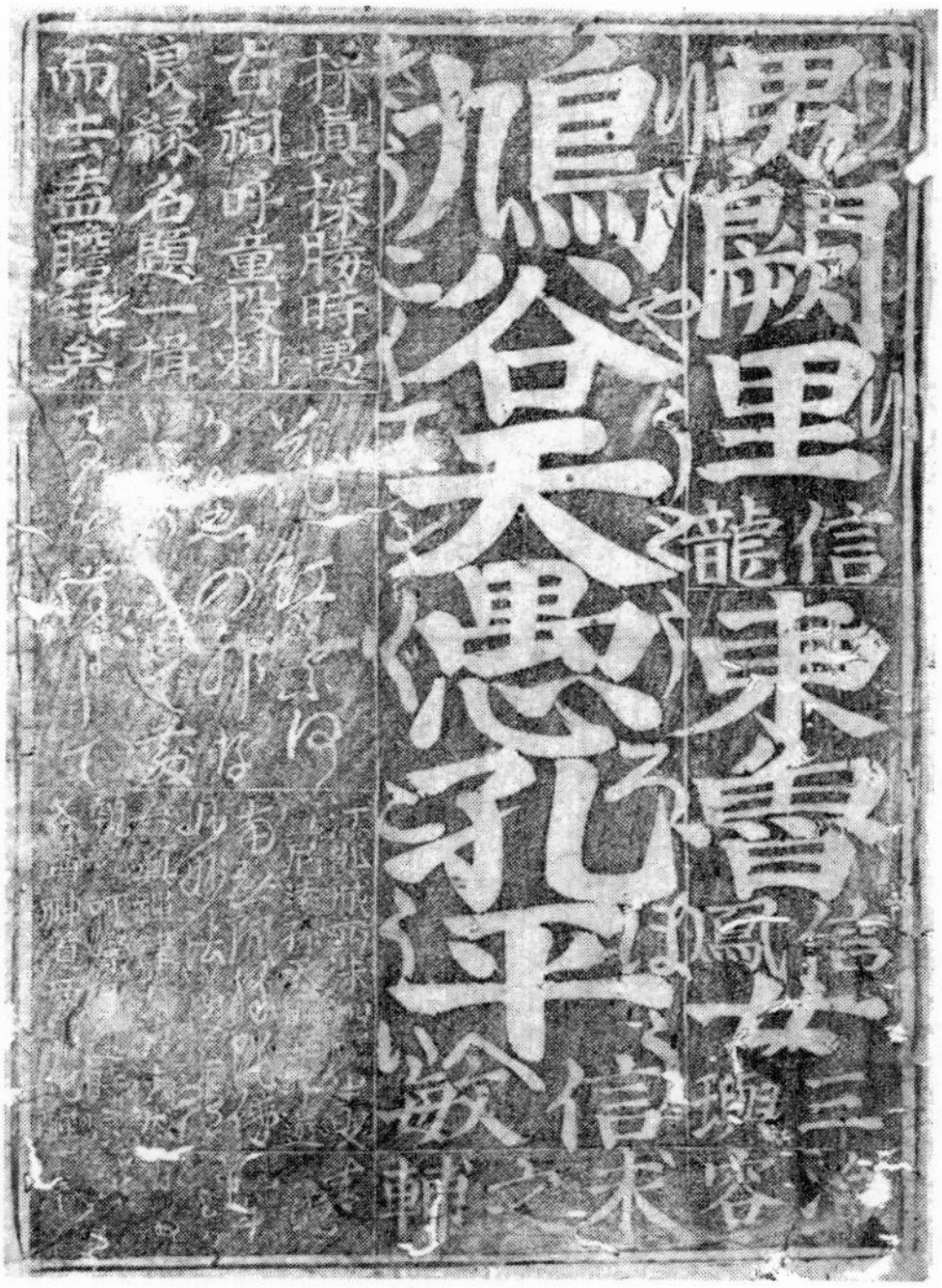
天愚孔平の千社札　呉市立美術館蔵

札は、約九×三センチメートルの大きさから始め、札貼りの経験を積むと、次第に大きな札にするのが仲間内の決めごとである。旧中央大学学長の呉文炳《くれふみあき》氏は、六十年間探し求めた松江藩士・天愚《てんぐ》孔平《こうへい》（本名・萩野信敏《はぎののぶとし》）の千社札を入手、名字と同じ広島県呉市へ寄贈した。この札は、二七・一×一九・一センチメートルの大札《おおふだ》で、精巧な複製を松江歴史館で展示している。

では、孔平の大札には、何が記されているのだろうか。まず中央に、鳩谷天愚孔平《きゅうこくてんぐこうへい》・信敏《のぶとし》・求之《きゅうの》輔《すけ》と自分の名、右側に二男二女（信《しん》龍《りゅう》・信鳳《しんぽう》・三璵《みよ》・治容《ちよ》）の名を記している。左最上段は「古い祠《ほこら》に遭遇し、千社札を投刺《とうし》し、仏との良縁につながる名題《なだい》を唱え、会釈《えしゃく》して立ち去る」と刻み、二段目は「春の花と秋の花はなんという恵みであろう。咲いてから散るまでの美しく咲いた一時《ひととき》を俤《おもかげ》にして散っていく」と、かりそめの大切さを説く。三段目は、「江戸城の西にある儒学の里とはいえない所に住む孔平は孔子の遠孫で、仏教の諸派や神道と同じように、札貼りをすることで迷いが晴れる」と書体を変えて記している。最下段は俳句「青蝿《あおばえ》も牛にひかれて善光寺」と記し、「青臭い蝿とでもいうべき自分も、神仏の導きで善光寺参りができた」と、寺社巡りができることに感謝の意を示す。

このように、孔平の大札には、自らが千社参りできる感謝の気持ちが表現されているのである。

10. 陶山勝寂が描いた松江藩士たちの瑞々しい姿

松江藩主松平斉貴《なりたけ》が、将軍名代《みょうだい》として江戸から上京し、参内《さんだい》したのは弘化四年（一八四七）のことであった。

この年の九月二日、江戸赤坂の上屋敷を出発した直後の光景を写し取った行列図には、馬上に颯《さっ》爽《そう》と跨《また》がる一人の武士が描かれている。「長者《ちょうじゃ》の風《ふう》あり」と墓碑《ぼひ》に記された、留守居《るすい》役の望月兎毛《もちづきとも》、五十二歳の姿である。兎毛は八年前、幕府により蘭学者《らんがくしゃ》が弾圧された事件、蛮社《ばんしゃ》の獄《ごく》で、渡辺崋山《わたなべかざん》・高野長英《たかのちょうえい》らと共に告発状に名が挙がっていた。告発状には、兎毛の弟・庄司郡平《しょうじぐんぺい》の名もある。崋山とは、蘭学や兎毛所蔵の洋式銃をめぐり交流を深め、獄中にあった崋山も、兎毛を頼りにしていた。

この行列図は、斉貴の命により、お抱え絵師の陶山勝寂《すやましょうじゃく》が描いた。勝寂は二十歳代前半である。若々しい筆致で、延々一〇〇メートル、五巻の大作に仕上げている。描かれた人数は一七六七人、馬は六十一頭を数える。勝寂は、狩野勝川院雅信《かのうしょうせんいんまさのぶ》に画を学び、橋本雅邦《はしもとがほう》や狩野芳崖《ほうがい》とも同窓の絵師である。

この行列では、士分一一二人、徒《かち》以下一三一人の計二四三人の藩士と、藩士の家来が約九〇〇人、見せるための演出として現地で雇われた日雇が約六〇〇名いたと考えられる。隔年で行う松江藩の参《さん》勤交代《きんこうたい》の行列は、幕末の多いときで総勢六四三人なので、この行列の人数は特別であった。行列図後半には、面長の騎上姿で、兎毛の弟郡平が描かれている。

望月兎毛（「松平斉貴上京行列図」）　東京国立博物館蔵　Image : TNM Image Archives

蛮社の獄を乗り切り、藩主と共に西洋知識を学ぼうとした藩士たちの姿を瑞々《みずみず》しく活写したのが、若き勝寂の描いた行列図だったのである。

第四章　藩政改革を成功に導いた「ものづくり」

第三章で見たように、七代藩主松平治郷《はるさと》（不昧《ふまい》）の代に実施された、新機軸を打ち出す「御立派《おたては》」の政策は成功を収めた。その藩政改革の成功の鍵《かぎ》は産業振興にあった。

一八二〇年代に作成された出雲国へ国益《こくえき》をもたらすものを番付表にした『雲陽国益鑑《うんようこくえきかがみ》』には、一〇〇種もの産物を記す。たたら製鉄（「鉄山鑪《てっさんたたら》」）をはじめ、木綿や御種人参《おたねにんじん》（朝鮮人参）や櫨蝋《はぜろう》、杵築《きづき》大社など寺社への参詣とさまざまである。国益をもたらすものの種類の多さが、一つの特徴となっている。

そして、鉄穴《かんな》流しによるたたら製鉄が京極期に解禁され、産業振興政策は転換を迎える。また、一七〇〇年前後の松平家三代綱近《つなちか》の代に、城下の天神川開削《てんじんがわかいさく》などで松江城下町の基本的な形が出来上がり、陶工の招聘《しょうへい》や、後に御種人参の栽培地となる古志原《こしばら》が開拓された。なかでも、比較的早い段階で成功を収めた産業は、櫨《はぜ》の実から絞り出す櫨蝋《ろう》であった。これは、十八世紀半ばの六代藩主松平宗衍《むねのぶ》の代に行われた、立案を意味する「御趣向《ごしゅこう》」政策からである。櫨の実を収穫するには、櫨の木を植えなければならない。民間での植樹を勧めるべく、藩の役人・野間忠大夫《のまちゅうだゆう》は国内を渡り歩き、成った櫨の実の半分の上納と櫨畑への無年貢という、植樹した人にやる気が出る方法をとることで、この政策を成功に導いた。

しかし、「御趣向」政策は年貢前納による免祖を行う「義田《ぎでん》」政策や、藩の貸付による利殖活動を試みた「泉府《せんぷ》」政策も、一時的な利益にとどまり行き詰まりをみせた。そこで、机上《きじょう》の財政利殖政策からの転換が迫られることになった。

宗衍の後継者・治郷の代に行った「御立派」政策は功を奏し、徐々に借財の返済に漕ぎつける。治郷晩年に栽培に成功した御種人参は、早くから幕府が諸藩に対し栽培を勧めていたにもかかわらず、収穫までに四～五年を要し、高温多湿な日本列島では栽培することが難しかった。松江藩も早くから栽培を試みたが失敗続きで、栽培の廃止を検討していたなか、下野《しもつけ》国日光（栃木県日光市）へ修業に行った小村茂重《おむらもじゅう》によって栽培は成功する。日本国内で成功したのは、日光・信濃・会津・出雲の四か所だけだった。そして、幕府は会津藩と松江藩のみに長崎で中国大陸への販売を認めたことで、大きな利益を得ることとなった。また、出雲国は馬の産地でもあり、運搬の牛とともに国益を生み出している。

実際のところ、藩は財政の危機を唱えることで、領民の忍従や年貢の納入を求め、さらに幕府へは諸課役を逃れるための方便とした。

こうした藩政改革を支えたのが、藩内の御用商人であった。たとえば、のちに衆議院議員、美術工芸研究者となった桑原羊次郎《くわばらようじろう》を生んだ豪商桑屋《くわや》は、宗衍の「御趣向」政策や治郷の「御立派」政策に応える形で成長していった。

それでは以下、藩政改革と出雲の産業についてより詳しく見ていくこととする。

1. 失敗した「義田」政策

十八世紀半ば、藩財政は逼迫《ひっぱく》し、六代藩主松平宗衍《むねのぶ》とその補佐役の小田切尚足《おだぎりひさたり》（備中）は、藩政改革を断行することで藩財政の好転を画策する（延享《えんきょう》の改革）。その切り札の一つが、「義田《ぎでん》」政策だった。この改革では、年貢の前納を推し進めた。その方法は、「義田」とよばれる方法によった。古来、「義」は人を救うことを意味し、親族の貧しい者を救うために持てる田を分けることを「義田」といった。藩は、年貢納入を渋る百姓へ低利で貸し付けること、および軍事費や参勤交代の旅費、飢饉《ききん》に備えることを目的として、年貢を数年分前納することで資金の調達を図る。年貢の前納には特典があり、以後の年貢を免除し、臨時税もなく夫役《ぶやく》も半減というものだった。さらに、富豪だけでなく誰でも年貢の前納をすれば、「義田の民《たみ》」になることができるという栄誉も与えられた。

義田は三度にわたり実施された。一度目は、実際の取米高の十倍、すなわち十年分を支払うことが条件とされた。二度目は大根島《だいこんじま》に限った義田で、三度目は百姓等の共同体（団体）に対し、六・二年分の年貢を支払えば十年分免祖となるものであった。

名誉の証文・義田証文　長期分の年貢を前納する見返りに、以後の年貢を免除する「義田」は、一時的に藩財政を潤したものの、翌年から義田分の年貢収入が減少し、農民に土地所有権を与えてしまうという問題を残した。写真の文書は、寛延元年（1748）閏10月16日に藩の仕置役の小田切半三郎から、神門郡松枝村（現出雲市高松町）の百姓喜平次に宛てて出された義田証文で、「願い出により義田の民とし、田地一石分の税を免除する」と記されている　松江歴史館蔵

しかし、実際に運営してみると、飢饉への備えや貧しい者への貸付という当初の目的は、藩の財政窮乏を補填《ほてん》するものへと変わっていく。そのため、貸付による利益は少なく、利益より出費が多くなる状況に変化していった。

また、藩は義田から毎年の税を取ることができなくなり、貧民に金を貸して利息を取る藩の政策や、得た資金を藩財政に補填したことが民の信頼を失うことにつながり、もはや「義」ではなく詐欺にあたると人々に認識されるようになってしまう。「義」に反する義田の政策は失敗に終わった。

結局、財政の行き詰まりにより、財政改革を推し進めた家老たちは免職となる。新たに仕置役《しおきやく》となった朝日《あさひ》郷保《さとやす》（丹波）は、藩主宗衍に隠居を迫り、子の治郷《はるさと》（不昧《ふまい》）が新たな藩主となった。治郷のもと、郷保によって、新機軸を打ち出すという意味で「御立派《おたては》」と呼ばれる新たな改革が始まる。

藩に膨大な利益をもたらした、御種人参《おたねにんじん》の栽培もその一つである。新たな改革では、藩内の町人や百姓に対する藩の債務を破棄する「闕年《けつねん》」を実施して、義田もすべて藩が没収することとなった。

延享の改革は、目先の利益が長期の財政立て直しへとつながらなかった例として、記憶すべき失敗例だったのである。松江藩は以後、机上の財政利殖より、具体的な産業の振興へと舵を切っていく。

2. 収益をもたらす「ものづくり」への転換

江戸時代、松江藩は他藩に抜きんでて経済的に裕福であった。幕末に松江を訪れた仙台藩士で漢学者《かんがくしゃ》の岡鹿門《おかろくもん》は、諸藩のなかでも利益を上げた功績は松江が第一だと評価し、村里のいたるところでものづくりが盛んであったと記している（「在臆話記」）。

では、ものづくりは何が盛んで、藩に利益をもたらしたものは何だったのか。江戸も後期、一八二〇年代頃に作成された相撲の番付表に見立てた『雲陽国益鑑《うんようこくえきかがみ》』と題する番付表が参考になる。この番付表は、出雲国外から稼いだ金額の大きいものから並べられている。ざっと一〇〇種類もの産物があげられ、その多さに驚くとともに、詳細にみると地域の特性を生かしたものであることがよくわかる。

まず、ランキング外の別格として、藩の年貢米が売りさばかれる先の尾道《おのみち》（広島県尾道市）への廻《かい》米《まい》が勧進元《かんじんもと》となり、杵築《きづき》大社（出雲大社）への参詣者が落とす金銭が頭取《とうどり》、国内屈指の生産を誇った木綿《もめん》の輸出許可証と、木綿が生産できない寒冷地の東北・蝦夷《えぞ》地まで輸出された在々所々の古着《ふるぎ》が東西の行事《ぎょうじ》を勤める。ここからは、米・大社参詣・木綿関連が群を抜いていたことがわかる。

東西ランキングのトップは、木綿とタタラ製鉄で、次いで松江白潟《しらかた》の中町《なかまち》の商人が取り次ぎ他国へ送る古着であった。出雲国産の商品を他国へ売り出す安来《やすぎ》・美保関《みほのせき》・宇龍《うりゅう》・加賀《かか》の問屋《とんや》も利益をもたらしている。

信仰では、出雲大社に続き、一畑薬師《いちばたやくし》、清水寺《きよみずでら》、美保・日御崎《ひのみさき》（碕）・佐陀《さだ》神社、出雲国内の三十三番札所《ふだしょ》を巡る札所巡りなどがあり、杵築大社（出雲大社）の富くじや、玉造《たまつくり》や三沢《みさわ》の温泉も利益をもたらした。

物産では、番付表は御種人参《おたねにんじん》（朝鮮人参）・櫨蝋《はぜろう》と続き、岡山に出荷され畳で使用する奥出雲仁多《にた》産の荒苧《あらお》、出雲市今市《いまいち》のかんざし、牛馬の革、秋鹿《あいか》の畳表《たたみおもて》、京大坂へ生きたまま籠《かご》で出荷されるウナギ、浦々からのサバや海藻《かいそう》、杵築の干しアワビ、浦々の板海苔《いたのり》、紙の原料となる楮《こうぞ》や木次《きすき》の紙、藩が設置した鍋釜を造る釜甑方《ふそうがた》の鋳物《いもの》、焼き物の布志名《ふじな》焼、今市の雪踏《せった》（草履）、荒島石《あらしまいし》、来待石《きまちいし》、揖屋《いや》で獲れる小魚コノシロ、浦々のワカメ、松江の筆、古志原《こしばら》の煙草入《たばこいれ》、玉造のメノウ石、雑賀町《さいかまち》の小倉木綿や髪結《ゆ》い用の細紐、城下御船屋《おふなや》のサメ皮細工、秋鹿の檜皮《ひわだ》、燃料用に生馬《いくま》の石、斐川氷室《ひかわひむろ》の火打《ひうち》

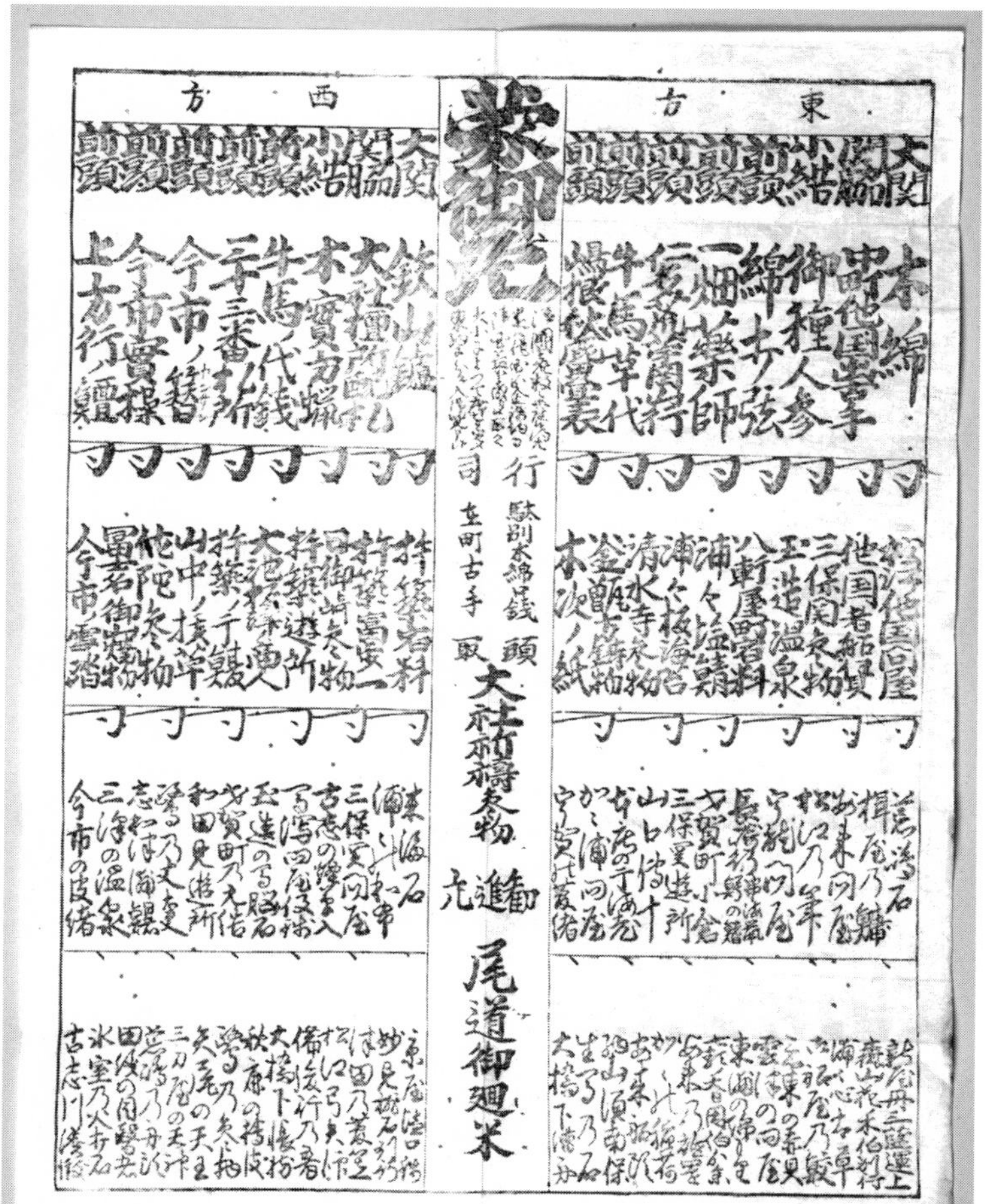

『雲陽国益鑑』　神田忠興氏蔵

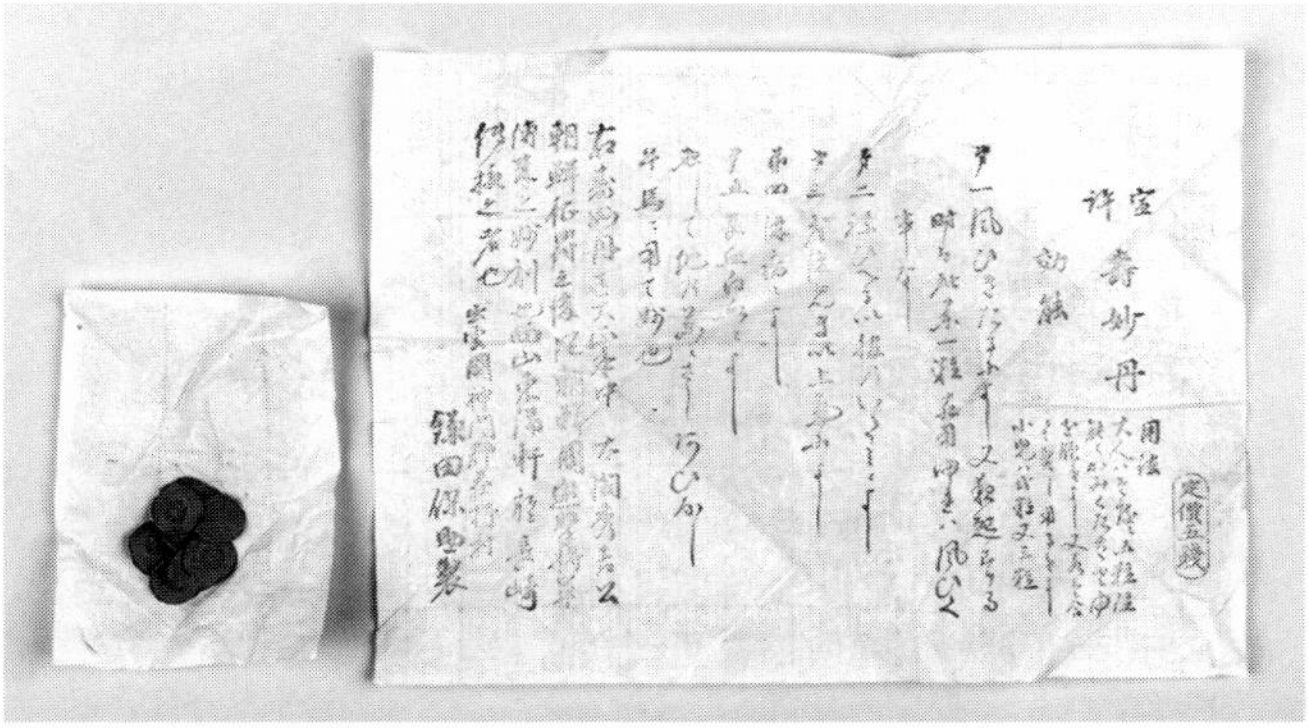

西山家調法の秘薬・寿妙丹　梶谷光弘氏蔵

石《いし》、大橋川下流の漕ぎ船等々である。

ここからわかるのは、ウナギなど出雲国外へ売り出される特産品がいく種類もあり、寺社参詣や温泉・石・海産物など、地域の個性に基づくものが多い点である。

なお、『雲陽国益鑑』に載る「西山須南保《すなほ》（砂保）」は、医者の名前である。砂保は和歌山へ赴き、世界で初めて全身麻酔外科手術を成功させた華岡青洲《はなおかせいしゅう》を訪ね、麻酔による手術を行う華岡流の医術を二十八歳で学んだ。郷里に紫藤園《しとうえん》を開き、出雲国内だけでなく他国からも患者や門人が訪れ、大盛況となった。

砂保の学問への情熱はこれに飽き足らず、シーボルトが長崎出島《でじま》のオランダ商館の医者として来日し、名医としての噂が立つと、砂保も長崎へ赴き、鳴滝塾《なるたきじゅく》でシーボルトやその高弟・湊《みなと》長安《ちょうあん》から西洋医学を学んだ。四十五歳のときである。

砂保は華岡流の医術と西洋医術の二つを学び、修得したのである。砂保が得意としたのは、乳がんと、薬で患部を腐らせ処方する翻花瘡《ほんかそう》であった。地方における最新医学の権威者として、その人気ぶりは国益を生むほどにまでなった。人材が国益をもたらす好例といえよう。

3. 率先して進められた櫨の木植樹

出雲国内に櫨《はぜ》の木が植えられるようになったのは、野間忠大夫《のまちゅうだゆう》（御細工奉行《おさいく》）、稲塚和右衛門《いなづかかずえもん》・景《かげ》山惣七《やまそうしち》（同所元〆役《もとじめ》）の功績が大きい。櫨の実を絞った蝋《ろう》の売却利益を説いた稲塚の意見を、藩主松平宗衍《むねのぶ》は御直捌《おじきさばき》開始の年に認める。

櫨の木の植樹を勧めるべく、野間たちは国内の郷村へと向かう。しかし、庄屋らは差し障りが多いとして請け合わない。「ただ少しの櫨畑《はぜばた》でも増えれば」との思いから、野間ら一行は村々への負担がないよう質素を極め、宿泊も一軒、人足《にんそく》も通常の半分、すべて徒歩で草履《ぞうり》も自前とした。毎年五〜七度村々を廻り、櫨の木の植樹を勧め、「朝夕には星を戴《いただ》きて旅宿を出、夕べには露《つゆ》を踏み、馬はなけれど鈴虫の声もろともに旅宿へ入」った。春、野遊びする人々を横目に、「ただこの谷には良き開地あるか、あちらの平《ひら》は土地いかがか」と尋ね求め、夏は蝉《せみ》の声が耳を貫き、堪えがたき暑さで「汗は流るる瀧のごとく」だった。生馬《いくま》村の法忍寺《ほうにんじ》で、野間は「旅つかれ浮世の曇り晴ねども、法忍舎匿《しゃとく》の月を見る哉《かな》」と詠んだ。成った実の半分を藩へ上納すればよく、櫨畑の土地そのものには年貢が懸《かか》

上講武村山絵図（部分）　松江市鹿島町上講武集会堂蔵

らないと説き、とうとう十四年後（一七六一年）には、櫨畑だけでなく、川の土手や石の多い畑の縁《ふち》、屋敷廻りにまで櫨の木を植え、八万八千本にまで達した（『木実方秘伝書』）。

ここに示した絵図は、藩の積極的な櫨の木の植樹政策が行き届いた直後のものである（一七六九年作成。部分）。共益地である山々に、上講武《かみこうぶ》村の人々が櫨畑を作り、油木《あぶらぎ》を植え、その土地の用益を独占しようとしたのを、隣村の人々が藩へ訴え争った（『出雲国山論史料集』第三集、一「嶋根郡三講武村入相山差縺関係史料」）。赤色で櫨の木を、黄色で油木を描く。草木を伐採する開発ではなく、植樹という開発により、出雲国内の山里は十数年でその姿を変えていったのである。

4. 藩財政を好転させた御種人参

松江藩による財政改革（延享《えんきょう》の改革）の切り札の一つ「義田《ぎでん》」政策は、すでに述べた様に失敗に終わった。これにより、六代藩主松平宗衍《むねのぶ》は隠居し、息子の治郷（不昧）が新たな藩主となった。治郷は、家老朝日郷保（丹波）と共に新たな改革に乗り出す。

治郷の改革は、「御立派《おたては》」の改革と言われ、利子を生む借金はしないことを方針とした。具体的には、江戸屋敷の経費節減や職務兼務、罷免による人員整理、民間の借金を一方的に破棄する「闕年《けつねん》（欠年）」の実施、先の改革で失敗した「義田」の没収等である。これらの諸政策により藩財政は持ち直し、治郷の代で約半分の借金を返済する。その返済は、一般会計に手をつけず、新たな増収分で行う方法が取られ、計七十二年間で借金四十九万両を完済するまでにいたる。借金返済に一役買ったのが、御種《おたね》人参《にんじん》（朝鮮人参）である。

江戸幕府は、早くから諸藩へ御種人参の栽培を奨励した。御種人参は高価な医薬品として珍重されたからである。しかし、種を播《ま》いてから収穫まで四～五年と長期の栽培であり、品質管理も難しかったため、ほとんどの諸藩では失敗に終った。

松江藩でも、失敗続きの人参栽培の試みを廃止しようと検討していた。だが、治郷はその治世の最後に、御種人参栽培の方法を会得するため、幕府の栽培地・下野国日光（栃木県日光市）へ行くという小村茂重《おむらもじゅう》の願いを許可する（一八〇四年）。茂重は日光の実教院《じっきょういん》に寄宿《きしゅく》し、信頼を勝ち得て、苦難の末に栽培方法を伝授される。茂重の努力で、出雲国での御種人参の栽培が可能となったのである。栽培は松江の古志原《こしばら》で始まり、その周辺だけでなく、現在の雲南市一帯、三瓶《さんべ》山麓、大根島《だいこんじま》でも栽培された。

日本全国で栽培に成功したのは、天領《てんりょう》の日光、会津、信濃、出雲の四か所だけだった。松江藩が栽培に成功すると、藩は人参方《にんじんかた》という役所を設け、藩外へ御種人参を売り出すとともに、長崎を通じて清国《しんこく》にも輸出し、莫大な利益を生み出した。長崎で外国へ輸出することを幕府が認めたのは、徳川家

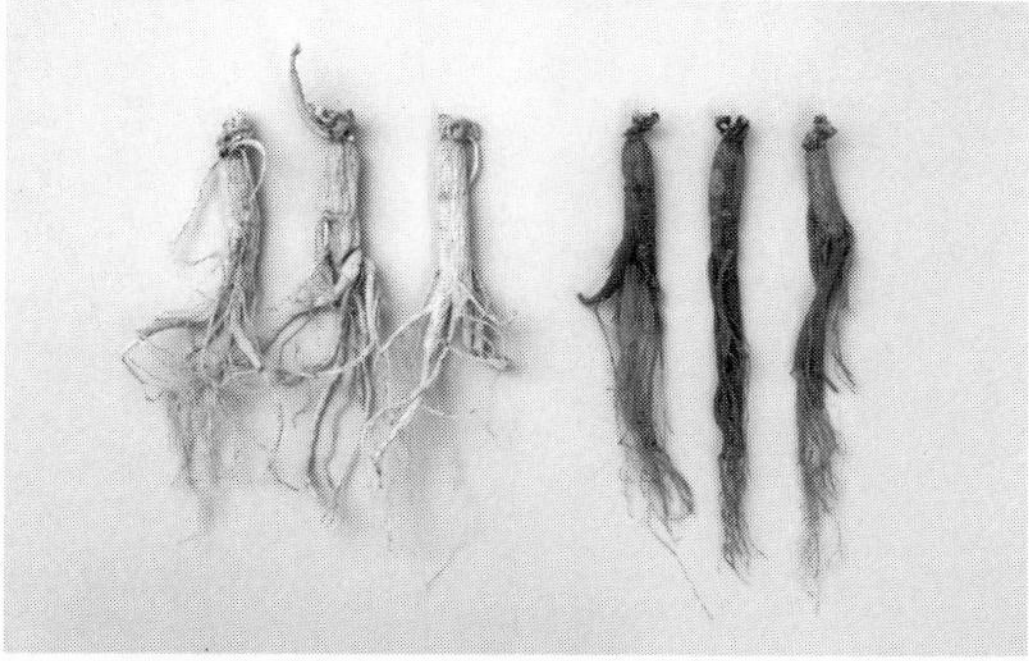

生の人参を乾燥させた白参（左）と、蒸して乾燥させた紅参（右）　松江歴史館蔵

人参方の千両箱　藩の千両箱は、人参方のもののみ現存する。大きさは縦 37.5cm、横 20.5cm、高さ 9.5cm の木箱で、写真右の千両箱が作られた文久元年（1861）時の小判は小さく、千両分は３分の１の容量で収まる。そのため小判以外にも様々な単位の銭も入れていたものと考えられる。藩財政を好転させた千両箱を生み出した人参方の役所門は、現在も市内天神町の公道でくぐることができ、歴史に裏付けられた貴重な風景となっている　松江歴史館蔵

と関係の深い会津藩と松江藩のみであった。藩の借金は、治郷の諸政策により返済が軌道に乗り、さらに御種人参の栽培成功で返済が速まったのである。

成功の秘訣は、茂重の努力に加え、藩が経営し専売制としたため、失敗ばかりしていた人参栽培の試みを継続できたことが大きい。さらに、幕府が徳川家と関わりの深い親藩の松江藩と会津藩のみ、長崎での清国との取引を許可したことも重要である。栽培の試みを継続できる状況と人脈が成功へと導いた。一度長崎に行くと二万両の利益があり、参勤交代の片道費用が賄《まかな》えたという。新たに松江城三之丸には銀蔵《かねぐら》が建てられ、借金完済後、藩は幕末に二艘の西洋軍艦を購入するまでにいたる。

5. 国益を生む牛馬の産地

出雲国の南部は深い山間地帯であったこともあり、古くから牛馬の飼育が行われていた。とくに山間部の鉄山《てつさん》では、たたら製鉄で産み出された鉄や、山間部から平野部へ出荷される炭、隣国からの物資の運搬に牛が利用されていた。

馬についても、建武二年（一三三五）に塩冶高貞《えんやたかさだ》が能義《のぎ》郡富田《とだ》産の馬を後醍醐《ごだいご》天皇に、また、室町時代の出雲守護京極持高《きょうごくもちたか》が将軍足利義勝《あしかがよしかつ》に駿馬《しゅんめ》をそれぞれ献上するなど、良馬の産地でもあった。

江戸時代の松江藩が幕府に献上した駿馬は、楯縫《たてぬい》郡産、神門《かんど》郡産、島根郡産、秋鹿《あいか》郡産、意宇《おう》郡産などを諸記録にみることができる。

江戸時代後期の一八二〇年代に作成された出雲国の産業見立て番付『雲陽国益鑑《うんようこくえきかがみ》』には、西方の前《まえ》頭《がしら》筆頭《ひっとう》に「牛馬ノ代銭」が挙がり、東方の前頭四枚目にも「牛馬革代」が挙がることから、牛馬が国益をもたらす特産であったことがわかる。「牛馬ノ代銭」とは、牛馬の賃貸料のことで、平野部では春に田を耕すときのみ、山間部の常時飼育している牛馬を借りたことによる。「牛馬革代」も、牛馬の飼育が盛んで、その革の売買が国益をもたらしたことを物語っている。

松江藩の石高十八万六千石のうち二万石は馬の禄だといわれたほど、馬の飼育に力を入れていた。たとえば、松平家松江藩の初代藩主直政は、家臣の吉城《きちじょう》十左衛門《じゅうざえもん》に四十二回も奥州《おうしゅう》（東北地方）に馬の買い付けに行かせている。東北地方は古代から牧《まき》が設定され、名馬の産地として有名だった。

なかでも良馬への種の改良に功績があったのが、七代藩主松平治郷《はるさと》（不昧《ふまい》）である。仙台藩は、藩祖伊達政宗《だてまさむね》が外国からアラビヤ馬を輸入したとの伝承があるほど良馬の産地として有名であったが、他藩に良馬を分けることはなかった。治郷の場合、正妻が伊達家から嫁いでいたことから、容易に仙台の良馬を手に入れることができたのである。改良された出雲産の駿馬を、治郷はその生涯に十度も幕府に献上している。

藩財政の一割強を馬の飼育に費やしたと言われたほど、藩が馬の飼育に力を入れたため良馬が多く

蒙御免

御国産数々御座候得共
是ハ他国より金銭納る
御国益と成り候所の
大小によつて席を定メ
東西に分ヶ入御覧申候

行司　駄別木綿口銭　在町古手

頭取　大社祈禱参物

勧進元　尾道御廻米

東方

大関　木綿
関脇　中町他国出古手
小結　御種人参
前頭　綿打弦
前頭　一畑薬師
前頭　仁多荒苧岡山行
前頭　牛馬革代
前頭　嶋根秋鹿畳表

同　松江ノ他国問屋
同　他国着船賃
同　三保関参物
同　玉造温泉
同　八軒屋町宿料
同　浦々塩鯖
同　浦々板海苔
同　清水寺参物
同　釜甑方鋳物
同　木次ノ紙

同　嶋石
同　揖屋の鰤
同　安来問屋
同　松江の筆
同　宇竜問屋
同　長崎行[illegible]
同　才賀町小倉
同　三保関遊所
同　山口伝十
同　本庄の干海老
同　加々浦問屋
同　宇賀の菅緒

同　新屋丹三藍漉上
同　来山花ノ木伯州行
同　浦々心太草
同　御船屋の鮫
同　意東の赤貝
同　雲津の問屋
同　東浦の綿もり
同　七類ノ大日因伯より参
同　安来の祇園
同　加々の稲荷
同　安来船頭
同　西山須南保
同　生馬の石
同　大橋下湊舟

西方

大関　鉄山鑪
関脇　大社檀所配札
小結　木実方蝋
前頭　牛馬ノ代銭
前頭　三十三番札所
前頭　今市ノ簪
前頭　今市実繰
前頭　上方行ノ鱸

同　杵築宿料
同　杵築富歩一
同　日御崎参物
同　杵築遊所
同　大池板津ノ商人
同　杵築ノ干鰒
同　山中ノ核芋
同　佐陀参物
同　富士名御山焼物
同　今市ノ雪踏

同　来海石
同　浦々の和布
同　三保関問屋
同　古志の煙草入
同　馬潟問屋役銭
同　玉造の馬脳石
同　才賀町の元結
同　和田見遊所
同　鷺の大太夫
同　志和津浦鱸
同　三澤の温泉
同　今市の皮緒

同　京屋塩口銭
同　御見構石州行
同　津田の菅笠
同　松江弓矢師
同　備後行の菰
同　大橋下帳持
同　秋鹿の檜皮
同　鷺の参物
同　矢尾の天王
同　三刀屋の天神
同　荒嶋の舟頭
同　田儀の目医者
同　氷室の火打石
同　古志川湊浪

西方の前頭筆頭に「牛馬ノ代銭」、東方の前頭四枚目「牛馬の革代」がある（『雲陽国益鑑』）

いた出雲国へは、近隣諸国からの買い手が多くつき、国益を生み出していった。

藩は、現在の大手前の島根県民会館の場所に外厩《そとうまや》を、松江城三之丸に内厩《うちうまや》を設け、出雲国内産で良種の馬を選定して飼育していた。また、毎年四月に開かれる城下の横浜町《よこばまちょう》の駒市で、一番、二番などの等級をつけ、千頭あまりの馬のうち、十一～十三頭を藩が買い上げている。藩は、種の低下を防ぐために、民間の者が他国産の馬を買い入れることを禁止して、良種の保持に努めたのである。

6. 藩財政のカラクリ

これまで見てきたように、産業振興が松江藩の財政改革で大きな効果をあげたことは確かである。しかし、破綻寸前と言われた藩財政について、そうではないとする近年提起された学説を紹介しよう。

改革を主導した朝日郷保《あさひさとやす》（丹波）の子恒重《つねしげ》（千助・丹波）が記した『秘書《ひしょ》』には、六代藩主松平宗衍《むねのぶ》（「出羽様《でわさま》」）の時代、藩財政の逼迫《ひっぱく》を示す事例として、江戸では宗衍が金子《きんす》一両《いちりょう》を望み、側小姓《そばこしょう》が用立てるために江戸中を駆けずり回っても、「出羽様御滅亡《ごめつぼう》」と、松江藩の財政破綻《はたん》の噂が広まって、一両はおろか一朱《いっしゅ》をも貸す者がいなかったと記している。

幕府から比叡山延暦寺《ひえいざんえんりゃくじ》の山門修理を命じられたこととも重なり、財政悪化からの起死回生を目指

松江藩士の心構え　6代藩主松平宗衍が諭した「家中制法」は、家臣が守るべき決まりである。忠孝礼儀を守ること。文武の芸を常に心がけ、倹約し、贅沢せず、服装も身分相応にするように。法令を守り、家屋敷も無益な飾りは好ましくない。ただし屋敷の表側は見苦しくないように。それぞれの役職に心の底から尽くして、私しないように勤めることなど、質素倹約を旨とする心構えが示されている　松江歴史館蔵

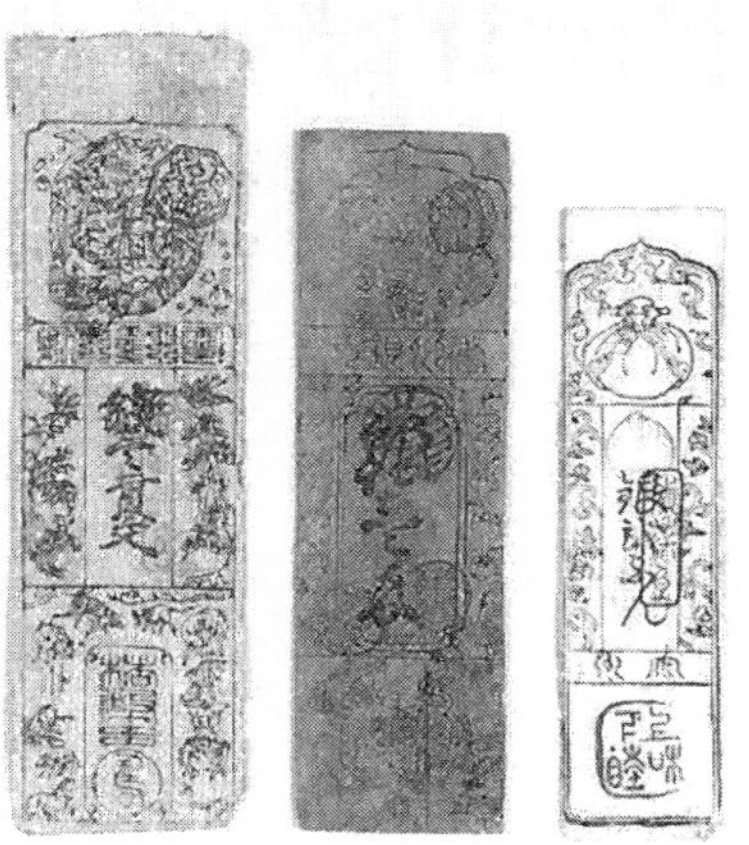

松江藩が発行した紙幣　新屋伝右衛門などの豪商が札元となった　松江歴史館蔵

し断行された宗衍の代の藩政改革は失敗に終わった。この状況を引き継いだ七代藩主治郷《はるさと》（不昧《ふまい》）の代に行われた藩政改革（御立派《おたては》）は成功し、七十二年をかけ四十九万両の借金を返済したことが、藩が作成した『出《で》入《いり》捷覧《しょうらん》』からわかる。

江戸時代、全国の諸藩は積み重なる借金に苦しみ、中期になると財政再建に向け藩政改革を断行したが、ほとんどの藩では成功しなかった。しかし、江戸時代を通じて、財政が行き詰まり、借金でつぶれた藩はなかった。では、なぜ財政が行き詰まっていたのにもかかわらず、つぶれた藩がないのだろうか。藩財政についての新たな理解が、松江藩を事例に出されている。

それは、残された史料からは藩財政の総体を知ることはできないとする立場からのものである。たしかに、藩財政総体の収支を明らかにする史料はない。赤字財政を訴えるのは各部署であり、予算獲得のための訴えと見ることもできる。また、藩から領民への布達事項のなかで、「財政が苦しい」と常に訴えることで、領民や商人も年貢等の上納に協力するよう藩が仕向けることもあった。

松江藩の場合、十八世紀中ごろまでに資金を調達（借金）できる大商人（銀主《ぎんぬし》）を固定化したことで、まとまった資金調達を可能とした。大坂で資金調達することで、藩財政の困窮を外へアピールし、財政が豊かであるとの風評が立たないようし、幕府からの臨時諸役の賦課を免れる努力がなされた。大商人（貸主）にとっても、債権元本の回収を問題とするより、利子収入や年賦による回収とすることで、自らの経営が継続できる点に大名貸の利点があった。

つまり、蓄えを切り崩す事態こそ真の財政危機であって、そこまでは到っていないというのが、江戸時代の諸藩の財政状況だったとみられる。

7．産業振興がもたらしたもの

特産を生み出す産業振興がもたらしたものは何だったのか。前節までと重複はあるが、より詳しく見ていこう。

松江藩の借金は、江戸時代初頭から累積していた。藩財政の基礎となる年貢米は、新田開発などで米の収穫量が増加したことで価格が下がり、売却による収益は見込めなくなる。藩は、幕府からの借金や家臣への給与の半額支給（半知《はんち》）、役職の兼職やリストラなどにより、この財政危機を乗り切ろうとする。

松平家六代藩主宗衍《むねのぶ》の代に行われた財政改革では、義田《ぎでん》の民《たみ》という名誉の称号を与えて年貢前納を勧めたが、その場しのぎの資金調達であったため失敗した。

この状況を脱却するための秘策が、新たな産業振興だった。藩が早い段階で試みたのが蝋《ろう》の生産である。生活必需品の蝋燭《ろうそく》に注目し、蝋の原料である櫨《はぜ》の実がなる櫨の木を植えるため、民間に対してさまざまな優遇策を設けた。

さらに、七代治郷《はるさと》（不昧《ふまい》）の代には、利子を生む借金はせず、増収分での借金返済が図られた。この時期、御種人参《おたねにんじん》の栽培に成功するが、これは小村茂重《おむらもじゅう》のような個人の努力に加え、藩主導の経営と人脈が成功の秘訣となった。御種人参はその後、莫大な利益を藩にもたらしている。

この他、松江特有の資源である来待石《きまちいし》を生かした灯篭《とうろう》・墓石や、鉄産業である「たたら製鉄」などに藩は統制を加える。鉄製品の製造は、藩主導で技術を導入したことで、出雲国内の需要に応えることとなった。江戸時代に盛んとなった木綿産業も、藩の統制のもと出雲国外へと売り出され、利益を

松江藩の蝋が取引される大坂の蝋問屋　この絵を収める『農家益』には、松江藩と萩藩の蝋に粘り気があって良質だと記す（『農家益』後編、大蔵永常著、文化８年（1811）刊、松江歴史館蔵）

もたらした。

このような製品は、松江の洪水対策として開削された佐陀川《さだがわ》により、最短ルートで日本海側へ運ばれ、全国に輸送された。流通・交通路のインフラ整備も重要であった。流通・交通路が整備されると、杵築《きづき》大社（出雲大社）のお札や富くじ、玉造《たまつくり》温泉など社寺参詣や巡礼、温泉などを目的とする観光旅行が流行り、出雲国外からの観光客も増え、旅行ガイドブックも作成されている。

藩が積極的に飼育に努め買い上げた、将軍へ献上された馬や、山間部で運搬に利用されていた民間の牛も、その産地として国益を生んだのである。

文化面では、薄茶菓子が庶民に普及する。茶道を極めた松平治郷（不昧）が好んだ「御好《おこの》み菓子」は、明治時代後期に復活し、現代の松江の銘菓となっていく。

破綻したかにみえた藩財政は、わざと財政窮乏を藩が唱えることで、幕府からの臨時諸役を免れ、領民にも年貢の納入を促す効果があった。このような言説を巧みに利用し、藩は年貢米による収入から、産業振興による国益増強へと転換に成功したのである。仙台藩士の漢学者・岡鹿門《おかろくもん》が「ものづくり」での功績は諸藩のなかでも松江藩が一番だと評価する（「在臆話記」）ように、「ものづくり」が藩の借金完済へと導く原動力となったのである。

8.　藩財政を支える御用商人・桑屋

江戸時代、桑原《くわばら》家ははじめ沢屋《さわや》、次いで桑屋《くわや》という屋号を持つ、松江藩の御用《ごよう》商人をつとめる家だった。御用商人とは、藩の庇護《ひご》のもと、各種の御用を命ぜられた特権商人である。以下、桑原家の過去《かこ》帳《ちょう》および松江歴史館所蔵「桑原家（茶町《ちゃまち》）文書」をもとに叙述する。

桑原家の初代は、廻船業をしていた沢屋太助《たすけ》である。太助は出雲国楯縫《たてぬい》郡西代《にしだい》村桑原（島根県出雲市）の綿屋平兵衛《わたやへいべえ》の弟で、兄の扱う木綿を松江まで運んで売り捌《さば》き、逆に松江の物品を仕入れて平田（同出雲市）で販売していたという。すでに元禄期（一六八八〜一七〇四）には、城下末次本町《すえつぐほんまち》（松江市）の京店《きょうみせ》周辺に沢屋五郎右衛門《ごろううえもん》屋敷や沢屋五左衛門《ござえもん》の貸家があって、沢屋は城下の大規模な商家の一つだった。初代太助は、楯縫郡から出てきてこの沢屋に入り、その後、暖簾《のれん》分けを受けて沢屋太助と名乗ったと考えられる。

　初代太助は、宝暦二・三年（一七五二・五三）頃に藩財政に関するさまざまな要求に応える「御勝手《おかって》方御用聞《がたごようきき》」を命ぜられる。この頃は、六代藩主松平宗衍《むねのぶ》の治世《ちせい》期で、小田切尚足《おだぎりひさたり》による藩政改革（御《ご》趣向《しゅこう》改革／延享《えんきょう》の改革）がひと段落ついた時期にあたる。藩としては、金銭の用立てをスムーズに行える豪商を、一人でも多く生むことが求められた時期だった。平田―松江間の廻船業《かいせんぎょう》を営んでいた初代太助が、藩から期待される特権商人となるまでに、その家業は大きくなっていた。さらに、初代太助は明和元年（一七六四）には藩への寄付（寸志）が他の者より抜きんでていたため、藩主に御目見《おめみえ》が許される「御目見町人《おめみえちょうにん》」になる。

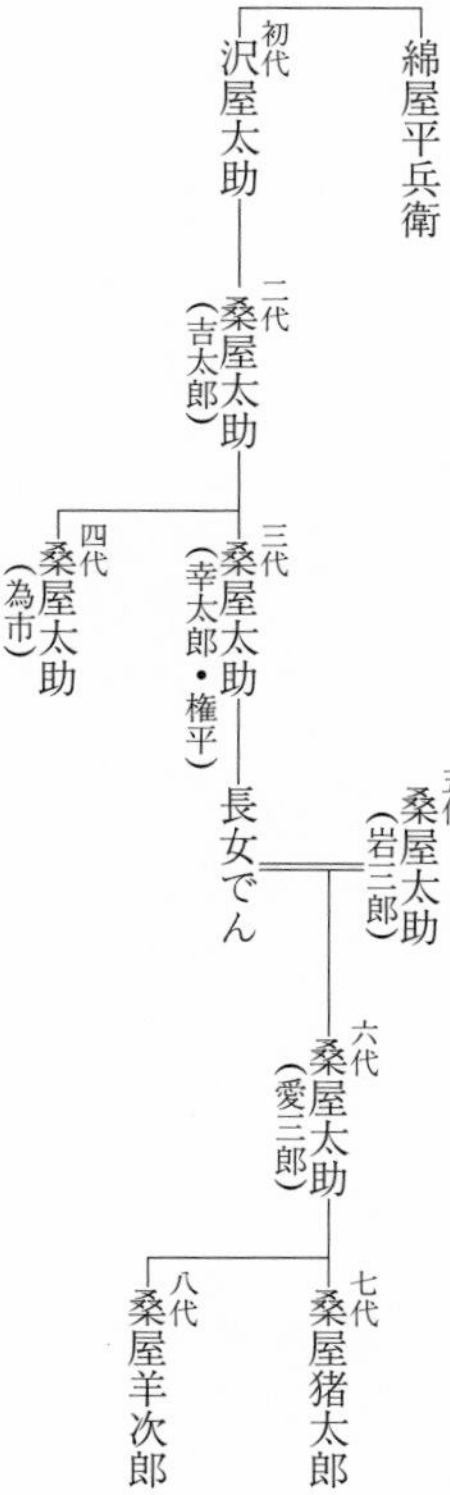

桑原家系図

　藩財政の行き詰まりに、藩主宗衍が隠退を決意した直前の同四年六月、藩の内々の命令で初代太助と肥後屋喜右衛門《ひごやきえもん》は、大坂・九州・越前へ船を遣《や》り、銭一万貫《がん》を用意する。これは、四月に領内の銀《ぎん》札《さつ》の流通が滞り、ついに藩は九月に札座《ふだざ》を廃止して藩札の使用を禁止するに至る。このとき、現銭《げんせん》が通貨として大量に必要となった。廻船業を営んでいた沢屋と肥後屋は、北陸から九州まで船を遣わし、見事に現銭を調達したのである。宍道湖内海《うちうみ》だけでなく、日本海にまで乗り出す廻船業者として、大いに成功していた状況がわかる。

この年の十一月二十七日、松平治郷《はるさと》が七代藩主となった。その前日、初代太助と肥後屋は藩の運送銀七〇〇貫目を用意するよう命ぜられたが、十二月三日までの期限を二日早く運送を済ませ、藩から褒美を得ている。さらに、明和六年には沢屋太助と肥後屋が藩の米を備後国尾道《おのみち》（広島県尾道市）へ運び売り捌《さば》く「尾道廻米《おのみちかいまい》」の役を務めるまでになっている（「渡海場之訳《とかいばのわけ》」）。

また、藩主治郷の治世期に朝日《あさひ》郷保《さとやす》・恒重《つねしげ》父子のもとで行われた藩政改革（御立派《おたては》改革）から始まった、領内に課された臨時課税「五万俵割《ごまんびょうわり》」に、二代目太助（吉太郎）以降、幕末までそのたびごとに「御用銀《ごようぎん》」を上納している（安永八・九年〈一七七九・八七〉―銀五貫目、寛政六年〈一七九四〉―銀六貫五〇〇目、文化三年〈一八〇六〉―銀七貫五〇〇目、文政四年〈一八二一〉―銀一五貫目）。二代目太助は沢屋から独立して屋号を桑屋に替え、町年寄《まちどしより》役にもなり（天明元年〈一七八一〉）、代々この役を務めた。

三代目太助（権平《ごんぺい》）の代には、藩の官船《かんせん》に関わる「御手船方御用聞《おてせんかたごようきき》」にもなっている。三代目が二十七歳で没したため、弟が四代目桑屋太助（為市《ためいち》）となり、文化十四年（一八一七）に藩から「掛《かけ》屋《や》」を命ぜられる。掛屋とは、年貢などの上納銀の秤量《ひょうりょう》をつかさどる役目で、藩の公金を預かり運用し、さらには両替も行う。今でいう銀行に近い存在である。すでに、文化八年（一八一一）頃から「御用《ごよう》銭預《せんあずかり》」を行っており、早くから実質的に掛屋の役目を果たしていたものと考えられる。なお、文政元年（一八一八）八月までに、意宇《おう》郡面白《おもじろ》村（松江市玉湯町湯町）の福庭《ふくば》家から婿養子として入った岩三郎が五代目太助を継いでいる。

この他、桑屋の役割として「志儀《しぎ》」と呼ばれる互助的な金融組合も行っていた。いわゆる頼母子講《たのもしこう》のことで、この地方独自の言い方である。志儀には組合員が一定の掛け金で、一定の期日に抽籤《ちゅうせん》や入札により所定の金額を順次に組合員に融通する民間同士のものがある。桑屋の場合、これに加えて藩の役所が元銭を出資し、御用商人が引き受け、富裕町人を仲間（「連中《れんちゅう》」）として運営する、豪商による公金運営が図られていた。

廻船業・金融業としての桑屋の活動は、大坂にある松江藩の蔵元《くらもと》（米や特産品の販売担当者）との関わりにもみられる。十八世紀半ばには、大坂の両替商である鴻池《こうのいけ》や天王寺屋《てんのうじや》などが松江藩の蔵元となっていた。桑屋は御勝手方から銀子《ぎんす》を預かり、大坂蔵屋敷へ上納する仕事を仲介している。

弘化四年（一八四七）、九代藩主松平斉貴《なりたけ》は孝明《こうめい》天皇の即位を祝う将軍の名代《みょうだい》として上京する。これにあたり、領内の商人・町人が寸志銀を上納した。城下の商人・町人からは九十三人が上納し、その筆頭に京店の桑原愛三郎（六代目桑屋太助、羊次郎《ようじろう》の父）が金一三〇〇両を上納している（「弘化四丁未九月就御上京両町寸志銀人別」）。次位の豪商・森脇甚右衛門《もりわきじんえもん》が金一〇〇〇両なので、桑原家（桑屋）

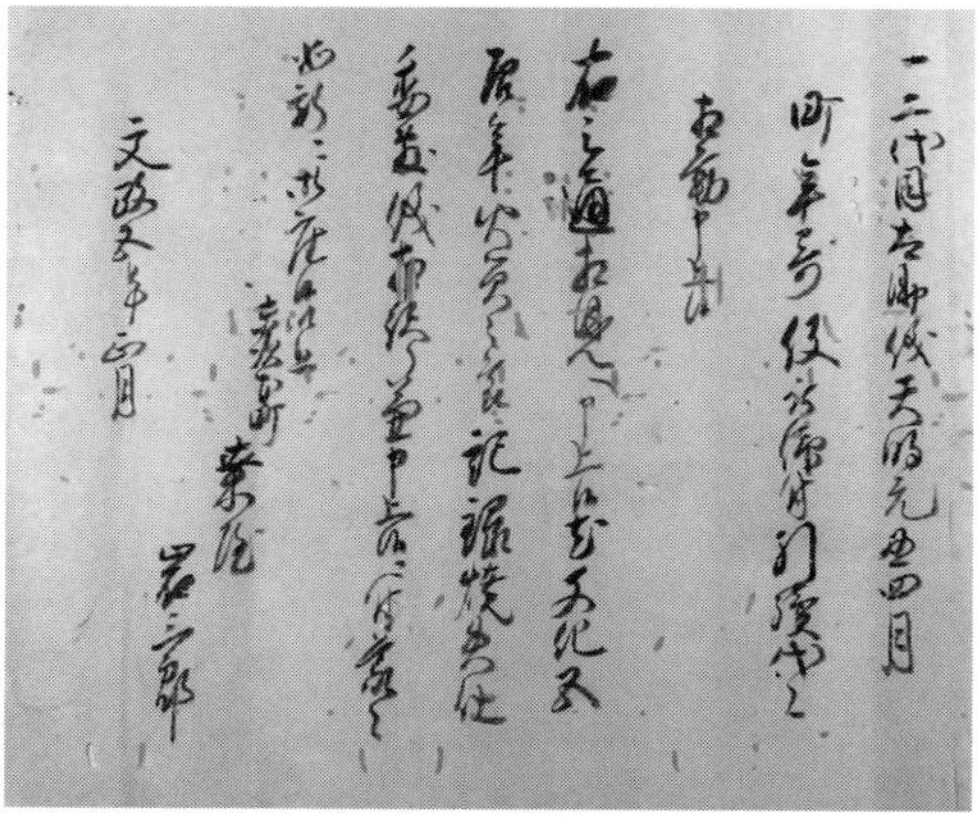

桑屋初代から五代経歴書上（末尾部分）「桑原家（茶町）文書」 松江歴史館蔵

若き日の桑原羊次郎　松村憲樹氏蔵

は城下でも屈指の豪商となっていたことがわかる。そのことは、嘉永七年（一八五四）三月十六日に尾道商人の橋本《はしもと》家の代人・帯屋次郎右衛門《おびやじろうえもん》が、雲州廻米御用《うんしゅうかいまいごよう》の挨拶のため松江城下へ来た際、藩役人と挨拶のための接待場に「桑原灘座敷《なだざしき》」（桑原家の邸宅）が利用されていることからもうかがえる（「雲州廻勤之節日記」）。

桑原家は、商人という一面とともに、村方においては庄屋を務め、斐川・平田・安来・朝酌・黒田・玉湯・宇部尾など十数か所に土地を持つ大地主でもあった。先の城下一の寸志銀上納もこれによるものと思われる。そして、明治時代以降は桑原と名乗るようになった。

ところで、幕末の六代目桑屋太助の妻（羊次郎の母）は、山口巻石《やまぐちけんせき》（五郎兵衛）の次女だった。外中原の商家に生まれた巻石は、学問を好み詩文や書画に通じ、その蔵書は数万巻に達した。そのため、松江を訪れる文人墨客は皆、巻石の別荘・棲碧楼《せいへきろう》を宿所にして交遊した。のちに美術工芸研究家として名を遺す桑原羊次郎（一八六八〜一九五六）も幼少から、美術品を嗜《たしな》む祖父巻石の影響を受けたと回顧している（『蛙のたはこと』）。

羊次郎は、日本が近代産業国家として世界に認知された明治四十三年（一九一〇）の日英博覧会《にちえいはくらんかい》の美術部門を担当し、翌年のローマ万博《ばんぱく》では日本美術館主任を務めた。また、十代藩主松平定安《さだやす》に学問を教えた内村鱸香《うちむらろこう》は、巻石の援助があって大成した。巻石の長女が嫁いだ松村《まつむら》家からは、北尾《きたお》家に養子に入った北尾次郎が出ている。

第三部　明治・大正・昭和時代の松江

第一章　明治維新の経験

幕末の文久二年（一八六二）、松江藩は他藩に先駆け蒸気機関を備えた軍艦二隻を購入する。イギリス製鉄船の一番八雲丸《やくもまる》と、アメリカ製木造船の二番八雲丸である。これは、海防や輸送に備えるためである。

幕府による二度の長州戦争では、長州軍が出雲国境まで進軍してくるなど、松江藩は防戦に立たされた。また、親藩《しんぱん》の松江藩は、維新政権への恭順の意を示すのが遅かった。そのため、維新政権は山陰道《さんいんどう》の諸藩に恭順の意を示させるべく、わずか二十歳の西園寺公望《さいおんじきんもち》率いる山陰道鎮撫使《ちんぶし》を派遣した。二番八雲丸の故障による宮津《みやづ》入港を威嚇《いかく》と見做した鎮撫使一行は、松江藩へ出雲国半分を朝廷へ献上するか、家老の死をもって謝罪するか、藩主の後継ぎを人質として差し出すか、国境で決戦するかの難題を突き付け、藩主不在のなか、松江藩は家老の切腹での謝罪を選択する。切腹直前に藩主の執り成しで赦免《しゃめん》されるが、藩の武士たちは、鎮撫使になすすべもなかった。

ここで登場するのが、侠女《きょうじょ》、玄丹《げんたん》お加代《かよ》である。錦織《にしこり》玄丹の娘お加代は、鎮撫使一行を迎えた酒席で、刀の先に突き刺し出された蒲鉾《かまぼこ》を悠然と食べたという。お加代をめぐる評価は、時代とともに莫《ばく》連女《れんおんな》という差別的見方から、侠女へと変わっていく。

さて、進取《しんしゅ》の気性に富んだ前藩主松平斉貴《なりたけ》の気風は、藩主が購入した写真機の扱いを学ぶために選ばれた薬種問屋《やくしゅどんや》の息子・森田礼造《もりたれいぞう》にも受け継がれた。御種人参《おたねにんじん》の販売に関わり、長崎で藩の役人に見出され、日本写真の元祖と言われる上野彦馬《うえのひこま》に学び、江戸・横浜・長崎・箱館・神戸・大坂と、開港地や大都市に限られた写真館を、一人日本海側の地方で始めたのが礼造であった。

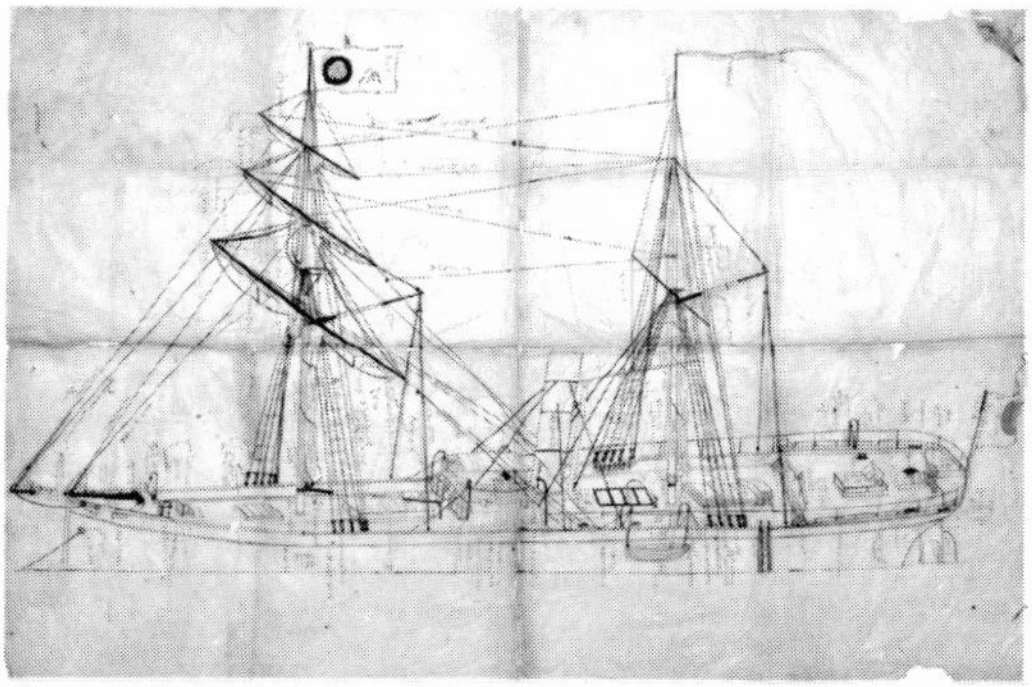

松江藩の軍艦・一番八雲丸　堀昭夫氏蔵

また、藩の軍艦八雲丸の乗組員として活躍した藩士の堀良蔵《ほりりょうぞう》は、早くに家督を譲り、余生を和歌や画、茶道や花道を楽しむなど気ままに生きた。その生き方は、子の櫟山《れきざん》や孫の市郎《いちろう》などへ、自らのやりたいことへ邁進《まいしん》する自由な雰囲気を堀家に創り出した。

明治維新《めいじいしん》という経験は、人々の心に自由な機運を生み出した。支配体制や人々の暮らし、さらには城下町の姿も変わっていった。上級藩士が住んだ広い屋敷地のある殿町《とのまち》やその周辺は、屋敷を維持できない武士たちの手を離れ、明治一桁代に敷地が細分化された。松江城も天守を残し、すべて取り壊された。明治という新しい時代を迎え、城と城下の風景は大きく変わっていく。そして、武士の時代の城下町を惜しむ気持ちが、藩主斉貴の時代からの藩の御用絵師であった陶山勝寂《すやましょうじゃく》や、堀良蔵の息子櫟山、小村成章《おむらせいしょう》などをして、城下町の姿を描き留めさせたのであった。
以上、簡単に述べてきたが、以下、明治維新期の様相をより詳しく見ていくこととする。

1．幕末松江の玄丹お加代――莫連女から侠女へ

山陰道鎮撫使事件とお加代

出雲《いずも》国の幕末から明治時代は、政治的観点から見るならば、ひたすら暗く試練の時であった。藩祖松平直政《なおまさ》以来、中国地方の抑えとして松平氏が松江に入り二二三年、親藩《しんぱん》であるがゆえの苦しみであった。そのなかで、一人の女性の逸話は人々の気持ちを代弁した。山陰道鎮撫使《さんいんどうちんぶし》事件時の玄丹《げんたん》お加代《かよ》の行動である。

慶応三年（明治元・一八六八）一月、鳥羽伏見《とばふしみ》の戦いで勝利を収めた官軍《かんぐん》は、山陰道の諸藩に恭順《きょうじゅん》の意を示させるべく、薩長軍を従え弱冠二十歳の西園寺公望《さいおんじきんもち》を鎮撫使総督《そうとく》として鳥取、松江へ向かわせた。途中、宮津で故障した松江藩の軍艦八雲丸《やくもまる》が入港したことは鎮撫使への威嚇《いかく》ではないか、鳥取池田《いけだ》家など諸藩はいち早く恭順の意を示しているのに松江藩の態度が遅い等、言いがかりをつけ、四か条の難問を突き付けた。京都出向中の藩主が不在のなか、家老大橋茂右衛門《おおはしもえもん》が切腹を覚悟したが、

切腹直前で藩主の執り成しで赦免された。

松江藩の恭順を明確にさせることが最終目的であった鎮撫使一行は、二月二十八日に松江に入り、松江藩から恭順の誓書を受け取り、松江を離れるまで五日間滞在した。藩は一行を満足させるべく、あらん限りの歓待を連日連夜行った。その酒席で、副総督の川路利恭《かわじとしあつ》が刀を抜いて刃先に突き刺した蒲鉾《かまぼこ》を、酌婦《しゃくふ》お加代（二十七歳）は悠然と食べ、鎮撫使の一行の態度を和らげたという逸話が残る。この逸話は、後々までも人口に膾炙《かいしゃ》した。

お加代は、盲目の針医《はりい》・錦織玄丹《にしこりげんたん》の娘である。玄丹の娘なので、「玄丹お加代」とも「玄丹おか」とも人々に呼ばれていた。一生独身だったが、養女がいた。松江の人々は、彼女を世間ずれして悪賢い、すれっかし者を意味する「莫連女《ばくれんおんな》」と呼んだ。昭和三十一年（一九五六）に小説『玄丹お加代』を著した旧松江藩士家の村松駿吉《むらまつしゅんきち》は、少年時代に母からよく「あすこの玄丹おかみたいな娘のそばへ寄るだないで」といわれ、「今でいえばアプレか、女グレン隊とでもいうべき意味だった」と、あとがきに記している。

大正七年（一九一八）八月六日に、錦織加代は七十七歳で没した。お加代のことが最初に活字に書き留められたのは没後九年目（一九二七年二月）、桑原羊次郎《くわばらようじろう》（冊次郎《さくじろう》）が雑誌『島根評論《しまねひょうろん》』紙上に、鎮撫使事件の裏面にお加代の活躍があったとわずかに記したことである。しかし、同誌翌月号では、維新時十八歳だった山口宗義《やまぐちむねよし》がその実体験を記し、桑原氏の誤認を多く指摘している。山口によれば、

「玄丹おかのことも、当時評判であった、何分とも莫連女で、どんなところも臆せず出かけて行ったから、鎮撫使一行の酒などの相手には持って来いであった」とする。

一次史料に基づき初めて鎮撫使事件を叙述したのは、昭和六年（一九三一）に上野富太郎・野津静一郎編纂により刊行された『松江市誌』であった。鎮撫使一行四四〇人が松江入りした際、松江藩は出雲国内で漁獲した魚をすべて松江に集め、地元和多見だけでなく、杵築《きづき》・美保関《みほのせき》からも浮屋《うきや》（酌婦ら）を呼び寄せ接待した。市誌はこれを、「実は国内上下共に戦々兢々《きょうきょう》として虎の尾を踏む惧《おそ》れを懐《いだ》き、一にその意には逆はざらんと努めた」とする。お加代については「此《こ》の時此場合に女侠《にょきょう》錦織おカヨなるもの出現し杯盤の間に周旋して諸藩の猛者を擒縦《きんしょう》して事なきを得せしめたと伝へられ、今日なほ古老の話柄となつてゐる」と端的にまとめる。市誌がお加代のことを、義侠心のある女を意味する「女侠」と表現していることは注目される。

お加代顕彰への動き

お加代没後十七年後の昭和九年（一九三四）三月、『島根評論』に城北生《じょうほくせい》が「玄丹オカ記念碑建設の議」を投稿した。それは「虎の威を借る鎮撫使一行の悪武士の心胆を寒からしめたのが玄丹オカであって、その胆力その手腕によって松江藩に加へられた無理難題も緩和せられたとか」とその事跡を紹介し、加代の墓の傍に記念碑でも作ってはどうか、「近頃流行する大衆読物に捏《でっ》ちあげたら、オカなんぞは相当なもんだらうと思ふ」とし、「だん〱忘れられてしまひさうであるオカの為《た》めに悲しむ、敢《あえ》て提議する次第である」と結ぶ。

この提言を受け、その年の同誌七月号に小池雅堂《こいけがどう》が「玄丹おかと其頃」を執筆した。小池はお加代より十六・十七歳年下で、彼女を知っている。小池によれば、お加代の容姿は「稍《やや》大柄で丸顔の衛星美人の方で、今なら女学校でスポーツの選手にでもならうといふスタイルであつた。であるから挙動快活で朗かで、酒席に侍して手を叩き、豊満な声を張り上げてサンコ節かなんか歌ひ出せば、忽《たちま》ち陽気ならしめるのであつた」という。また、「無芸者時代に活躍した酌婦」で、「元来度胸のある女」であったと小池はいう。「逸話のみを揚ぐれば、如何《いか》にも才気渙発《かんぱつ》の烈女《れつじょ》であり、維新における藩の功労者であるかに思われるが」そうではなく、「元来無教育者で、真面目な生活を営まぬ聊《いささ》か毛色の変つたあねご肌の一酌婦に過ぎぬ、此種の女は兎角驕慢不羈《とかくきょうまんふき》に陥り易いが彼も又其《その》例に洩れず、節操の如き眼中になく、自由自恣を以て一生を終つた、彼は曰《いわ》く自分は夫などは持たぬ、男といふ男は片端から征服してやる、一生に千人の男を済度《さいど》し得たならば千人塚を建てゝ盛んな供養をすると豪語したといふ、冗談でもあらうが以て彼の素行の如何に乱暴なるかを窺はれる」とする。また、彼女を賞賛する者は「彼の性格の最も良き部分を最も有効に発揮したのに過ぎぬ」とし、お加代の建碑に対し「此提議は聊《いささ》か大袈裟で、私は賛成が出来ない」とする。

「玄丹オカ記念碑建設の議」から一年、昭和十年（一九三五）五月に朝日新聞論説委員で「天声人語」

欄を十二年間担当した島根県安来市出身の釈瓢斎《しゃくひょうさい》（永井瓢斎）が、「鎮撫使さんとお加代」を執筆し、同年十一月に大阪道頓堀中座《どうとんぼりなかざ》で中村魁車《なかむらかいしゃ》を中心に上演された（釈「お加代地蔵開眼」）。そして、その年の十二月に早くも立命館出版部から単行本となった（『鎮撫使さんとお加代』）。釈は、「出雲の人が莫連女として軽視する「玄丹おか」に捨てがたい愛惜を感じた。一藩の動静が面目ないほど成ッとらんのを知るにつけて、この女の豪胆さに敬意を払ひたい気になった。そこで記念碑といふのはチト大袈裟にすぎるが、地蔵尊でも建てやうと思ひたつて、上演料と上梓《じょうし》料とをこれに充当することにし」た。釈は、「烈女でもない、孝女でもない、節婦ではもとよりない。私は彼女を形容するに「侠女《きょうにょ》」の名をもつてした」とする（大阪朝日新聞島根版昭和十一年（一九三六）三月二十五日付「玄丹おか」の再認識）。この釈の著書が、後世にまで影響力をもつ。

しかし、影響力をもった釈の叙述が創作を含む小説であったこと、『松江市誌』を参照せずに執筆されたため、お加代・鎮撫使の事績に虚実織り交ぜ誇大化され、人々に記憶された。また一般に、釈が「侠女」の言葉を最初に使い出したと認識されているが、釈が見なかった『松江市誌』にすでに「女侠」とお加代を評している点を指摘しておきたい。図らずも、市誌・釈ともに一致した見解を出しているのである。

同年（一九三六）四月三日、お加代の墓がある松江市石橋町《いしばし》の光徳寺《こうとくじ》において、お加代地蔵の開眼供養が行われた。地蔵には、俳人・工藤芝蘭子《くどうしらんし》（工藤九郎）の字で「侠女お加代の墓」と刻まれている（大阪朝日新聞島根版一九三九年十月一日付）。開眼供養と前後して、釈が『大阪朝日新聞』島根版紙上で「「玄丹おか」の再認識」を五回連載し（三月二十一日―二十六付）、島根の『松陽新報』にも雲田記者が「お加代さん物語」を八回（三月二十四日―四月一日付）、「お加代さん後日譚《たん》」を三回連載し（四月八日―十日付）、話題となった。昭和十六年（一九四一）には映画化もされている（市丸主演「安来ばやし」）。

お加代存命時、世間が評価せずに悲惨な生活を送る彼女の現状に憤慨する人も少なからずいたのは確かである。明治十六年（一八八三）一月に袖師が浦から宍道湖《しんじこ》に浮かぶ嫁《よめ》が島《しま》まで湖上が凍った際、四十二歳のお加代は平然と氷上を往復した。この数日後、松江育児院や松江盲学校を創立した社会事業家・福田平治《ふくだへいじ》は、新地の酒楼《しゅろう》でお加代と会ったときに抱いた憤慨の気持ちをその回想記に記している（『ありのまゝの記』）。

昭和二十九年（一九五四）四月に新聞『山陰新報』が企画した座談会「玄丹お加代を偲《しの》ぶ」では、「美化するより名物に」したほうがよいとの意見も出て、商品化への動きも出てきた（十三日付）。現在、藩の危機を救ったことにちなんで命名された「玄丹そば」や焼酎・饅頭《まんじゅう》などの特産品がある。翌年には、荒木英信《あらきひでのぶ》が「侠女玄丹おかよ」で、お加代の人間性に目を向けた（『松江八百八町町内物語　白潟の巻』）。昭和四十七年（一九七二）に宍道湖畔にお加代の顕彰碑が建ち（『島根新聞』一九七二年十一月二十三日付）、翌年、勝部光子《かつべみつこ》が晩年のお加代との交流を「玄丹かよの晩年」として『島根新聞』に掲載（二月九日付）、平成六年（一九九四）には白潟公園に胸像が建ち、今にいたる。

お加代をめぐる人々の認識は、以上のような変遷をたどった。そこから浮かび上がる課題は、一つは幕末維新期の松江藩の状況を一次史料から正確に復元することである。いまだ八十年前の『松江市誌』に拠らなければならない現状を打破する必要がある。もう一つは、お加代そのものに迫ることである。すでに、お加代を実際に知っている人はいない。しかし、お加代の生きたその時代を正しく認識して、お加代の人間性に迫っていく必要がある。また、お加代に特化しない史実の掘り起しも求められる。史実を明らかにするだけでなく、現代にあった評価が必要なのである。

最後に、松江の古書店・ダルマ堂書店の桑原弘氏（一九二八年生）から聞いたお加代の情報について記しておく。桑原氏が祖母から聞いた話である。桑原氏の祖母（明治十年生）がまだ子供だった頃、光徳寺へ親の命日に墓参すると、よくお加代と出会った。それは、お加代の親の命日と同日だったからである。このとき、お加代は桑原氏の祖母に、「毎年、一月初めに大橋さん所へよばれに行く」と言っていたという（二〇一五年三月聞き取り）。

2. 松江四季眺望図が描く幕末明治の大橋界隈

松江四季眺望図（部分）　山陰合同銀行蔵

城下を南北につなぐ唯一の橋、大橋《おおはし》界隈は、商業・流通・交通の要地として、城下で最も賑《にぎ》わう場所であった。松江四季眺望図に描かれた大橋付近は、出世魚《しゅっせうお》セイゴ漁が始まる夏から初秋にかけての風景である。大橋川《おおはしがわ》は人が立ったまま漁ができるほど浅く、長棒で水面を叩く三人は、魚を大網へと追い込んでいる。

ラフカディオ・ハーン（小泉八雲《こいずみやくも》）が松江で最初に宿泊した、大橋北詰東側にある富田旅館のあたりは、二階建ての家や二つの土蔵がみえる。ハーンが訪れたとき、大橋は建て替え中で、下流に仮橋が架かっていた。のちにハーンは、大橋の開通式を、富田旅館から移った京店の借家二階から見物する。

城下南の床几山《しょうぎさん》から見た、本図と同構図の別の一本の箱書に記された「明治七年戌三月調整」が描画時を指すのか、表具を整えたときを指すのか判然としない。明治七年（一八七四）は、ハーン来松の十六年前にあたる。

描いたのは、松江藩の御用絵師・陶山勝寂《すやましょうじゃく》である。江戸で狩野勝川院雅信《かのうしょうせんいんまさのぶ》に学んだその筆致は、細微に至るまで描き込むところに特徴がある。明治七年時の年齢は、円熟期を迎えた四十七歳であった。旧藩主松平家の依頼だけでなく、需要に応じて制作し、同じ構図の眺望図は計三本現存する。翌八年には、布志名《ふじな》焼の絵付けで有名な小村成章《おむらせいしょう》が、同十年には、山水花鳥画を得意とする天野漱石《あまのそせき》が、城下眺望図を描いている。明治の激動期、移り変わる城下の風景を惜しむ人々の気持ちが描かせたのであろう。

藩御用絵師が描いた、見るものを江戸時代の城下町へと誘う眺望図である。

3. 山陰の写真師第一号・森田礼造

山陰地方最初の写真師・森田礼造《もりたれいぞう》は、従来、旧松江藩主・松平斉貴《なりたけ》の死去にともなって写真機の払い下げを受け、文久三年（一八六三）に松江で写真館を開いたとする見解が通説だった。だが近年、その自伝が見つかり、黎明期《れいめい》の山陰写真史は塗り替わりつつある。

礼造は、嘉永元年（一八四八）七月四日に松江城下末次《すえつぐ》の小目代《こもくだい》で、薬種屋を営む田儀屋《たぎや》の森田勝四郎の次男として生まれた。当初、玉川《たまがわ》家に入って玉川仁逸《にいつ》と名乗り、明治初め頃、森田家に戻り森田礼造と改名している。松江藩儒雨森精翁《あめのもりせいおう》の養正塾に学び、居宅の向かいに住む医者の坪内俊道にかわいがられたため、礼造は医者志望となった。そして十六歳のとき（文久三年）、御種人参《おたねにんじん》の運送・管理に関わるかたちで、田代嚮平《たしろきょうへい》らと長崎へ医学修業に行く。

この頃、江戸にいた前藩主斉貴は、横浜の外国人から英国ダルメイヤ製の写真機材一式を購入し、藩中の者を選抜して写真術を学ぶよう命じる。選ばれたのは、侍医北尾徳庵《きたおとくあん》の門人・太田豊蔵と礼造であった。礼造が選ばれた経緯は、長崎勤めの藩の人参方役人が、長崎に来ていた礼造を適任だと判断して声をかけたことによる。決定直後に斉貴は死去したが、写真修業計画は継続された。親の許しを得るため礼造はいったん帰国し、翌元治元年（一八六四）夏頃、再度長崎を訪れた。

長崎では、坂本龍馬《さかもとりょうま》の肖像写真で有名な上野彦馬《うえのひこま》の下で学び、四か月ほどした頃、彦馬の弟幸馬が神戸で開業するのに合わせ、彦馬の勧めで翌慶応元年（一八六五）に神戸へ行った。礼造の神戸滞在は短期間で、薩摩藩からのスカウトを断り、その年のうちに松江へ帰り、写真館を開業した。その場所は不明ながら、自宅の蔵の前に写真場を建て、写真館とした。礼造十八歳のときである。山陰地方初の写真館開業であった。

森田礼造が殿町の写真館で撮影した小泉八雲
小泉家蔵

当時、写真は寿命を縮めるとの迷信があるなか、最初に撮影にきたのは南田町の雀部順太、女性では乙部勝三郎夫人、弟子入りしたのは内中原の酒井《さかい》多膳《たぜん》である。

第二次長州戦争では、出雲・石見国境の田儀にある松江藩陣場を撮影し、その帰途、杵築の国造千家《こくそうせんげ》家や大村家、藤間家で撮影した。また、松江藩の支藩である母里《もり》藩主松平直哉《なおとし》へも写真術を伝授している。

明治元年（一八六八）には、西洋雑貨店を山陰地方で初めて開業した。独占事業だったので、神戸・大阪仕入れの西洋雑貨は飛ぶように売れた。同じ頃、洋服裁縫店も開業し、東京から職員を連れてくるほどの繁盛ぶりだった。その店構えは、当世風にした奇抜なもので、ガラス戸、陳列棚を据えたものであった。

前藩主斉貴が購入した写真機は、斉貴の死後、藩の側医方が預かり、明治二年に城下横浜《よこばま》町に建てられた松江病院へ移され保管された。この頃、藩有物の多くが払い下げとなり、礼造は田代響平を通じて松平家と交渉し、同三年頃に写真機材一式の払い下げを受けている。しかし、一年たらずで洋品仕入資金のために手放してしまった。

礼造は大正九年（一九二〇）五月十五日、殿町《とのまち》の自宅で死去した。享年七十三。礼造の写真館開業は、江戸・横浜・長崎・函館・神戸・大阪に次ぐ早さである。開港地や大都市に偏重するなか、一人礼造のみが日本海側の地方都市で開業したことは高く評価すべきであろう。

4．松江藩士堀家にとっての明治維新

明治時代、島根県初の美術学校を開いた堀櫟山《ほりれきざん》や、アメリカにおける日本人写真家の黎明期に、世界に通じる肖像写真を撮り、かつ細菌学者・野口英世《のぐちひでよ》の親友で英世を支えた堀市郎《いちろう》を知っている日本人は少ない。

櫟山・市郎父子の活躍の素地は、櫟山の父良蔵《りょうぞう》の生き方が影響している。明治維新により転身せざるをえなかった旧松江藩士が、新しい時代をどのように受け止め、切り開いていったのか。挑戦するサムライの姿を堀家三代に探ってみたい。

江戸時代初頭、近江国出身の堀氏は、蒲生《がもう》氏そして京極《きょうごく》氏へと主を替え、遍歴の末に松江藩松平氏に仕えた。堀家は松江藩士として百石の禄高を得て、八代を重ねた。

櫟山が父の還暦祝いに贈った良蔵の肖像
油絵　明治 21 年（1888）　堀櫟山筆
堀昭夫氏蔵

八代目の市郎右衛門《いちろううえもん》は、のちに九代目となる婿養子の良蔵になかなか代を譲らなかった。それは、良蔵が幼少期、病弱だったからである。しかし、良蔵はこれを克服し、柔道・弓道・銃道の免許を得るまでに体を鍛え、藩の軍艦八雲丸《やくもまる》機関方《きかんかた》の船乗りになるまでに成長した。西洋軍艦を操るために英語を覚え、船中日記をつける努力家でもあった。

文久三年（一八六三）正月に改正された軍艦操練《そうれん》并《ならびに》水泳稽古《すいえいけいこ》規則によれば、算術学・蒸気機関学・海上炮術学・船具運用学・測量学・造船学・究理《きゅうり》学・大小炮船打調練の稽古など、正月十九日から十二月十九日まで国の祝日を除き、午前九時から十一時までと、昼を挟み正午から午後二時まで日々勉強し稽古した。また、水泳の稽古も五月十日から八月晦日まで、国の祝日を除き、午前九時から午後三時まで晴雨にかかわらず稽古することとなっていた。

良蔵の船中日記をみると、船上での日々の様子がうかがえる。たとえば、元治元年（一八六四）十月二十九日、前日に出された触れにより、軍艦乗組員は午前七時に揃って軍艦役所へ行き、小早船《こはやぶね》に乗り込み一番八雲丸に乗船した。そして、停泊する大井《おおい》沖を午後一時に出航。出航までの準備に半日を費やした。乗組員たちは美保関《みほのせき》で米一六〇〇俵やライフル大筒を積み込み、出航の準備に当たった。維新後、良蔵が松江藩の陸軍所砲兵引受書記に採用されたのも、軍艦八雲丸の「火炮打方《ひほううちかた》」をつとめ、アルファベットにも習熟していたからであった。明治二年（一八六九）にようやく家督を譲られた良蔵であったが、四年半後には家督を子の宗太郎《そうたろう》（檪山）に譲り、自らは和歌を詠み、画を描き、茶道・花道を楽しむ余生を送った。

良蔵は、軍艦乗組員として家を空けなければならなかった。この良蔵の不在が、宗太郎が祖父市郎右衛門から日本画を学ぶきっかけとなり、西洋軍艦に乗るための良蔵の語学学習が、のちに親子でお雇い外国人の許で学ぶ要因となった。努力の末、早々に家督を譲り、気ままに生きた良蔵の生き方は、子の宗太郎や孫の市郎が自らやりたいことに邁進することを認める、自由な雰囲気を堀家に創り出した。この点が、その後の画家宗太郎、写真家市郎を生み出す素地となったと考えられる。

第二章　松江から世界へ

廃藩置県《はいはんちけん》により松江藩がなくなり、島根県が誕生した。かつての藩士たちは、秩禄処分《ちつろくしょぶん》により俸禄《ほうろく》が得られなくなったことで、自活する必要に迫られた。

その一つの道が、堀櫟山《ほりれきざん》（宗太郎《そうたろう》）が歩んだ道である。画業に転身した櫟山は、明治十七年（一八八四）に島根県初の和洋画学校「方圓学舎《ほうえんがくしゃ》」を開校した。隣国隠岐《おき》・石見《いわみ》・伯耆《ほうき》・備後《びんご》からも生徒は集まったが、山陰での美術を通じた教育普及は容易ではなく、わずか一年で閉校に至る。しかし、洋画家の石橋和訓《いしばしかずのり》や、次世代の山陰地方を担った柴田覚次郎《しばたかくじろう》（名望家）、三代亀次郎《みしろかめじろう》（美保関灯台誘致）、江角蔵次郎《えすみくらじろう》（民法学者）といった人材を輩出したことは、山陰地方における美術による教育普及者の先駆と位置付けられる。

画家としての堀家の生活は苦しく、その生活を見てきた櫟山の子市郎《いちろう》は、小学校を卒業すると森田《もりた》礼造《れいぞう》写真館に勤めた。時代の最先端を行く写真術を身に着けた市郎は、東京へ出て、写真の本場アメリカへと旅立った。市郎については、彼が撮影した写真一二〇点が二〇一〇年に見つかるまで謎の人物であったが、ニューヨークで野口英世の隣の部屋に住み、英世の詳細な伝記等からその事蹟が明らかとなった。それによると市郎は、明治二十三年から一年三か月の間、松江に住んだ小泉八雲《こいずみやくも》（ラフカディオ・ハーン）の応援もあり、アメリカへ一人写真修業のために旅立ち、一九二〇年代のアメリカでもっとも洗練された写真焼き付けを行う「写真の開拓者」との評価を得るまでになった。

松江から飛び出し、アメリカで成功した堀市郎に対し、アメリカから来日し、松江で日本文化を発見したのが小泉八雲（ラフカディオ・ハーン）だった。八雲が松江中学校の同僚の西田千太郎《にしだせんたろう》に宛てた手紙四十四通には、千太郎への素直な心情が吐露されている。

また、松江出身のインド哲学者・中村元《なかむらはじめ》が評価したインドの詩人ラビンドラナート・タゴールの肖像写真を、堀市郎が撮影している。この写真からは、松江という場所を軸に、市郎のアメリカ行きを決定づけた八雲（ハーン）、中村元、タゴール、市郎の四者の関係が浮かび上がってくる。

堀市郎のポートレート用ロゴマーク

なお、画業で生きていくことに苦労した櫟山に対し、娯楽として絵を描いた画家が、櫟山の弟芙《ふ》峯《ほう》（亀《かめ》五《ご》郎《ろう》）であった。芙峯は銀行勤めの傍ら、多くの風景を描いた。また、日本画を中心に、東京小石川支店長時代に、画家石橋和訓に油絵も学んだ。変わりゆく明治・大正・昭和の松江を心のままに活写した風景画は、今後、松江の近代的風景を語る資料となるであろう。

それでは以下、松江を代表する文化人たちの動向をより詳しく見ていくこととする。

1．島根県初の美術学校を開いた堀櫟山

堀櫟山《ほりれきざん》（宗太郎《そうたろう》）の功績として第一にあげなければならないのが、小豆澤亮一《あずきさわりょういち》に洋画を学び、島根県で初めて私立の和洋画学校《わようが》を設立したことであろう。九歳から祖父市郎右衛門《いちろううえもん》に日本画を学び、十一歳で外中原八幡宮《そとなかばら》（現、阿羅波比神社《あらわひ》）の御的式《おまとしき》をスケッチした。藩の儒学指南《じゅがくしなん》であった高木文四郎《たかぎぶんしろう》に四書《ししょ》（『論語』・『大学』・『中庸』・『孟子』）を、お雇い外国人アレキサンドルにフランスの語学・画・文学を学んだ。藩の軍艦乗りだった父良蔵《りょうぞう》が早くに隠居し、櫟山は十八歳で堀家の家督を継ぐ。だが、長男市郎も生まれ、忙しく生活するなか、秩禄処分《ちつろくしょぶん》により生活の糧《かて》を自分で得なければならなくなった。その際の一時金（公債《こうさい》）は、明治十七年（一八八四）に美術学校を開く資金となる。

櫟山は、中央の展覧会に出展するなど、美術学校を開くための実力を蓄えた。そして明治十七年、県庁の認可を得て、松江の西茶町《にしちゃまち》に和洋画学校「方圓学舎《ほうえんがくしゃ》」を開校した。生活のための最低限を俸給《ほう》《きゅう》とし、人に雇《やと》われず、自らの得意とする美術に専念できる状況を櫟山は選んだのである。生活は質素でも、自らの信念を絵画教育という面で実践したのが、方圓学舎の開校だった。

開校の目的は、第一に絵を描くことを志す者に描き方を伝授し、次いで描き方を通して美術工芸に対する見識を広め、さらに絵を描くことで心が爽快《そうかい》になることであった。美術を通じた心の開放である。これに賛同した生徒は、松江周辺だけでなく、隣国隠岐《おき》・石見《いわみ》・伯耆《ほうき》・備後《びんご》各国からも集まり、現在判明するだけで九十八名を数える。「方圓学舎」は、山陰地方における美術普及の拠点というべき様相を呈した。しかし、山陰での美術を通じた教育普及は容易ではなく、収益は櫟山の見込みの半分だった。そのため、思うような学校経営はできず、美術学校に通える生徒も限られていた。山陰地方に、美術に特化した学校は時期尚早だったのである。

堀櫟山筆「虎豹図」　明治時代　佐野博史氏蔵

　美術学校の閉校後、櫟山は絵師として生きた。金のために絵を描くことをしなかったために、生活は苦しかった。娘登久子《とくこ》は、そんな父を「サムライ」だったと語る。貧しくとも尺八《しゃくはち》を奏《かな》で、酒をこよなく愛した「サムライ」であった。アメリカ・ニューヨークで兄の市郎と同居する登久子は、市郎の部屋で細菌学者・野口英世《のぐちひでよ》に父のことを語り聞かせる。父は詩人で、明月の晩の薄明かりが稲の穂先に宿るのを美しいと感じ、その明りへ自らの美しい手を挙げて言う。「わしら、士族は、好い格好の指をしとる」と。そのため、櫟山の笛の孔《あな》は小さかった（エックシタイン『全伝野口英世』）。

これまで、洋画家石橋和訓《いしばしかずよし》へ最初に油絵を教えたことで、櫟山は評価されていた。しかし、それだけではない。櫟山の美術学校から、柴田覚次郎《しばたかくじろう》や三代亀次郎《みしろかめじろう》、江角蔵次郎《えすみくらじろう》といった次世代の山陰地方を担った人々を輩出したことも見逃せない。明治の激動期を、絵筆一本で生きて行こうとした「サムライ」堀櫟山に、山陰地方における美術普及の先駆者としての意義が見出せるのである。

2. アメリカにおける日本人写真家の開拓者・堀市郎

島根県松江で生まれ育った堀市郎の生涯は、新たな時代の挑戦者そのものだった。前節で見たように、父堀櫟山《ほりれきざん》は画筆で生きる道を選んだ。しかし、苦しい生活と酒に溺れる父に、画筆では食べていけない現実を、幼いながらも市郎は学んだ。

市郎は、文明開化の産物として流行り出した写真に興味をもった。幸い、松江には長崎の上野彦馬《うえのひこま》に学び、最新の技術を導入し開業していた森田礼造《もりたれいぞう》の森田写真館があった。そこで、ここで働きながら写真機を手に入れ、東京へと向かった。松江では、小泉《こいずみ》八雲《やくも》にもかわいがってもらったという。市郎は東京でも、有名な江木《えぎ》写真店に勤め、技師渡部《わたなべ》進《すすむ》に師事した。ガラス種板作りでは、ドイツ人技師も驚くほどの器用さを市郎はもっていた。手先の器用さや芸術的センスは、曾祖父・祖父・父と何代にもわたる芸術家としての血を受け継いでいる。また、市郎は自分の意思を枉《ま》げず、目標に向かって突き進むという、父譲りの「サムライ」精神の持ち主であった。

コニー・アイランドで遊ぶ堀市郎（左・33歳）、桑原羊次郎（中央・44歳）、野口英世（右・36歳）　松江の文化人で実業家・政治家であった桑原羊次郎（松江市名誉市民）が、日英博覧会の帰路、ニューヨークに立ち寄った。羊次郎と同郷の市郎は英世を誘い、夏季遊園地コニー・アイランドで遊んだ。夜8時に到着し、射的・輪投・馬乗りで遊び、なかでも輪投は英世が景品のステッキを数本獲得するほどの上手さであった。明治45年（1912）6月3日撮影　個人蔵

市郎は写真修行のため、アメリカへ渡った。サンフランシスコ、セントルイス、ニューヨークのブラッドリー写真館等での修業時代を経て独立。日本人移民が問題化し、日本人差別が強まる前の、日本人移民黎明期に渡米したのが市郎であった。

市郎の写真は、持ち前の芸術センスと父親譲りの器用さも手伝って、無駄のない、きれ

いな、すっきりした画面のなかに、温かみが感じられる点が人々に評価され、注目を浴びた。ブロードウェイで上演される役者のポスターが、市郎撮影の写真でなかったら一流とはいえない、とまで評されるまでになった。さらに、彼の器用さは細密画《さいみつが》制作にも生かされた。

また、無声映画時代の国際的ハリウッドスター早川雪洲《はやかわせっしゅう》や、蝶々《ちょうちょう》夫人《ふじん》で有名な三浦環《みうらたまき》、バレリーナのアンナ・パブロアやモダンダンスの祖イザドラ・ダンカンなどの役者の写真を撮影し、日露戦争でバルチック艦隊を破った東郷平八郎《とうごうへいはちろう》の写真は、「ニューヨーク・タイムス」でも絶賛された。

市郎を語る上で忘れてはならないのは、細菌学者・野口英世《のぐちひでよ》との出会いであろう。英世が市郎の住むアパートの隣の部屋に移ってきたことから、二人の親交は深まる。英世が麻痺狂《まひきょう》の患者から梅毒《ばいどく》スピロヘータを発見したとき、真っ先に知らせたのが市郎であった。市郎は英世の肖像写真を多く撮影しただけでなく、英世の妻メリー・ダージスの肖像写真も撮影し、さらに英世に将棋を教え、油絵具を贈って絵画も教えている。英世を支え、理解し、気の許しあえた親友が市郎であった。そして、英世や市郎の活躍の陰には、市郎の妹登久子《とくこ》の存在が大きい。登久子は英世の海外旅行道具を用意するなど、英世の世話もした。

二十七年間におよぶアメリカでの写真修行を終え、帰国を考えていた頃、親友の英世がアフリカで亡くなってしまう。そのため、英世の葬儀等の後始末のため一年滞米し、昭和四年、ヨーロッパ旅行をして帰国した。帰国後は画家に転身し、アメリカ人宣教師や交換留学生、米国軍人将兵等の世話をし、在野における日米の懸け橋となった。また、野口英世の記念会設立に関わり、英世の顕彰も積極的に行った。市郎は外国人に平等に接し、広い交友関係を持っていた。戦前から戦後にかけての日米交流を推し進めた、稀有の人であった。

島根県松江で生まれ育ち、松江の森田写真館で写真を学び、単身写真修行のため渡米した堀市郎は、アメリカにおける日本人写真家の黎明期に、世界に通じる肖像写真の開拓者として、帰国後は民間の日米交流に努めた人として、もっと周知されてよいのではないか。

旧松江藩士の息子と孫は、いずれも新しい時代の挑戦者だった。新しい時代を自ら切り開いていくその姿勢に、学ぶべき点は多い。

3. 堀市郎の上京に影響を与えた小泉八雲

前節で見たように、大正時代、アメリカで活躍し、東郷平八郎《とうごうへいはちろう》、新渡戸稲造《にとべいなぞう》、野口英世《のぐちひでよ》、後藤新平《ごとうしんぺい》など政府要人も数多く撮影した松江出身の写真家・堀市郎《ほりいちろう》（一八七九～一九六九）の事績が、最近明らかになってきた。ニューヨークで成功した写真家・堀市郎が、なぜ上京後に渡米するに至るのか、その謎を解くカギが小泉八雲《こいずみやくも》（ラフカディオ・ハーン、一八五〇～一九〇四）の手紙の中にある。

堀市郎が撮影した野口英世妻メリー・ダージス肖像写真　佐野博史氏蔵

明治三十年（一八九七）、東京牛込《うしごめ》（東京都新宿区）にいた八雲が、七月二十日付で二か月前に島根尋常中学校から静岡県の浜松尋常中学校へ転勤していた田村《たむら》（旧姓浅井《あさい》）豊久《とよひさ》へ宛てた手紙に、堀市郎と思われる青年写真師が登場する（『小泉八雲全集』第十一巻、書簡集三（第一書房、一九二六年）三三一頁、原文英語、落合貞三郎訳「田村豊久に二」）。

「親愛なる浅井君（田村豊久）――

……君が東京へ移つてきて、私達の近くに住むことになつたら、さぞ私達は欣《よろこ》ぶだらう。いつかさうなることもあると思ふ。私は有力な理由があつて、非常に孤独な生活をしてゐて、訪問者は殆《ほとん》どない。現今士官学校にゐる仕官候補生の藤崎は、私が昔好きであつた生徒の一人で、日曜に折々やつてくる。美保ケ関《みほがせき》で私達と一緒にゐた青年写真師も、折々遊びにくる――彼は今、江木写真店へ入つて研究中だ。」

上京した八雲が、ある理由により、ほとんど訪問者のいない「非常に孤独な生活」をしていたなか、藤崎八三郎《ふじさきはちさぶろう》がやってきた。さらに名前こそ出さないが、島根県の美保関《みほのせき》で八雲と同行した青年写真師も八雲宅へ遊びにきた。この青年写真師は、東京の江木《えぎ》写真店で写真の研究中だと八雲は認めている。

江木写真店で働いていた写真師とは、当時十八歳の堀市郎である。このことは、八雲の子一雄《かずお》が記した「父「八雲」を憶う」（小泉節子・小泉一雄『小泉八雲　思い出の記　父「八雲」を憶う』、一七九・一八〇頁）に載る、八雲が東京富久町《とみひさちょう》（東京都新宿区）にいた頃（明治二十九〜三十五年）の記事からも明らかである。

「写真師堀一郎〔市〕の如きも——親戚ではありませんが——牛込富久町へ私の父（小泉八雲）を頼って出て来た出雲出の書生さん中の一人です。」

堀市郎が当時、「写真師」として活動し、かつ八雲を頼って上京してきた「書生」だったこともわかる。八雲の手紙にある「美保ヶ関で私達と一緒にゐた」という件は、前年（明治二十九）、神戸クロニクル社に勤めていた八雲が、六月二十六日に家族と共に神戸を発ち、松江、美保関、出雲大社を再訪し、八月二十三日に神戸へ戻ったときのことを指す。美保関へは、家族三人で七月十五日に松江の大橋埠《おおはしふ》頭《とう》から汽船《きせん》で美保関へ向かった。島屋旅館に滞在し、八月七日に松江に戻っている。美保関滞在中、八雲は水泳や美保神社の祭りを楽しんだ。この美保関へ、市郎は同行したのである。八雲が記すように、青年写真師として同行したものと考えられる。

八雲が最初に松江を訪れたのは、明治二十三年である。この年、市郎は八雲が贔屓《ひいき》にしていた松江殿町《とのまち》の写真師・森田礼造《もりたれいぞう》の許《もと》で修行中であった。そのため、両者は早い段階で見知っていたのであろう。

気になるのは、市郎の上京前後に八雲が登場することである。八雲は美保関を訪れた際、『ジャパン・ウイークリー・メイル』紙へ、東京帝国大学奉職の報道は時期尚早だと抗議しており、このとき、

渡米３年目、24 歳の堀市郎　1903 年（明治 36）撮影　佐々木寛子氏蔵

ほぼ東京へ行くことが決まっていた。その後、正式に決定し、八雲は九月七日に上京する。市郎は、五か月後の明治三十年一月に松江から上京を果たす。その行程は、叔父のいる飯石《いいし》郡赤名《あかな》から広島を経由するものだった（生前、市郎が堀昭夫《あきお》氏に語ったという）。小泉一雄が八雲を頼って上京したと書いているように、美保関で八雲に同行したことが、市郎の上京への決意を促すきっかけになったと考えられる。

　さらに、八雲の手紙から、市郎は上京後すぐに江木写真店に勤めだしていることも判明する。一万円札に載る福沢諭吉《ふくざわゆきち》は同店で撮影された。全国でも指折りの写真館である江木写真店に就職できたのは、おそらく松江の森田礼造の推薦なり口利きがあったからであろう。いずれにしても、市郎が写真研究のため上京し、研鑽を積んでいたことは確かである。

　市郎は上京の四年後、単身、写真研究のため渡米する。写真の本場アメリカへの夢は、アメリカでジャーナリストとして活躍した八雲との交流から、実現可能なものとして映ったに違いない。八雲との出会いは、市郎にとって上京への決意と、その向こうにあるアメリカという国の情報を得るきっかけとなったと考えられるのである。

4．徐々に明らかとなる「写真の開拓者」堀市郎の活躍

前節までで見てきたように、堀市郎《ほりいちろう》は小泉《こいずみ》八雲《やくも》（ラフカディオ・ハーン）の導きもあり、単身渡米し、写真の開拓者としてニューヨーク（以下、NY）で成功した。市郎は動きのある写真で評価され、大正時代、NYを訪れた日本の著名人や、ブロードウエイのダンサー等、役者の多くが市郎に写真撮影を依頼している。

昭和二十五年（一九五〇）に横浜で開催された、市郎作品の展覧会の様子を伝えるアメリカの星条《せいじょう》旗《き》新聞には、「一九二〇年代の米国で最も洗練された写真焼付を行う人物で知られた堀の、暗室技術の模範となるような写真もある。米国の写真会社は試験焼付のために新しい印画紙のサンプルを堀へ送っていた。写真の開拓者であることを示すこととして、堀が一九一九年にNY五番街の堀写真館で展示した、掛け布で覆われたヌード写真四枚は、当時物議を醸した（原文英文）」と記す。

市郎の名声は日本でも知られており、大正十二年（一九二三）の日本の写真雑誌『写真芸術』には、「雑誌 Vogue 及び Shadow Land に時々その作品を発表して、在米邦人の為に大いに気を吐《は》いてゐる」

国連事務次長として活躍していた頃の新渡戸稲造　堀市郎撮影　於ニューヨーク　1919—26 年　佐野博史氏蔵

と、その活躍ぶりを知らせている。

近年、市郎の存在は研究の深化とともに徐々に認知されてきた。すでに述べたように、市郎のアパートの隣室には細菌学者・野口英世《のぐちひでよ》が住んでおり、英世へ将棋や油絵を教えるほど、二人は仲が良かった。平成二十七年（二〇一五）秋に東京の文学座で公演された舞台「再びこの地を踏まず――異説・野口英世物語――」では、後半、英世と市郎との会話が重要な見せ場となっていた。

東京修行時代に八雲の応援もあり、八雲の来た道を逆に辿って、松江から東京、そしてアメリカへと飛び出し、NYで写真家として活躍した堀市郎は、日本国内だけで完結してしまう日本の写真史研究上からも、もっと評価されるべき人物であろう。

5. 堀市郎独自の作風の誕生

スポット展示「堀市郎の肖像写真――ＮＹで活躍した松江出身の写真家――」（二〇一七年六月十六日～七月十九日、於松江歴史館基本展示室）では、初公開となる市郎の初期作品を含め、時代順に市郎撮影の肖像写真を比較することを試みた。それにより、ニューヨーク（以下、ＮＹ）の写真家で師匠であるブラッドリー（Ａ．Ｆ．ＢＲＡＤＬＥＹ）の作風に深く影響を受けて、市郎独自の作風がつくりだされたことがよく理解できるからである。

市郎は、ＮＹに来てからミドルネーム「ＥＳＳＮＩ《エスニ》」を使用するが、それ以前の写真には、右下に「Ｉ．ＨＯＲＩ」と陰刻される。その作品は、のちの市郎特有の肖像写真とは、雰囲気が大いに異なる。

明治三十八年（一九〇五）から市郎は、ＮＹのブラッドリー写真館の技師を勤めた。この技師時代の同四十年、師のブラッドリーが撮影した一枚は、小説『トム・ソーヤーの冒険』や『ハックルベリー・フィンの冒険』の原作者で著名な、マーク・トウェインの肖像写真で、市郎が裏面に「小説大家　マーク　トゥレン先生」と書いて保存していたものである。その写真の背景はすっきりしていて、のちの市郎が撮影した肖像写真の特徴とよく似ている。技師時代の同四十二年に市郎が撮影した、後ろ向きの婦人の写真と合わせてみると、撮影と焼き付けの技法習得のための、市郎自身の試行錯誤の跡がうかがえる。

大正六年（一九一七）、市郎はＮＹ・マンハッタン五番街のビルの中で写真館を開業する。十三年間にわたって、このビルの一室で多くの肖像写真が撮影された。三十八～五十歳の、最も油の乗り切っ

東郷平八郎　堀市郎撮影　於ニューヨーク　1917 年頃　佐野博史氏蔵

た時期である。開業した市郎が、最初に行ったのがヌード写真の展示であった。女性の体の線がおぼろげに強調された、非常に優雅できれいな、上品な写真である。この写真が称賛され、「写真の開拓者」とも言われて、マンハッタンで有名になっていく。

アメリカでベストセラーになった杉本鉞子《すぎもとえつこ》の著書『武士の娘（原題英文）』の口絵は、鉞子の立ち姿で、これも市郎が撮影した。鉞子は旧長岡《ながおか》藩家老の娘で、渡米して、雑誌『アジア』に半自伝的小説を連載し、昭和元年（一九二六）に単行本化された。

師のブラッドリーの影響を受け、市郎は、写真のなかに邪魔者が一切入らず、無駄がなく、画面内の空気がきれいで、背景がすっきりとした、空間を感じる作風を生み出していったのである。

6. 小泉八雲が西田千太郎に宛てた書簡から心情を読む

島根大学附属図書館の耐震工事期間中、同図書館が蒐集してきた資料を、温湿度管理のできる収蔵庫を持つ松江歴史館で保管することとなった。この機会に、これまで一堂に展示する機会がなかった同図書館コレクションの展示が、十六日間限定で実現した（二〇一三年二月二十三日〜三月十日、於松江歴史館）。

なかでも特筆されるのは、小泉八雲《こいずみやくも》（一八五〇〜一九〇四。ラフカディオ・ハーン）が松江中学校教頭心得の西田千太郎《にしだせんたろう》（一八六二〜一八九七）へ宛てた直筆の書簡四十四通の展示で、一堂に展示するのは初めての試みであった。

この四十四通を年代順に並べることで、八雲の心の変遷を辿ることができる。書簡には、八雲の千太郎を気遣う気持ちや、学術的な質問や返答、教育論、日々の出来事や感想など、ハーンの心許せる人への私信として、率直な心情が吐露されている。

一例を示せば、松江在住期の九通からは、病弱な千太郎に対する気遣いが特に感じられ、早期の回復を祈り、千太郎のためにできることがあれば何でもすると伝えている。熊本へ移ってからの二十七通からは、新しい生活の始まりを「すべてが松江とは違っているのです」と記し、松江に対する想いとは対照的に、熊本を「日本で最も醜く最も不快な都市」とまで言っている。

また、神戸在住期の六通には、松江の木彫家・荒川亀斎《あらかわきさい》に対して不満を述べつつも、「奇行はあっても好きだ」とし、新著『心《ココロ》』のことや、帰化して「小泉八雲」になったことを伝え、松江再訪時の再会の約束などが記されている。東京在住期の二通からは、東京の学生が勉学に熱心でなく、日本の実物を並べて見ると、八雲の手紙の用紙が小さいのに気づく。多くが縦二〇×横一二センチメートルの少し厚い洋紙を使い、ナイフで形を整えたようで正確な長方形でもない。両面に文章を書き、長

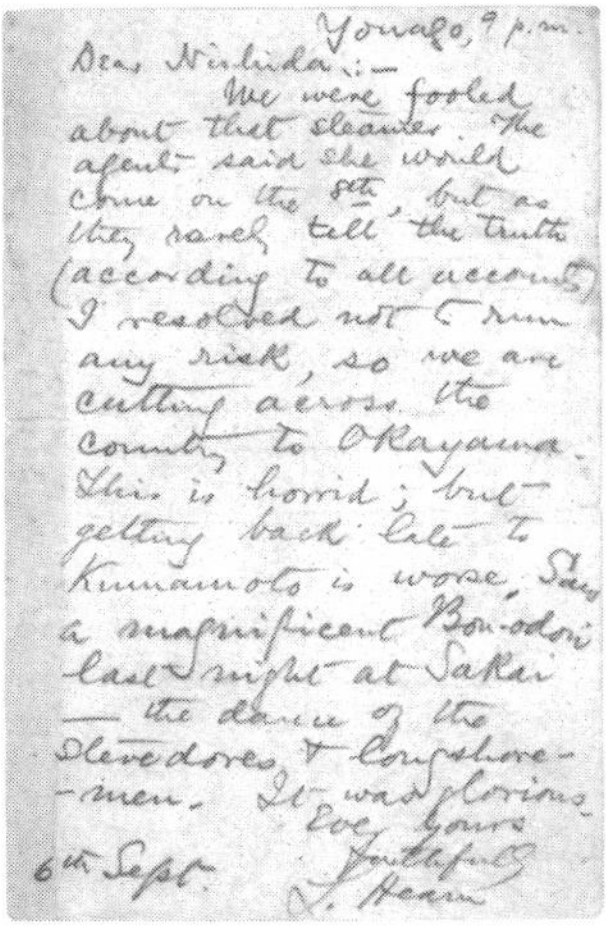
Yonago, 9 p.m.
Dear Nishida:—
We were fooled about that steamer. The agent said she would come on the 8th, but as they rarely tell the truth (according to all accounts) I resolved not to run any risk, so we are cutting across the country to Okayama. This is horrid; but getting back late to Kumamoto is worse. Saw a magnificent Bon-odori last night at Sakai — the dance of the stevedores, & longshore-men. It was glorious.
Ever yours faithfully
L. Hearn
6th Sept.

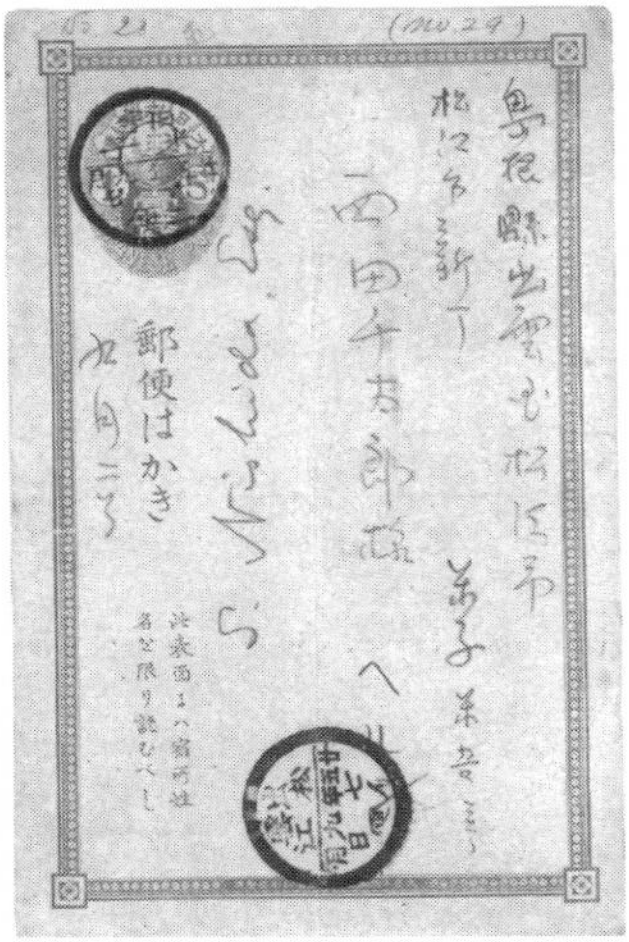

明治 25 年（1892）9 月 6 日付西田千太郎宛て小泉八雲葉書　松江を再訪した八雲が、岡山へ向かう途中、鳥取県米子市から出した葉書。前日夜に境港で見た盆踊りが素晴らしかったと記す（右：表面、左：裏面）　ともに島根大学附属図書館蔵小泉八雲自筆書簡

教育の将来を憂いて、「心がなければ何事もなしえません」、と「心の鼓動」の重要性を訴えている。二通目の手紙の三か月後、千太郎は三十六歳で亡くなるが、八雲にとって、自分の気持ちを素直に伝えられるのが千太郎だった。

松江市雑賀町新丁に住んだ西田千太郎
画像提供：小泉八雲記念館

くなると二枚、三枚と追加していく。多くが一枚、長くて六枚を数える。そのため、八雲の手紙は長い。この手紙を縦に半分もしくは四つ折りにして封筒に入れる。封筒も、八雲が松江在住中は切手を貼らず住所もない宛名だけで、使いの者に託す形だったが、熊本転居後はすべて郵便で遣り取りされるものへと変わる。時には八雲の妻セツが毛筆で書いた手紙も同封された。

八雲の手紙はすべて英文で書かれている。そのため展示には、すべてに翻訳文を付けた。八雲が千太郎に伝えたかったことを、自身の目で確認し、感じ取っていただきたい。

7. 八雲・市郎・タゴール・中村元を繋ぐ肖像写真

掲載したのは、アジアで初めてノーベル文学賞を受賞した、インドの詩人ラビンドラナート・タゴールの肖像写真である。受賞のきっかけとなった詩集『ギタンジャリ（歌のささげもの）』（川名登訳）には、「ほんとうのわたしに近づく道がいちばん遠い。」の一文がある。彼を、偉大な宗教詩人であり人類の預言者であると評価したのは、松江市殿町《とのまち》で生まれ、奥谷《おくだに》に一時住んだインド哲学者・中村元《なかむらはじめ》であった。元はタゴール記念会を設立し、長野県軽井沢にあるタゴール銅像にも、「詩聖タゴール　人類不戦」の言葉を添えている。

堀市郎撮影 タゴール肖像写真　松江歴史館蔵

この写真を撮影したのは、松江市出身の写真家・堀市郎《ほりいちろう》である。タゴールがアメリカ・ニューヨークを訪れた大正十年（一九二一）か同十一年（タゴールは六十一歳）に、同地の堀写真館で撮影されたと考えられる。この写真を掲載したアメリカの新聞は、「タゴールの神秘主義を捉える一枚」と紹介している。在外邦人写真家の黎明期に、市郎が「写真の開拓者」と言われ、ニューヨークで成功した頃の作品である。

すでに述べたように、市郎をアメリカへと導いた人物に小泉八雲《こいずみやくも》がいる。松江市中原町《なかはらちょう》に生まれた市郎は、八雲が贔屓《ひいき》にした写真師・森田礼造《もりたれいぞう》の許で修行し、八雲の美保関《みほのせき》旅行にも同行した。旅行の五か月後、市郎は上京し、東京で孤独な生活をしていた八雲宅をたびたび訪れている。アメリカでジャーナリストとして活躍した八雲との交流は、市郎にとり、その国情を知り、本場での写真研究を目指す動機づけとなった。

タゴールと市郎両者が直筆でサインしている（写真下）、松江ゆかりの人々に想《おも》い至る一枚である。

8. 堀芙峯が描いた昭和初期の松江城下町

明治維新後、松江藩士の家系から三人の芸術家が生まれた。島根初の美術学校を開いた堀櫟山《ほりれきざん》、アメリカで写真家として成功した子の市郎《いちろう》、櫟山の弟で昭和初期の松江を描いた芙峯《ふほう》である。芙峯は『島根県歴史人物事典』にもみえない未知の人物であるが、このたびその事績が明らかとなった。

堀良蔵《りょうぞう》の四男・芙峯は、明治十年（一八七七）松江城下の外中原《そとなかばら》に生まれた。通称亀五郎《かめごろう》、諱《いみな》は誠孝といった。昭和六年（一九三一）十一月に大阪城の復興天守竣工の際、美術日報社主催の豊太閤《ほうたいこう》絵巻《えまき》の一枚として、芙峯が描いた蒲生《がもう》氏郷《うじさと》巌石城《がんせきじょう》奮戦図《ふんせんず》が天守に展示された。そのとき提出した画歴によれば、父母の両系に画技の伝統があり、兄弟と共に絵筆を弄《ろう》する家庭に育ったとする。

成人後は、木田寛栗《きだかんりつ》が率いた大日本絵画講習会に加わり、各派の画法を研究した。明治四十年に皇太子嘉仁《よしひと》親王（大正天皇）が山陰に行啓《ぎょうけい》した際、絵葉書を作り、知事を通して皇室に納めている。大正十四年（一九二五）の秩父宮雅仁《ちちぶのみやまさひと》親王の山陰来訪時には、地方風景画を知事経由で上覧に供した。島根出身の画家石橋和訓《いしばしかずのり》が同十二年に帰国すると、安田銀行の東京小石川支店長を勤めていた芙峯は、和訓に勧められ、和訓の下で油絵を学んでいる。また、京都の画家・下平龍邸《しもだいらりゅうてい》とも親交があり、父

堀芙峰肖像写真　堀昭夫氏蔵

の知人・木下逸雲《きのしたいつうん》の画風と似ていることもあり、芙峰は龍邸の下で南画を学んだ。

芙峰は兄のように絵画を職業とするのではなく、あくまでも余技として楽しんだ。掛合高等小学校卒業後、飯石《いいし》郡役所、第二国立銀行、第三銀行（安田銀行）に勤め、松江、出雲今市、隠岐西郷、鳥取（以降、支店長）、東京小石川、大阪平野、倉吉、再度大阪へと転勤し、昭和六年夏に五十五歳で退職した。第三銀行時代に、東京哲学館（東洋大）の通信教育を受けている。退職後に松江に戻ると、漢詩結社《かんしけっしゃ》・剪淞吟社《せんしょうぎんしゃ》の編集を託された。同九年、内障眼《ないしょうがん》に罹《かか》り視力が衰え、同二十二年に松江で没した。

初公開となった「雲州松江《うんしゅうまつえ》風景《ふうけい》」は、松江大橋北詰から西南東方面を眺めた鳥瞰図《ちょうかんず》で、一メートル七三センチの巻物に描く。北松江駅、大橋川の屋形船、電波塔、白潟にあった巨大な松江銀行と郵便局、大橋南詰の賑わい、現在より西側に架かる新大橋等、昭和六～九年頃の松江を生き生きと描いている。

同じく初公開の「鷹尾《たかお》坐嶺《ざれい》之《の》展望《てんぼう》」は旧藩主への献上本で、美保関高尾山から境港を鳥瞰し、台場、蒸気船や帆船、埋め立て前の海岸など、貴重な景色を一メートル三七センチの巻物に描く。いずれも

雲州松江風景（部分。松江白潟）　堀芙峯筆　松江歴史館蔵

鷹尾坐嶺之展望（部分。境港）　堀芙峯筆　松江歴史館蔵

歴史的な風景の活写である。

　あくまでも時流を追わず、心のまま娯楽として絵を描いた松江の画家・芙峯を記憶しておきたい。

第三章　最先端を行く出雲国の先覚者

近代における松江出身の偉人として、島根県初の内閣総理大臣・若槻禮次郎《わかつきれいじろう》、民法《みんぽう》の父で法学者の梅謙次郎《うめけんじろう》、近代日本スポーツの父で弁護士の岸清一《きしせいいち》らを思い浮かべる人は多いだろう。ここでは、これまで知られていなかった、物理学・気象学の天才・北尾次郎《きたおじろう》（一八五四～一九〇七）と、次郎の実妹を妻とし、北海道における稲作と日本での陸地棉《りくちめん》（アメリカ棉）の栽培に成功した松村豊吉《まつむらとよきち》（一八六八～一九五九）を紹介する。

さて、日本の近代化の達成を、明治四十三年（一九一〇）にイギリスのロンドンで開催された日英博覧会に求める見解がある。博覧会の成功で、産業国家の仲間入りを果たしたと見做し、ユネスコ世界遺産に登録された「明治日本の産業革命遺産　製鉄・製鋼、造船、石炭産業」では、年代の下限としている。この日英博覧会の日本美術部門を担当したのが、桑原羊次郎《くわばらようじろう》であった。羊次郎は、北尾次郎や松村豊吉の従兄にあたる。松江藩の御用商人「桑屋《くわや》」の家に生まれ、明治二十五年にアメリカのミシガン大学で法学修士号を取得した人物である。肉筆浮世絵、装剣金工など美術工芸研究家としても知られている。

羊次郎が見出した人物に、西山砂保《にしやますなほ》（一七八一～一八三九）がいる。羊次郎の従妹（北尾次郎の実妹）

が西山家に嫁いでいた関係で、長崎に来ていたドイツ人医師のシーボルトからオランダ医学を学び、シーボルトから与えられたオランダ語で書かれた医学修了証書を発見して世に紹介した。砂保は、世界で初めて全身麻酔外科手術に成功した華岡青洲《はなおかせいしゅう》にも学んでおり、出雲という地方での最新医学の権威者となった。このような進取《しんしゅ》の気性は、松村家から北尾家に養子に入った北尾次郎に受け継がれた。明治三年にドイツへ留学し、苦学の末、ベルリン大学で色盲診断器《しきもうしんだんき》の前身となるロイコスコープ（検《けん》光器《こうき》）を発明し、日本帰国後は、台風の進路を導き出す理論を見出した。また、島根県津和野出身の医師で小説家の森鷗外《もりおうがい》とは、共にドイツ語雑誌を出した仲であった。次郎の実妹エイを娶《めと》った松村豊吉も学究肌で、寒冷地である北海道での稲作を普及させ、日本での陸地棉の栽培の栽培を成功させた。

　コラムでは、美保関五本松公園にある、忘れ去られた軍艦マスト型の平和祈念塔を紹介する。日本は近代化とともに軍事力を増強し、日清・日露・第一次世界大戦と、関わった戦争では戦勝国となった。第一次世界大戦後、国際的に軍縮を求める世論が強まり、戦艦の建造による国の財政負担を回避するため、海軍軍縮による強国勢力の現状維持が図られた。制限が加えられなかった補助艦の増強競争のなかで起こったのが、昭和二年（一九二七）の美保関沖事件である。事件後、美保関町（現松江市）町民を中心とする募金により昭和四年に建設された海軍殉難将士慰霊塔《かいぐんじゅんなんしょうしいれいとう》（平和祈念塔）は、事件の起こった三七キロメートル沖の日本海を望む。新聞『松陽新報』は、竣工記事に「最もよき記念物」（島根県知事・大森佳一）、「不滅の国家的事業」（美保関町長・三代實）、「意義極めて深し」（松江市長・石倉俊寛）の見出しを載せる。ちょうど一年前、鳥取県の有志により台場公園（境港市）にも慰霊塔が建てられた。塔には、松江市出身の京都帝国大学教授・三浦周行《みうらひろゆき》の追悼文を刻む。平和祈念塔は、戦災に遭わなかった松江の地で、戦争を知るための数少ない戦争遺跡なのである。

それでは以下、詳しく見ていくこととする。

1. 物理学と気象学の天才・北尾次郎

松江出身の学者で、日本初のヨーロッパ留学組の一人、北尾次郎《きたおじろう》の多才な活動には、目を見張るものがある。

次郎は、江戸時代末期に松江城下の片原町で、松江藩医の松村寛裕《まつむらかんゆう》の次男として生まれた。藩の儒学者・内村鱸香《うちむらろこう》のもとで学び、明治二年（一八六九）に東京の開成《かいせい》学校でフランス語、英語、究理学《きゅうりがく》を学んだ。翌年、十六歳の次郎は、国のドイツ留学生に抜擢される。松江藩医の北尾漸一郎《ぜんいちろう》の養子となり、藩主松平定安《さだやす》にも謁見《えっけん》して、横浜港を出航し、アメリカ経由でドイツへ渡った。ドイツでは中等教育機関教授のワグナーのもとでドイツ語や論理学を学び、ベルリン大学へ入学して、科学者ヘルムホルツやキルヒホッフから物理学・数学を学んだ。しかし、文部省の官費給与が廃止されたため、次郎は数学の家庭教師や新聞雑誌への寄稿等のアルバイト、養父からの送金、アメリカ領事のフリッツ・メイヤー等から学費の援助を受けて勉学に励んだ。

明治十一年、二十四歳のときに色盲診断器《しきもうしんだんき》の前身をなすロイコスコープ（検光器《けんこうき》）を発明し、この機械を使った色彩感覚を物理学的に取り扱った論文「色彩論」で、ゲッティンゲン大学からドクトル（博士）の学位をうける。この論文は海外で今も読まれている。

二十九歳でドイツ人ルイーゼと婚約し、明治十六年に

左から北尾次郎の妻イルーゼ、次郎、長男富烈、養父北尾漸一郎、養母せつ　1898 年撮影　松村憲樹氏蔵

北尾次郎が執筆し挿絵を描いた「森の妖精」より　島根県立図書館蔵

十三年間のドイツ滞在を終え帰国。翌年にルイーゼと結婚し、文部省御用掛《ごようがかり》、東京大学理学部に勤務し、東京大学理学部教授、農科大学教授を歴任する。

明治二十年、三十三歳のとき、次郎は「地球上大気ノ運動及ビ颶風《ぐふう》（台風）ノ理論」を発表し、続々編まで研究は続いた。ヘルムホルツの流体力学《りゅうたいりきがく》に偏微分方程式《へんびぶんほうていしき》を駆使し、地球上での台風の動きを導き出すという内容で、数理気象学という分野を世界で初めて樹立した。

次郎の才能は、色彩論や気象学だけではない。ドイツ留学中から、現存二十二冊に及ぶドイツ語による小説「森の妖精」を執筆した。プロイセンを舞台に、世評の悪い男女二人の冒険小説である。そこには、挿絵として自ら描いた彩色・非彩色のペン画が千点以上描かれている。和服を着た西洋女性や裸体像が多く、人間の性質・意志・感情などは、その顔に表れるのではなく、必ず筋肉上に表れるからだという。学術だけではない、画才・文才に優れた一面を覗かせる。また、島根県出身の森鷗外《もりおうがい》ともドイツ語の雑誌を刊行している。

四十四歳のときに糖尿病を患い、明治四十年、脳脊髄神経麻痺《のうせきずいしんけいまひ》により五十三歳で亡くなった。次郎が住んだ東京四谷信濃町《よつやしなのまち》（東京都新宿区）に自らが設計した平屋の洋館は、増築されているが、現在でも江戸東京たてもの園で見ることができる。三島由紀夫の小説「鏡子《きょうこ》の家」のモデルとなった家という。

博物学者・南方熊楠《みなかたくまぐす》は民俗学者・柳田国男《やなぎたくにお》への手紙の中で、次郎のことを「一事を仕出すべき英俊

（大事を生み出す優れた才能を持つ人）」と評している。日本の近代化に貢献しただけでなく、世界が評価した北尾次郎を、我々は忘れてはならないだろう。

2. 北海道稲作の父・松村豊吉

北海道で米の安定的収穫を実現し、日本でアメリカ大陸原産の棉《わた》（陸地棉《りくちめん》）栽培を初めて成功させた松村豊吉《まつむらとよきち》のことを知っている人はどれだけいるであろうか。

豊吉は、出雲《いずも》国楯縫《たてぬい》郡国富《くんどみ》村美談《みだみ》（出雲市平田国富《くんどみ》町）の福田林蔵《ふくだりんぞう》の次男として、明治元年（一八六八）に生まれた。平田にあった雨森精翁《あめのもりせいおう》の私塾・亦楽舎《えきらくしゃ》で三年、松江で内村鱸香《うちむらろこう》の私塾・相長舎《そうちょうしゃ》で一年学んだ。平田の小学校の教員、訓導《くんどう》（校長）となるが、東京遊学への野心が募り、二十一歳にして上京、東京駒場の農科大学へ入学し、卒業後一年大学に残り、稲作の研究を続けた。

その後、請われて一年間は富山県農事試験場技師を、二年間は島根県大田農学校教諭を勤め、米作・養蚕を教えた。そして、農科大在学中、保証人になってもらった松江出身の物理学・気象学者で農科大教授の北尾次郎《きたおじろう》（松村家出身）の厚遇を得、次郎の実妹エイと結婚し、松村姓を名乗った。

明治二十九年、二十九歳のとき、招きにより北海道庁で技官として道内の稲作全般を担当した。明

北尾次郎が見込んだ松村豊吉　次郎の実妹エイとの結婚記念写真。1894 年撮影　松村憲樹氏蔵

治時代初めに札幌農学校に赴任したクラーク博士は、北海道で米は安定的に栽培できないため、道民はパンと豚肉を食べ、牛乳を飲むよう説き、北海道で熱帯産の水稲はとうてい安定作物になりえないと強調し、これが通説となっていた。しかし、豊吉は寒地米作法《かんちべいさくほう》を編み出して稲作反収《たんしゅう》一石から反収三石を実現した。

北海道赴任初年度の試作で記録を樹立した豊吉の寒地米作法は、すぐに絵入りポスターとなり、道内の各村町の役場に配布され、玄関の入口に掲示された。内容が新鮮で充実していたため、農家に知れ渡り、異常なほどの感動を呼び起こしたという。当時、北海道では稲作を行うべきか麦作とすべきかの論争があったが、豊吉の寒地米作法の成功により、稲は安定作物となり、稲作農家が増えた。収穫高はそれまで北海道で四万石であったのを、三年後の明治三十三年には一一万四千石と三倍になり、昭和八年（一九三三）にはさらに年三二一万石の米の収穫を得るまでに至る。豊吉は、「北海道の稲作の父」といっても過言ではない人物なのである。

豊吉の研究が成功した秘訣はなにか。寒地米作法は、早蒔《はやまき》、早植《はやうえ》、深水《ふかみず》、温水灌注《おんすいかんちゅう》、厚播《あつ》、多肥、防風など、幼苗《ようびょう》を低温寒気から守るのを主眼とし、原産地熱帯の環境に少しでも近づけ育苗《いくびょう》する方法であった。わずか二年の北海道勤務であったが、寒地米作法を確立し、それまで不可能といわれた北海道での安定的な稲作栽培を可能としたのが豊吉であった。

母の勧めで松江へ帰郷した豊吉は、島根県農事試験場の技手を勤めた後、栃木県農会技師、次いで朝鮮半島の全州公立農林学校教諭・校長、咸興《ハムンかんこう》公立農学校校長を歴任し、六十歳で退官する。再び松江へ帰郷した豊吉は、日本では栽培が不可能といわれたアメリカ大陸原産の棉（綿）栽培に挑戦するのである。

3．松村豊吉が松江で樹立した世界の棉作レコード

明治時代の初め、クラーク博士が安定的な稲作栽培は不可能といった北海道の地に、寒地米作法《かんちべいさくほう》を編み出し、稲作を根付かせることに成功した松村豊吉《まつむらとよきち》は、六十歳で朝鮮半島の咸興《ハムンかんこう》公立農学校校長を退官し、松江に帰ってきた。彼の第二の功績はこの松江で生み出される。彼は帰郷後三十年間を棉栽《わた》培の研究に情熱を傾け、不可能といわれた日本での陸地棉《りくちめん》栽培を成功させた。

右上に松江城が見える松村豊吉の棉畑（正面の堀は四十間堀）　1936 年撮影　松村憲樹氏蔵

豊吉は昭和二年（一九二七）の年末に松江市内中原《うちなかばら》の自宅へ帰ると、翌年から陸地棉栽培の研究を始める。戦国時代以来、日本で普及することとなった棉花の繊維は短く太かった。この東洋品種の在来棉に対し、アメリカ大陸原産の棉《わた》は繊維が細くて長い良質の棉で、豊富に獲れた。明治政府は良質なアメリカの棉である陸地棉の栽培を試みたが、日本の低温・多雨・過湿な環境では育たず、日本では陸地棉の栽培は不可能とされていた。豊吉は、不可能とされていた陸地棉の栽培に挑んだのである。

では、豊吉はなぜ棉花に関心をもったのか。それは、彼の生地簸川《ひかわ》地方は江戸時代から棉花《めんか》栽培が盛んで、農家の換金《かんきん》作物の中心となっていたことが影響している。豊吉は「子供心ながら将来もっと多収穫栽培法を発見して家を富まし国を富まそうと考えた」と語っている。北海道をはじめ内地を点々としながら、陸地棉栽培の研究を続けたが、うまくいかなかった。豊吉が朝鮮半島へ渡ったのも、かの地に陸地棉栽培の話があったためで、とるものもとりあえず渡鮮した。

退官後、松江に帰り、「陸地棉が内地でも作れるものですか」と人々から言われるなか、昭和三年五月十日、豊吉は松江の四十間堀《しじっけんぼり》に沿う裏畑を整地し、棉の種子を播いた。その年の九・十月には見事な陸地棉の花が吹き、これまでの定説が覆《くつがえ》る。昭和八年には、アメリカの平均反収《たんしゅう》の五倍の大収穫となり、松江において「世界の棉作《わたさく》レコードを樹立」した。

豊吉の棉畑《わたばたけ》は、北松江駅（今の一畑《いちばた》電車の松江しんじ湖温泉駅）の線路に接した北側にあり、車窓からよく見えたという。豊吉の努力により、陸地棉は日本に定着していく。島根でも昭和三十年に陸地棉のモデル地区として松江市西尾町、斐川《ひかわ》村新川開拓地が設定された。

豊吉の研究の成功の秘訣はなにか。それは、陸地棉の特性を知り、在来種の育成とは正反対とも映る栽培法で、一見「平凡に見える原則」の徹底であった。豊吉は、この陸地棉栽培の研究で国から黄綬褒《おうじゅほう》章《しょう》を受けている。

陸地棉で世界レコードを樹立した豊吉の功績を知る出雲人はほとんどいない。

松村豊吉が成功させた陸地棉花の写真
日本で栽培不可能と言われた陸地棉の栽培を、還暦を迎えてもなお挑戦し続け、松江城下の堀端で成功させた豊吉の努力に思い至る、殿町の深田写真館で昭和７年に撮影された記念すべき一枚である。
1932 年撮影　松村憲樹氏蔵

それは、在来種の短繊維棉《たんせんいめん》による木綿《もめん》が盛行を極めた、江戸時代に目が奪われているからかもしれない。クラーク博士が稲作不毛の地と言った北海道に稲作の安定化をもたらし、日本で栽培不可能と言われた細く長い繊維をもつ良質の陸地棉の栽培を成功させた松村豊吉の功績を、いま一度見つめ直し、ものづくり松江をめざす我々にとって、評価し直すときが訪れているのではないだろうか。

コラム　美保関沖で起こった軍事演習中の悲劇

昭和二年（一九二七）八月二十四日の夜中、美保関沖《みほのせきおき》にて大日本帝国連合艦隊六三隻《せき》は軍事演習を行った。演習中、軍艦・駆逐艦《くちくかん》四隻が衝突し、一一九名の死者と多数の負傷者を出した。軍艦「神通《じんつう》」が駆逐艦「蕨《わらび》」に衝突し、「蕨」は沈没。後続の軍艦「那珂《なか》」も駆逐艦「葦《あし》」に衝突し、共に損傷した。衝突の理由は、灯火を消した夜襲演習を行ったためであった。

なぜ、海軍はこのような計画を立てなければならなかったのか。五年前、ワシントン軍縮条約の締結により、保持できる主力艦の比率はイギリス五、アメリカ五、日本三と決まった。そのため日本は、補助艦（駆逐艦、巡洋艦《じゅんようかん》など）の補強へと向かい、訓練により海軍力の劣勢を克服しようとしていた。四年後、満州事変《まんしゅうじへん》が起こり、日本は戦争への道を歩んでいく。

松江歴史館では、高橋一清《かずきよ》氏から寄贈を受けた美保関沖事件関係資料を、平成二十五年（二〇一三）八月十七日から九月十七日まで展示した。とくに、美保関沖に消えた一一九名のうち一〇一名分の遺影は、遺族から提出された当時のもので感慨深い。駆逐艦「蕨」と共に海に沈んだ艦長の五十嵐恵《いがらしめぐみ》氏の遺影もある。

もう一つ特筆されることは、美保関に残る海軍殉難将士慰霊塔《かいぐんじゅんなんしょうしいれいとう》に関する資料である。事件の翌年

軍艦マストの形をした平和祈念塔　美保関沖を望み、関の五本松公園に建つ。2018 年 11 月撮影　松江市美保関町

五月、美保関町（現松江市）の町民が松江市にある松陽新報社へ、英霊を安んじ永遠にわたる追憶資料とするため慰霊塔の建設を依頼した。同社副社長の勝部本右ヱ門《かつべもとえもん》氏を中心に義援金の募集が全国に呼びかけられ、美保関町、篤志家らによる義援金は一三〇〇〇円を集めた。そして翌四年十一月一日、美保関五本松公園に慰霊塔が建設された。慰霊塔は、早稲田大学建築学科の吉田享二《よしだきょうじ》教授（兵庫県美方《みかた》郡新温泉町出身）によって設計された。慰霊塔建設の前年に、美保神社拝殿を設計した建築家で建築史家でもあった伊藤忠太《いとうちゅうた》は、吉田の同僚である。慰霊塔の形は軍艦のマストを形象し、昭和初頭の「時代の個性」がよく表現されているという（『松陽新報』）。たしかに、日本海軍を象徴する形である。この慰霊塔は、戦後「平和祈念塔《へいわきねんとう》」と名を変え、現存している。

慰霊塔建設の経緯解明が俟たれる帳簿「昭和三年海軍慰霊塔関係書類」からは、松江市内の各県立中学校の職員や生徒が自発的に寄付金を集めた松陽新報の記事を紹介し、さらに慰霊塔完成を機に特集された『美保関新聞』慰霊塔建設記念号（昭和四年十一月十五日付）もある。

慰霊塔は五本松公園の他、鳥取県境港《さかいみなと》市の有志によって同市の台場公園にも建てられた（昭和三年十一月）。境港市では慰霊塔を市の指定文化財に指定し、地元の有志により毎年、慰霊祭が行われている。対して美保関の慰霊塔は、その建設経緯も十分に明らかにされておらず、慰霊行事も行われていない。境港市の慰霊塔とは対照的である。美保関でも、かつて町民が願った「永遠にわたる追悼資料」を生かす道を探ることが、いま求められているように感じる。

第四章　松江城下を歩く

ここまで、戦国時代以降の松江の歴史をみてきた。明治以降は文化的側面が中心とならざるをえなかったが、松江の特徴を一通り把握することができたのではないだろうか。最後に、城下町を歩くなかに見出される、歴史に裏付けられた城下町のさまざまな特徴とその意義を探り、締め括りとしたい。

松江城下町はその造成時から、水との付き合いが欠かせなかった。湿地帯を埋めたため、土中から水がしみ出し、また、城下の井戸水は金気《かなけ》が強く、飲み水には適さなかったのである。そのため、江戸時代から水売りによる水の購入が普通に行われてきた。奥出雲の水は斐伊川《ひいかわ》にまとまり、最も深いところで六メートルしかない浅い宍道湖に流れ込む。宍道湖の水が流れ出るのは、松江城下を南北に二分する大橋川《おおはしがわ》しかなかったため、江戸時代を通じて城下は二〜三年に一度は必ず水に浸かった。島根半島を横切る佐陀川《さだがわ》、城下を流れる天神川《てんじんがわ》が開削されたが、十分な排水量ではなかった。堀尾氏は城下町造成にあわせて、砂を川に流す鉄穴流《かんな》しによるたたら製鉄を禁止した。これはその後、京極氏の大土手の技術により解禁されたが、城下へ水がいかに入らないようにするかは常に課題であった。

城下の有力家臣の屋敷では、屋敷の建て替え時に屋敷地の嵩上げを行っていた。ただし、敷地内であっても建物が立つ部分のみの嵩上げであった。洪水対策の一つとして生み出された松江城下の屋敷地の特徴である。

城下を囲む堀は、屋敷内に船入《ふないり》を設けることで、船による人々の往来があった。嵩上げした屋敷面から船入まで一メートルはある屋敷内の高低差は、水との関わりの深い松江城下の屋敷ならではの感覚である。松江城下特有の屋敷内の高低差からは、屋敷地の嵩上げとともに、水に悩まされながらも活用する松江の人々の工夫の跡を知ることができる。写真家植田正治《うえだしょうじ》も、水をたたえた城下の堀に松江の情緒を見出している。

また、邸内に畑や果樹園を設けて、武士といえども自給自足が目指された。藩士の生活は質素であった。釉薬《ゆうやく》を塗らない燻瓦《いぶしがわら》の黒い屋根と、その棟《むね》部分に乗る、地元の緑がかった来待石《きまちいし》製の棟石《むねいし》は、松江の景観を特徴づける屋根の色と形である。左桟瓦《ひだりさんがわら》葺《ふ》きの屋根瓦は、もう松江くらいしか濃密に残る場所はない。現在、右桟瓦しか生産されていないことから、意識的に保存を試みない限り、残ることはないだろう。

それでは以下、詳しく見ていくことにする。

1. 写真家・植田正治の感じた松江

写真家・植田《うえだ》正治《しょうじ》（一九一三〜二〇〇〇）の評価は、近年ますます高まってきている。出生地である鳥取県境港《さかいみなと》市を拠点に、七十年近く写真活動を行った植田の前衛的な演出写真は「植田調《うえだちょう》」として世に知られ、写真誕生の地であるフランスでも、日本語表記そのままに「Ueda-cho」として紹介されている。

植田にとって松江は、子供の頃からよく遊びに行った思い出深い地であり、写真家としての道を志した一九三〇年代からたびたび松江を訪れ、数多くの松江の姿を撮影してきた。一九六〇年代に撮影した松江の風景は、松江の随筆家・漢東種一郎《かんとうたねいちろう》の文章とともに、写真集『松江』として昭和五十三年（一九七八）に刊行された。撮影された松江の風景は、古き松江そのままを写し撮っており、今は失われた風景も多くある。

一例をあげれば、塩見縄手《しおみなわて》を通る牛、雑賀町《さいかまち》の望楼《ぼうろう》を備えた消防詰所《しょうぼうつめしょ》、殿町《とのまち》にあった島根新聞社、舗装されていない新橋や新米子《しんよなご》橋、宇賀《うが》橋、松江大橋橋上での盆の花市、花売り、土手町《どてまち》の水門、映画館があった天神ロータリー、四十間堀《しじっけんぼり》に架かっていた佐田屋橋《さだやばし》、武道館・県立図書館の場所にあった松江刑務所の長く高い壁等々。松江歴史館内にある松江藩家老朝日《あさひ》家長屋《ながや》や、黒田セリ収穫の風景も撮影している。

この写真集は、昭和三十九年（一九六四）に暮しの手帖編集長・花森安治《はなもりやすじ》が漢東種一郎へ、植田正治の写真に漢東の文章を添える企画を提案したことに始まる。出版記念に植田と漢東が対談したテレビ番組「われらが内なる松江」（BSS制作、二〇一四年四月二十五日〜七月七日、松江歴史館にて上映）で植田は、松江の風景を撮影するにあたり水を辿《たど》ることを意識し、抒情性《じょじょうせい》のある形のないものを写し込むためには、モノクロームがぴったりだったと語る。

松江大橋　1960年代　植田正治撮影　植田正治写真美術館蔵

また、両氏共に堀はぜひ残してほしいと言っている。

写真集巻頭に「松江」と題する一文を寄せた小説家・田宮虎彦《たみやとらひこ》は、「小泉八雲の聞いた下駄の音は、もう耳に聞くすべはないが、それと核を同じくするものが、今もそこにあるからであろう。日本の美しさがそこに結晶し、私は松江に生まれてもいないのに、松江に心のふるさとを感じるのである」と、控えめではあるが、はっきりと松江の良さを主張している。

北惣門橋を渡った松江城の外曲輪から、宇賀橋（手前）と北堀橋（奥）を望む（いずれも殿町の松江歴史館前）

私は企画展「写真家・植田正治が撮る松江――変わらない風景と移り行く風景――」（二〇一四年四月二十五日〜七月七日、於松江歴史館）を担当するにあたり、植田が撮影した場所を丹念に探し出した。撮影場所は主に城山周辺が多く、大橋川、京《きょう》橋川《ばしがわ》、白潟《しらかた》ほか城下全域にわたる。とくに、内中原《うちなかばら》と松江歴史館周辺が群を抜いている。同じ場所に立つと、城下町に対する視線のやさしさに気づく。数年にわたり松江を訪れ撮影したその写真は、なにげない人々の生活が数多く写し撮られている。拠点を東京へ移さず、山陰の地で写真を楽しみ、地元にこだわり続けたのが植田正治であった。この地元志向の一つの結晶が、写真集『松江』なのだと思う。

一九六〇年代と現代の比較により、松江が松江たる所以は何なのか、見る人は考え、気づくことになるはずである。植田が感じた松江を、今もそこに見出せるかどうかは、松江に住む人々の意識にかかっているといえよう。

2.　松江を形づくる要件としての水

「松江は古い寂しい廃頽《はいたい》した街、静かな水郷《すいごう》である。」

大正十一年（一九二二）六月に松江高等学校教授の加藤恂二郎《かとうじゅんじろう》が書いた一文である。この一文を収めた『水郷雑記《すいごうざっき》』（私家版、一九四二年）は、昭和七年（一九三二）に刊行されたが、その初版一〇〇部は即日完売したという。大正時代の松江は、日本の近代化から取り残されたかのような町であった。加藤は古さについて、次のようにも述べる。「古いといふこと、廃頽といふことほど人間の作品を浄化するものがあろうか。廃頽した街、それはもはや人間のみの製作品ではない。それこそ神の手によつて、自然に還元された神人合力の霊を持つた巨大な芸術品といふべきもので、その不可思議の魅力は云ひ知れぬ快い廃頽の悲哀《ひあい》を人の心に沁み込ませてくれるのである」。古さが一朝一夕にできるものではなく、それゆえにこそ生まれる魅力を説いている。

加藤恂二郎が右の文章を書いた七年前（一九一五）、小説家の芥川龍之介《あくたがわりゅうのすけ》は吉村千代《よしむらちよ》との失恋の痛手をいやすため、第一高等学校時の親友・井川恭《いがわきょう》（恒藤恭《つねとう》）の勧めで山陰旅行をした。八月五日から二十一日までの十七日間、松江に滞在したときの印象を、芥川は四年後、新聞『松陽新報』に「松江印象記」と題して語っている。「松江へ来て、まず自分の心をひいたものは、この市《まち》を縦横に貫いている川の水とその川の上に架けられた多くの木造の橋とであった」と（「翡翠記《ひすいき》」、大正八年八月）。芥川はまず、松江の堀や川に架かる木橋に趣を感じている。現在は、城山《じょうざん》の周囲に廻る内堀に意識的に木橋を残すのみとなっている。

次いで、芥川は松江城天守についても評価し、現代の造形物でさえ調和がとれていればよいと認める。城山の興雲閣《こううんかく》は嫌ったが、「農工銀行をはじめ、二、三の新たなる建築物に対してはむしろその効果《メリット》において認むべきものが少くない」とし、「堀割に沿うて造られた街衢《がいく》の井然《せいぜん》」としているのに驚き、「処々に散見する白楊《ポプラア》の立樹は、いかに深くこの幽鬱《ゆううつ》な落葉樹が水郷の土と空気とに親しみを持っているかを語っている。そして最後に建築物に関しても、松江はその窓と壁と露台《バルコン》とをより美しくながめしむべき大いなる天恵《てんけい》——ヴェネティアをしてヴェネティアたらしむる水を有している」と絶賛する。そして、最後に水との調和が町を活かしていることを述べる。

松江はほとんど、海を除いて「あらゆる水」を持っている。椿《つばき》が濃い紅《くれない》の実をつづる下に暗くよどんでいる濠《ほり》の水から、灘門《なだもん》の外に動くともなく動いてゆく柳の葉のように青い川の水になって、なめらかなガラス板のような光沢のある、どことなくLIFELIKEな湖水の水に変わるまで、水は松江を縦横に貫流して、その光と影との限りない調和を示しながら、随所に空と家とその間に飛びかう燕《つばくら》の影とを映して、絶えずものういつぶやきをここに住む人間の耳に伝えつつあるのである。この水を利用して、いわゆる水辺建築を企画するとしたら、おそらくアアサア・シマンズの歌ったように「水に浮ぶ睡蓮《すいれん》の花のような」美しい都市が造られることであろう。水と建築とは、この町に住む人々の常に顧慮すべき密接なる関係にたっているのである。けっして調和を一松崎水亭にのみゆだぬべきものではない。

芥川の「松江印象記」は、木造の橋梁と天守、明治以降の建物でも町並にあっているとし、それらの調和が「あらゆる水」によって成り立っていることを説く。松江を形づくる要件として、水が重要であることが読み取れる。水に合った建築物や街区が、松江を成り立たせていることを知らせてくれるのである。

3. 黒い屋根の城下町

江戸時代の松江の色は何かと問われれば、私は「黒」だと答える。それは、松江藩お抱え絵師の陶《す》山勝寂《やましょうじゃく》が、明治維新前後の松江城下を南の床几山《しょうぎさん》から描いた「松江四季眺望図《まつえしきちょうぼうず》」（一八七頁掲載写真）を見れば、誰でもがそのように答えるに違いない。足軽《あしがる》などが住んだ草葺《くさぶ》きの屋根をもつ雑賀町《さいかまち》、図の中央に大きく描かれる黒瓦の末次《すえつぐ》・白潟《しらかた》の町人町《ちょうにんまち》、その上（北方）の奥に描かれる柿《こけら》・黒瓦・草葺《ぶき》

黒いぶしの左桟瓦

の武家町《ぶけまち》、と描き分ける。なかでも目につくのが、黒瓦の家々である。一般に、中国地方では赤瓦《あかがわら》の家を多く見ることができるなか、松江は黒い屋根をもつ城下町なのである。

さらに、松江の黒い屋根を形づくる瓦は、左桟瓦《ひだりさんがわら》を使用している点に特徴がある。古代以来、瓦といえば寺院や天主などで使われた本瓦《ほんがわら》であった。日本では、江戸時代初めに桟瓦《さんがわら》が開発されたことで、瓦葺の屋根が普及する（小林章男「桟瓦の歴史」）。桟瓦は、屋根の一番高い棟《むね》からみて右側が上がっているのを右桟瓦《みぎさんがわら》、左が上がっているのを左桟瓦と呼ぶ。これは、屋根に上って瓦を葺く葺師《ふきし》の目線からみた呼び名である。全国的には右桟瓦が多く、西日本に左桟瓦を葺く家が散見されるなか、旧出雲《いずも》国では左桟瓦が濃密に残されているのである（甲斐弓子「左桟瓦」、大脇潔「左桟瓦紀行」『帝塚山大学考古学研究所研究報告』九。同「隠岐・出雲甍紀行」『民俗文化』一三。間壁忠彦「江戸後期と明治の民家屋根瓦」『倉敷の歴史』一二。永田鉄雄『出雲大津窯業誌』。『郷土誌ふるさと秋鹿』）。左桟瓦は現在製造されておらず、松江歴史館に葺かれている左桟瓦も特注で、唯一製造を引き受けたのは愛知県岡崎市《おかざき》（三州瓦《さんしゅうがわら》）の業者であった。

ここで確認したいのは、黒いぶしの左桟瓦をもつ松江城下町の風景がいつ頃形成されたのか、そしてなぜ黒いぶし瓦だったのかという点である。

松江城は本瓦葺きである。現在、松江歴史館が建つかつての松江藩家老乙部《おとべ》・朝日《あさひ》両家の屋敷地でも、堀尾期に一部本瓦が使用されていたが、桟瓦はない（『松江城下町遺跡（殿町287番地）・（殿町279番地外）発掘調査報告書』）。江戸時代初頭の堀尾期には、城下町は本瓦の建物はほとんど無く、多くが板・茅《かや》・柿《こけら》葺の屋根をもつ屋敷群だったと推定される。

桟瓦は、世界的には古代ギリシャから発生した。紀元前六七五〜六五〇年代建設のアポロ神殿に葺かれている。日本では、延宝三年（一六七四）に近江三井寺《みいでら》の瓦師西村半兵衛《にしむらはんべえ》が考案したとされる。そして、十七世紀末期から十八世紀初めに完成した桟瓦が登場する。ヨーロッパとの交流のなかでもたらされたのではなく、その起源はヨーロッパとは別で、日本独自に生み出されたと考えられている。世界的には左桟瓦が主流である。しかし、そこに至るには本瓦葺きから右桟瓦へ、そして左桟瓦へという大きな流れがあった。

当初、瓦職人の葺きやすさから右桟瓦が定着するが、桟瓦は重ねの部分が短く、この部分から雨漏りするため、左桟瓦で補われた（大脇「左桟瓦紀行」）。大脇潔氏の研究によれば、高知・島根両県には、「屋根の両面で左と右桟瓦を葺き分けていたとみられる形跡が認められるので、暴風雨や強風対策として普及した可能性が高い」とする。そして合理的説明として、「左桟瓦と右桟瓦を等量準備することができなかった」ために、左桟瓦のみとなったとする（大脇「左桟瓦紀行」）。「屋根の両面で左と右桟瓦を葺き分けていたとみられる形跡」とは、何を指すのか気になるところであるが、このことを裏付けるように、松江城下の一等地にある乙部家老屋敷跡（現松江歴史館）から出土した江戸時代の瓦は、左桟瓦と右桟瓦の割合がおおよそ半分の割合で見出されることが最近明らかとなった（松江市歴史まちづくり部文化財課埋蔵文化財調査室の川上昭一氏の教示による）。そのため江戸時代の松江城下の瓦屋根は、左・右両桟瓦を持つ屋根であったと考えられる。

しかし現在、片面が右桟瓦、もう一方の面が左桟瓦という組み合わせを見だすことができない。このことはある時点で、左桟瓦に淘汰されていき、また近年、左桟瓦が生産されなくなったために、右桟瓦に淘汰されたのだとみることができよう。大脇氏が指摘するように、左右の桟瓦を等量用意できなかったとする見解は、その時期に今後の検討の余地を残すものの、正しいように思う。

さらに、右桟瓦ではなく左桟瓦が選ばれた理由について、大脇氏は左桟瓦使用を、藩による統制および「商才に長けた瓦職が、将来の販路確保のために他と異なる左桟瓦の採用普及を計ったという理由」も指摘している（大脇「左桟瓦紀行」）。西風の強い出雲地方という風土に由来する左桟瓦と右桟瓦が、藩・瓦職人両方の意図で左桟瓦採用に至ったとする理由も十分魅力的であるが、藩・瓦職人両方の意図を直接示す史料の提示が今後の課題であろう。

では、黒いぶし瓦が使用された理由は何であろうか。黒いぶし瓦は、炭でいぶしただけで寒暖に弱く、長持ちしない。それに対して、赤瓦で有名な石州瓦は釉薬《ゆうやく》が塗られた瓦で、寒暖に強く長持ちする。日本海側で赤瓦が生み出されたのも、黒いぶし瓦の凍害の克服にあったことによる（久保智康「日本海域をめぐる赤瓦」）。そのため、港町や陸路など交通の要衝を中心に赤瓦が普及し、徐々に赤い瓦の村や町が多くなってきている。

松江では城下築城時、桟瓦は発明されておらず、一部の本瓦葺き屋根と板・茅・柿葺きの屋根が主だったと推定され、桟瓦の考案が一七〇〇年前後なので、この頃から松江城下にも武家屋敷や民家に桟瓦が使われ出した可能性がある。発掘調査では、時期が特定できない桟瓦が多く出土するが、すべて黒いぶし桟瓦である。

赤瓦は、日本海側沿岸で多く見られる。北陸では、すでに十七世紀前半には赤瓦の使用例があるが、赤瓦で有名な石見《いわみ》の石州瓦《せきしゅうがわら》は、笹ケ谷銅山《ささがだにどうざん》の堀氏旧邸宅に葺かれた天明五年（一七八五）の瓦を最古とする（江戸時代前期に、津和野《つわの》城で使用された例もあるが、その後途絶える。赤瓦については、鶴田真秀『石州瓦史』、久保智康「近世赤瓦の技術系譜」、前掲「日本海域をめぐる赤瓦」）。そのため山陰において、石州瓦の赤瓦は十八世紀後半から普及した。赤瓦の普及に対し、黒いぶし瓦を採用していた松江藩は赤瓦を採用しなかったことになる。石州瓦の釉薬は凝灰石《ぎょうかいがん》の来待石《きまちいし》を粉砕した粉の溶液を用いたもの（鶴田『石州瓦史』）で、来待石は松江市宍道《しんじ》町来待《きまち》で産出される石である。松江藩領内のものが利用されているにもかかわらず、松江藩領内では使用されなかった。領内に来待石産地を持ちながら、釉薬として利用しなかったことから、黒瓦の選択は藩および瓦職人たちの意図の両方が考えられる。

赤瓦と黒いぶし瓦を葺く違いは、赤瓦が黒いぶし瓦に比べ割高であったため、施主の経済力を示し、「屋根の赤色がステイタスの記号の意味をもった」という（久保「日本海域をめぐる赤瓦」）。そのため、施主のステイタスという意味が赤瓦にあるにもかかわらず、松江藩が黒いぶし瓦を選択したのは、瓦職人の意図というより、藩政主導者たちの意図が強く反映し、黒いぶし瓦を選択させたのだとみるべきである。

以上をまとめると、城下町の建物は、一部の本瓦葺き屋根と板・茅・柿葺の屋根の十七世紀段階から、十八世紀に右・左両桟瓦の黒いぶしの桟瓦が普及しだすと推定される。しかし、十八世紀後半に登場した長持ちする釉薬の施された赤瓦（石州瓦）は、藩主導のもと領内へ入ることはなかった。それは、松江藩領内の来待から切り出される、来待石の粉砕溶液を使用した瓦であったにもかかわらず、採用されなかったと考えられた。

たしかに、他藩と違う左桟瓦を部分的にも採用すれば、藩内の需要は高まり、出雲国外の産地で作られた瓦の流入が防げる。また、来待石の産地を出雲国内に持ちながら、釉薬を塗らない黒いぶし瓦である理由は、黒いぶし瓦は見た目にも倹《つま》しく、贅沢・華美でない点、質素倹約を旨とする松江藩の政策にも合致している。さらに、いぶし瓦とすることで瓦の寿命が短くなり、それだけ需要が増え、産地が潤うという内需拡大を促す。左桟瓦であることと黒いぶし瓦であることは、つまるところ共に藩による産業の振興策に寄与したとみることができよう。

黒いぶしの左桟瓦の屋根をもつ建物が濃密に残る町が松江であり、光らない黒い瓦により、華美ではない落ち着いた城下町の雰囲気を創り出している。現在残る黒いぶしの左桟瓦は、小さな違いではあるが、他と違う町並空間を演出しているのである。

現在、日本では左桟瓦は生産されていない。そのため、修繕や葺き替えで新たな左桟瓦を用意することができず、左桟瓦の屋根をもつ建物は急速に失われつつある。他の地域とは違う町並空間を演出し、松江を特徴づける左桟瓦で葺かれた屋根をもつ家々は、消滅の危機に瀕していると言える。

この危機をどう受け止めるかは、個々に暮らす私たちの問題である。しかし、生産が中止され、瓦一枚壊れても代替の左桟瓦が無いために、右桟瓦への転換を余儀なくされる現状を鑑みれば、古い建物が取り壊され、新たに右桟瓦に葺き替えられるときに、古い左桟瓦をストックし、一枚からでも左桟瓦を必要とする場所へ供給できるようにする機能が必要なのではないだろうか。この点は現実的問題として、今後、検討する価値があるように思う。

4．三度の地盤嵩上げの契機

武家屋敷と水に関わることとして、殿町《とのまち》にあった家老乙部《おとべ》家屋敷跡が、城下町造成の時点から三度の嵩上《かさあ》げをして約一・五メートル高くなっていることが、乙部・朝日家家老屋敷跡の発掘調査の結果明らかとなった。これは、湿地帯を埋め立てて造成した立地上の問題を克服するためで、しばしば城下を襲う洪水に対応したものであった。奥出雲の山々の水は、斐伊《ひい》川に集約され宍道湖へ流入する。しかし宍道湖自体、最も深いところで六メートルと浅く、湖水が流れ出る大橋川の入り口に位置する松江は、常に大雨の際の洪水で悩まされていた。

この三度の盛り土の契機について、二〇一一年に刊行された松江市教育委員会・財団法人松江市教育文化振興事業団編集・発行の『松江城下町遺跡（殿町287番地）・（殿町279番地外）発掘調査報告書――松江歴史館整備事業に伴う発掘調査報告書――』は、「屋敷ごとに時期を違えて造成を行っている」ことから「水害」だけが契機ではなく、「家主の交代時が造成に起因するものなのかもしれない」とする。これに加えて、城下の土壌を調査した河原荘一郎氏は、軟弱粘土《ねんど》層が厚く堆積したため沈下が起きる（圧密沈下）ことも、盛り土の理由としてあげる（河原荘一郎「松江城下町遺跡の土質試験」）。

表２　松江城下町遺跡（殿町 287 番地）・（殿町 279 番地外）の遺構面の年代観

殿町 287 番地	最終遺構面	中間層	上面の遺構面
北屋敷	17 世紀初頭	17 世紀後半～ 18 世紀前半	19 世紀後半

殿町 279 番地外	Ⅰ期 （第４遺構面）	Ⅱ期 （第３遺構面）	Ⅲ期 （第２遺構面）	Ⅳ期 （第１遺構面）
北屋敷	17 世紀初頭	17 世紀前半～中頃 20 ～ 40cm 盛土	17 世紀中頃～ 18 世紀代 20 ～ 30cm 盛土	18 世紀後半～ 明治初頭 10 ～ 30cm 盛土
南屋敷	17 世紀初頭	17 世紀前半～中頃 20cm 程度盛土	Ⅲ a （第 3-1 遺構面） 17 世紀中頃～ 18 世紀後半 10cm程度盛土	18 世紀後半～明 治初頭Ⅲ b から 10 ～ 30cm 盛土
			Ⅲ b （第 3-2 遺構面） 18 世紀前半～後 半Ⅲ a から 20cm 盛土	

盛り土をしなければならない理由が、「水害」を避け、地面の沈下を補填《ほてん》するものであることは理解できる。しかし、その契機を「家主の交代時」とする見解は、北屋敷の場合で京極氏入部の時期と大まかに重なることからであろうが、Ⅰ期が約二十年、Ⅱ期が約三十年、Ⅲ期が約百年という期間であることを勘案すれば、「家の建て替え時」とするほうが、より全体の契機を示しているように思う。

また、大手前道路拡幅のための調査の結果、南《みなみ》田町《たまち》の中・下級武士の屋敷には盛り土が見られず、屋敷建て替え時に城下の屋敷が一律に盛り土を行えたわけではなかった。乙部・朝日両家の盛り土は、家老であったからこそできた盛り土だったのである。

5．船入のある武家屋敷

大橋川《おおはしがわ》より北の武家地における武家屋敷の風景は、どのようなものであったのだろうか。松江歴史館の基本展示では、幕末の松江城下の風景を模型で再現した。その際、次の二点の史料に基づいて作成した。一つは、松江藩儒《はんじゅ》・黒澤《くろさわ》家屋敷図である。この屋敷図は基本展示室にレプリカを展示しているが、同屋敷は京橋川《きょうばしがわ》沿いに面した屋敷で、建物の後背部に畑とおぼしき区割りとそれを囲むように線が引いてあり、その奥の京橋川沿いに船入《ふないり》と船小屋《ふなごや》が描かれていた。畑の存在と、その周りを屋敷から見えないように垣根を張り巡らし、その向こうの堀沿いに船入を持つ武家屋敷のあり方が浮かび上がってきたのである。

この状況を、さらに具体的に語る史料が、大正十年（一九二一）に掲載された山脇房子《やまわきふさこ》の「懐かしき生家の思出」である（『住宅』六―一）。山脇は旧姓小倉《おぐら》、慶応三年（一八六七）に松江で生まれ、島根女子師範を卒業し、貴族院勅選議員の山脇玄《げん》と結婚して山脇姓となった。明治三十六年（一九〇三）に東京牛込白銀町《うしごめしろがねちょう》（東京都新宿区）に山脇女子実修《じっしゅう》学校（現山脇学園）を創設し、校長となって女子教育につとめた教育者である（一九三五年没）。彼女が子どもだった明治初めころの武家屋敷内部の様子や、船での往き来の状況をよく描いているので、長文ではあるが紹介したい。

住居に対するなつかしみと申しましたならば、私には自分の生家が一番なつかしく思はれるのです。一つの花片にも、一本の草の葉にも幼い昔が偲ばれるのです。暴風雨《あらし》の後に、争ふて果を拾ふた梅床や、蝶を追ひ廻はした花園や何一つとして思ひ出の種とならないものはございません。

私の生家は出雲の松江市の南田町にございました。こゝはその昔士族町でしたので、何んとなく奥床しく又寂しい程までに閑静な所でございました。一口に士族と申しましても、こゝの町の士族達は今から思ふと随分裕福な暮しをして居つたやうでございます。邸宅なども皆堂々たるものでありました。私共の邸もずゐ《ずい》ぶん広うございました。

邸内には果樹園花園、菜園等もありまして、果樹園には梅が沢山植えられてあり、菜園には日常要する野菜類を凡て栽培してゐました。それが為め下男なども数多く居りました。私共の国では毎年六月頃になりますと暴風雨がございます。暴風雨の過ぎ去つた後に子供達が打連れ果樹園へ行きまして色々な果を競ふて拾ふのも楽しみの一つでございました。六月ですから、梅とか李とかいふ果は熟しかゝつてゐます。このやうなことは今から思へば懐しさの極みであります。

住宅も広く、日中でさへ、日が射しません。薄暗い部屋が幾つもありました。（略）玄関なども大したものでございました。家族は皆内玄関から出入いたしますので表玄関は公の時でなくては使用しませんでした。平時は前に開閉の出来る矢来のやうなもので締め切つておくのです。表玄関の式台から上つた突き当りの箱が数多く吊られ、奥の部屋には具足が何時でも着られるやうに備へてあつたのを今でも記憶して居ます。如何にも武士としての覚悟は斯《か》くあるかと感じられたのです。

其《そ》の当時はまだ祖父が仕官してゐました。勿論父も仕官してゐたのです。出勤の時は大抵馬で参りました。若党を従へた祖父の姿は、今でも判然と眼のあたり見るやうです。さういふ風でしたから、婦女子なども余り目にたゝぬやうにと駕籠で外出いたしたものです。又駕籠の外に舟でも外出いたしたものです。唯漠然と舟でと申しましても他国の方にはお解りにならないかも知れませんが、私共の国には川が沢山あるものですから、邸の一部に水門と申しまして、川から通して入池のやうなものを造つておきまして、そこに舟を付けておいて外出の時にはこゝから舟で来るのでございます。この水門は少し大きな邸には設けられてあるのでしたから、甲家の水門を出まして乙家の水門に着くにはあまり人目にかゝらずしてすむといつた工《〔具〕》合で可成り便利でした。幼い私も祖母や母に連れられてこの舟でよく親類に参つたものです。今になつて考へて見ますれば、水郷ヴェニスも斯《(か)》くばかりかと見知らぬ郷のことなど想像されます。

武家の生活は厳格であつたのは勿論でございますが、随分窮屈なものでした。例へば往来を珍しい物が通る時でも門辺りに出て見ることは出来なかつたのです。その様な時にはそつと門長屋

柳田家中屋敷の船入　写真左の石垣の上に建物がある。2013年6月撮影

の格子窓から覗いて見たものです。この門は東京でも稀に見られる長屋門のタイプであります。私共の国のは片一方は厩になつて居、片一方は物置きの様になつてゐて駕籠などを入れて置くのでした。其《そ》の中の一室の往来に面した格子窓からそつと覗いて見るのでした。（略）

邸内には果樹園や花園、菜園があり、果樹園には梅の木や桃の木があって、菜園では野菜を栽培していた。屋敷の表玄関は普段使わず、内《うち》玄関を使い、家の当主は若党を従え馬で出仕していた。これに対し、婦女子は目立たないように駕籠《かご》を使い、屋敷内にある船入に泊めてある船で外出することも多く、房子も親類宅へ行くのによく船を利用していたという。船入は少し大きな武家屋敷にはあり、堀に面した武家屋敷には多く設けられていたものと考えられる。なお、屋敷内に船入を設けられない場合、堀側へ石で階段を設ける工夫をしており、京橋側沿いの町人町側（南側）には、もっぱら堀へと突き出た石段が今でも見ることができる。昭和七年（一九三二）に刊行された『水郷雑記《すいごうざっき》』に収載された加藤《かとう》恂二郎《じゅんじろう》の詩「堀割春宵《しゅんしょう》——松江京橋にて——」では、「春の灯

建物が建つ部分（中央）のみ周辺より高くしている柳田家中屋敷　2016年3月撮影

を載せて／ほの暗い水の面を／舟がすべる／「ちよいと、／あの白壁の窓の下へ／つけてちようだいな」／堀割の妙に沈んだその静けさ。」と詠んでいるから、昭和時代の初めまでは、城下の堀を船で往き来していた状況が看取される。

　現在、松江城下に船入が残っているのは、南田町《みなみたまち》の一か所だけある。それは、家老柳田《やなぎだ》家の中屋敷《なかやしき》で「舟《ふな》つきの松」（旧松江市指定文化財）があった場所である。「舟つきの松」は、安永三年（一七七四）に七代藩主松平治郷《はるさと》（不昧《ふまい》）に嫁《とつ》いできた仙台藩主伊達《だて》宗村《むねむら》の九女、彰楽院《せいらくいん》が持参した盆栽で、船を漕ぎ寄せる際の目印となった松である。

　旧柳田家の船入の西側に、屋敷が現在も残っている。この屋敷は船入側が石垣で高くした場所にあり、屋敷から緩やかに下って船入へと到ることがわかる。また、北東から見ると、高く盛り土がなされているのは建物のある部分だけである。このような屋敷地のみを盛り上げるのを「島状整地」と呼ぶが、徳島城下町でも見られ、松江では堀尾期からなされていた（『城山北公園線都市計画街路事業に伴う松江城下町遺跡発掘調査報告書8　松江城下町遺跡』総括編、一二二頁）。

柳田家の中屋敷では、家屋部分が周辺より約一メートル高い。下級家臣の屋敷地では、家屋部分が平均三十~四十センチ嵩上げされている。武家屋敷内は平坦ではなく、大きな高低差があったのである。屋敷内の高低差は、先に挙げた黒澤家屋敷でも図面では平面にしか見えないが、跡地を訪れると、船入のあった場所は低い。屋敷の南東である京橋川に架かる中橋《なかばし》の角へ向かって徐々に高くなる。屋敷内の高低差も、城下町の風景として忘れてはならない感覚である。

6.「松江村」表記から探る城下町の拡張

松江の城下町は、中世以来の白潟《しらかた》・末次《すえつぐ》の砂州《さす》上の町場《まちば》を避け、その北の亀田山《かめだやま》の東西にある湿地帯を埋め立てて形成されたことは、かつて述べたことがある（西島「城下町松江研究の現状と課題」）。では、城下町の範囲はどのあたりまでを言うのか。一つの手掛りが、白潟の町の表記変遷にある。

和多見町《わだみちょう》に所在する西光寺《さいこうじ》は、慶長十三年（一六〇八）には現在の地にあり、それ以来動いていない。和多見町は白潟の砂州上にある。慶長十三年九月二十八日付墨書顕如上人真影図裏書《ぼくしょけんにょしょうにんしんえいずうらがき》には、「雲州《うんしゅう》意宇《いう》郡津田庄松江村惣物也《そうぶつなり》」とあり、この地が津田庄松江村《つだのしょうまつえむら》のうちであったことがわかる（以下、この項の史料はすべて西光寺文書）。慶長十六年八月十一日付少弐法印《しょうにほういん》書状には「雲州松江村西光寺」、元和七年（一六二一）二月二十九日付西性寺善徳書状には「雲州松江村西光寺殿」、寛永五年（一六二八）霜月朔日《しもつきさくじつ》付宇野主水《うのもんど》書状には「雲州意宇郡津田庄松江村西光寺玄智《げんち》」と「松江村」で表記されている。

これが、天和三年（一六八三）三月十六日付粟津《あわづ》勝兵衛《しょうべえ》・石井隼人《いしいはやと》連署状《れんしょ》では「雲州松江西光寺」と、「松江」に「村」表記が無くなる。さらに、宝暦四年（一七五四）三月七日に西光寺住持が記した由緒書《ゆいしょがき》では、「雲州松江城下市成山海眺庵《いちなりやまかいちょうあん》西光寺十世菊丈誌《きくじょうしるす》」と記され、「松江城下」にあるという西光寺住持の意識がはっきりと示されるようになる。

宝暦四年（一七五四）段階では、西光寺のあった場所（現在の和多見町）は「松江城下」と認識されていた。この地が、村方《むらかた》から町方《まちかた》へと変化したのは、「松江村」でなくなる時期、すなわち「松江村」と表記された寛永五年（一六二八）から、「松江」と表記される天和三年（一六八三）までの間に求められる。

この間、元和六〜寛永十年（一六二〇〜三三）頃に藩主堀尾忠晴《ほりおただはる》は城下町改変計画を立て、天神川《てんじんがわ》の南側、のちの雑賀町《さいかまち》の整備を思い立ち、同十一〜十四年、新たに藩主となった京極忠高《ただたか》によって、のちの雑賀町の整備指示が具体的に出される。京極氏の転封後、新たに入封した藩主松平直政《まつだいらなおまさ》は、正保期（一六四四〜四八）までに雑賀町の整備を、京極期の計画から九〇度回転させた町割りで実現し、大橋川《おおはしがわ》北側に散在していた足軽・鉄炮衆らを集住させて、城下南部の備えとした（西島「城下町松江研究の現状と課題」)。

白潟の南を流れる天神川のさらに南の地に、足軽・鉄炮衆らの住む場が「雑賀町」として整備されるなか、橋北と雑賀町との間に位置する白潟の地も城下町の一部として、「村」から「町」へと変化し、認識されるようになったのではないかと考えられる。雑賀町の成立が城下町の範囲を拡張させたと見られるが、今後、さらなる史料の博捜による絞り込みが必要である。

7. 水売りから探る松江の風土

松江と水の関係は、江戸時代から水売りがいたことも特徴の一つである。太田《おおた》直行《なおゆき》（太田柿葉）は著書『明治・大正の出雲——庶民風俗——』（松江今井書店、一九六二年）のなかで、水売りについて次のように述べている。

> 松江の町は開府の折、沼地を埋め立てた所だけに城山《じょうざん》、愛宕山、奥谷、千住院下《せんじゅいんした》、湖岸、円成寺《えんじょうじ》、床几山《しょうぎさん》、笠森下などを除けば飲める井戸はありません。それ故大正六年に上水道ができるまで市内には数人の水屋があって、各々囲い井戸と配達区域を持ち、毎日小型の車に水桶を積んで得意先回りをしました。しかし一荷《いっか》が僅《わず》か一、二銭の水でも半荷しか買えぬ家庭もあり、ま

た運ぶ途中で水が減るのをやかましくいう人もあったほどですから、飲用水の消費は各家庭とも相当きびしく制約しました。ですから雑用はほとんど各戸にあたった背戸《せど》の井戸水を砂でこして間に合わせましたが、何分ひどい金気《かなけ》水でしたから、水屋が台所の水甕《みずがめ》に水を移すと、早速呉須《ごす》手《で》茶碗で一杯飲むのが何よりの楽しみでした。また朝酌（あさくみ）方面から平田舟に五尺桶（ごしゃくおけ）を積んで来る水屋（みずや）が、京橋川の岸に舟を寄せて水を運びだすさまは、水郷にふさわしい情景の一つとして今もなつかしく思い出します。

「水売りが水こぼし行く涼しさよ」

松江城下に住む人々は、宍道湖《しんじこ》と大橋川《おおはしがわ》や天神川《てんじんがわ》、城下に廻らされた堀と水に囲まれた生活を送っていたにもかかわらず、井戸水は金気《かなけ》が強く飲料水には適していなかった。そのため、周辺の山際《やまぎわ》で出る良質の水を船で運び、城下の水屋《みずや》の手配で水を買うことが行われていた。松江城下では、飲料水は貴重であった。貴重な飲料水をもてなしに用いるところに、松江に息づく茶の湯の文化が育ったと言えるのではないだろうか。

8．堀の水面に映る風景

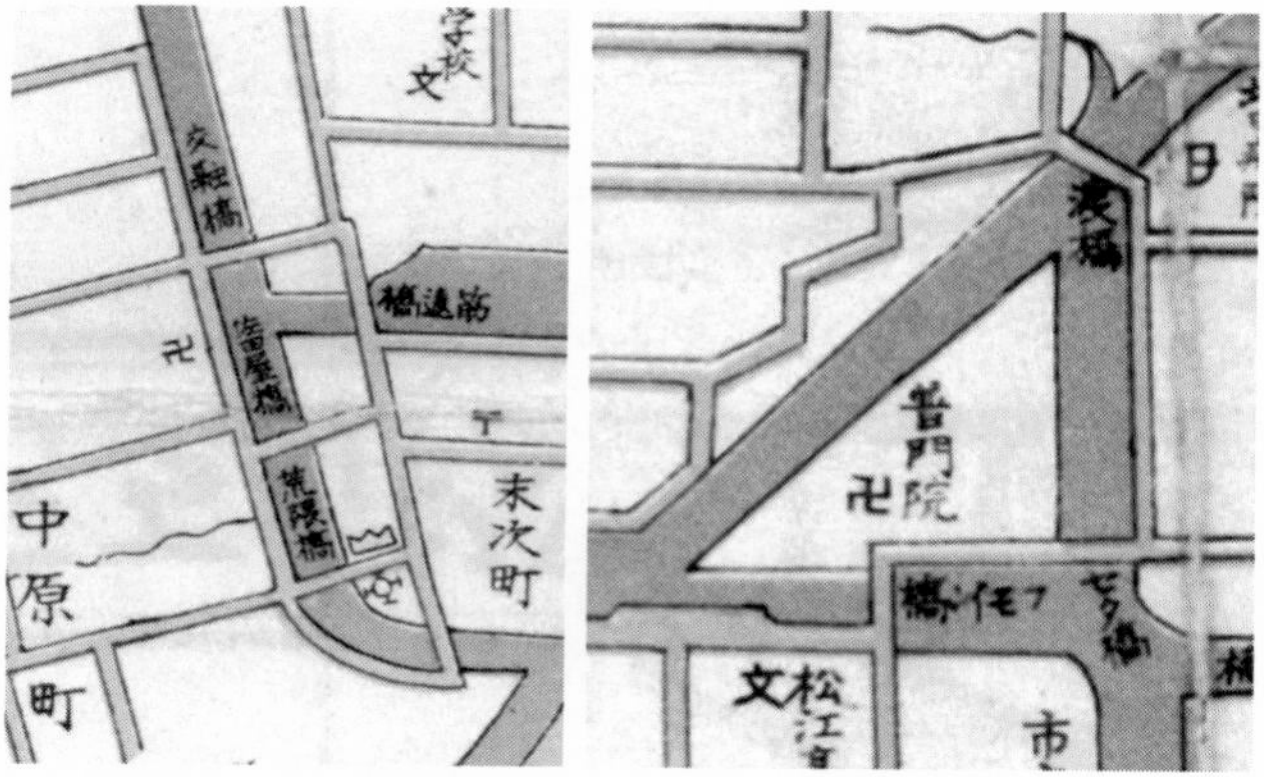

右：普門院（北田町）周辺　左：内中原町・四十間堀周辺　ともに昭和３年（1928）松江市街地図より　松江歴史館蔵

「松江らしさ」とは何か。一つは堀割《ほりわり》や道割《みちわり》に見られるように、「変わらない姿」であろう。それは、城下町形成時の姿を多く残している点にある。二つ目は、松江城をシンボルとする街であることである。城下町は城とともに成熟していった。三つ目は、成立当初からの水郷都市であることで、松江の風情は水との関わりのなかに多く見出された。この他にも、文化の伝統がある町（茶道・菓子・陶器等）、祭りや民俗行事など、多くのことが指摘できるに違いない。

一つひとつ、松江の歴史を明らかにすることで、松江独自のものが明確になってくる。

松江独自のものをどう活用するかは、次の課題である。堀へ降りる船着き場がいくつか点在しているので、山辺から水を汲み、船で城下へ運び、船着き場から家々へ水を運び、茶を点て、城下の堀と水のありがたさを実感する、という趣向が凝らされてもいいかもしれない。水郷《すいごう》松江の情緒をどう残し、伝えていくのか。臨場感をどう伝えるか。加藤恂二郎《かとうじゅんじろう》の『水郷雑記《すいごうざっき》』には、松江の趣《おもむき》を次のように記す。

堀割と橋と人家とを組合せて一番美事な景色を構成してゐる処は、交融橋《(こうゆうばし)》、筋違橋《(すじかいばし)》、佐田屋橋《(さだやばし)》に取り囲まれた一廓《(いっかく)》であらう。殊に湿つぽく曇つた宵の口なぞは、大きい白壁の土蔵と、蔓草《(つるくさ)》に蔽《(おお)》はれた藁屋根《(わらやね)》の家屋《(かおく)》と、細い木の橋と柳の二三本とが、堀割に面した窓を漏れる灯の明りにぼんやりと照しだされて、丁字形をした堀割の水の面に反映し、静かな寂しい絵の様な情調を漂せるのである。それから少々野趣を帯びた春宵《しゅんしょう》の水郷を味ひたいと思つたら、渡橋《(わたりばし)》に佇《(たたず)》んで三つ落合ふ堀割の上に映る藁屋根の灯の色を眺め、右手に広がる野面の暮色を惜み乍《(なが)》ら一つの堀割に沿うて歩み瀬多橋を渡つて普門院へ詣づるのがよい。野を越えて普門院の森の上に城の天守閣を望み、左手の夕日を受けてまだ赤みを残してゐる山の上に白い月を仰いで、水を渡るほの白い風が葦の若芽に戦《おのの》ぐのを聞いて居ると、何処《(どこ)》からともなく水郷の甘い哀愁が胸を訪れてくるのであらう。

夕暮れ時の堀の水面に映る風景は、今でも趣がある。藁屋根《わらやね》の家々はなくなったが、風情のある場所は点在する。加藤の文章は松江らしい風情とは何か、臨場感とは何かについて考えさせられる。

城下町のかたちと成り立ちに「松江らしさ」を探ることは、風土と伝統に裏付けられた要件を抽出する作業である。「松江らしさ」は松江の魅力でもある。松江の魅力を歴史から掘り起こすことで、松江に暮らす自分たちの立ち位置が、歴史的・空間的に明確となってくる。松江という「水郷」に育《はぐく》まれた「個性」（文化）を、一人ひとりが実感し経験を積む。このことによって、松江の「個性」が生かされる地域社会が生まれる。生活の中で、松江の「個性」を理解し認識を深めていくことで、地域の個性は持続可能なものとなっていくのである。

謝辞

松江の魅力は何か。松江には何が似合うのか。そして、何を残すべきなのか。平成二十七年（二〇一五）に国宝に指定された松江城天守は、街のシンボルとして存在することはもちろんながら、城下町全体が「松江らしさ」を醸《かも》しだす雰囲気を備えることが、松江の魅力を高める大事な要素であるように私は思う。松江が松江たる所以《ゆえん》を考えるとき、その歴史的所産として見出される諸要素を、一つひとつひも解き、その意味を考えることが、「松江らしさ」を認識する要件となる。本書は、そのささやかな試みである。

わずかな年月でここまで新たな歴史を掘り起こすことができたのは、松江の文化財行政や歴史研究に生涯を捧げている人たちが、私のすぐ傍にいたからこそ可能となったのであり、恵まれた環境にいたからである。いつも温かく見守ってくださる職場の館長である藤岡大拙先生や、松江市の文化財行政の生き字引的存在である前文化財課長の岡崎雄二郎氏、出雲地方独自の神社のあり方をご指導いただいた前文化財課長の吉岡弘行氏、独力で六十年にわたり松江藩に関わる史料を蒐集された安部吉弘氏、困ったときにいつも頼りになる松江の古書店の老舗ダルマ堂書店の桑原弘氏、新しい松江づくりを先導された乾隆明氏には大変お世話になった。この方々がおられなかったら、とてもここまで辿り着くことはできなかった。この他にも一人〳〵のお名前を記すことはしないが、松江市歴史まちづくり部史料編纂課（現、史料調査課）の皆様をはじめ、多くの方々のご協力を得た。記して謝意を表する次第である。また、初出の機会を与えてくださった諸誌に感謝申し上げたい。

最後に、出版事情厳しい折、本書は戎光祥出版株式会社から出版していただけることとなり、編集その他の点で丸山裕之氏に大変お世話になった。記して深謝する。

二〇二〇年季夏

西島太郎

【参考文献一覧】

第一部第一章

藤岡大拙「山中鹿介幸盛」（『山陰の武将』山陰中央新報社、一九七四年）
藤岡大拙「米原氏について」（同『島根地方史論攷』ぎょうせい、一九八七年、初出一九七四年）
藤岡大拙「米原綱寛」（『続山陰の武将』山陰中央新報社、一九七五年）
藤澤秀晴「亀井茲矩」（『続山陰の武将』山陰中央新報社、一九七五年）
勝田勝年「尼子経久の出雲富田城攻略説に就て」（『國學院雑誌』七九―一二、一九七八年）
加藤義成『修訂出雲国風土記参究（改訂三版）』（松江今井書店、一九八一年）
今岡典和「戦国期の守護権力」（『史林』六六―四、一九八三年）
田中　卓『出雲国風土記の研究』（田中卓著作集8、国書刊行会、一九八八年）
米原正義編『山中鹿介のすべて』（新人物往来社、一九八九年）
長谷川博史『戦国大名尼子氏の研究』（吉川弘文館、二〇〇〇年）
広瀬町教育委員会編『出雲尼子史料集』（広瀬町、二〇〇三年）
山下晃誉『上月合戦』（兵庫県上月町、二〇〇五年）
藤本孝一「『出雲国風土記』浄阿書写説に関する疑問」（同『中世史料学叢論』思文閣出版、二〇〇九年）
岡村吉彦『尼子氏と戦国時代の鳥取』（鳥取県、二〇一〇年）
西島太郎「京極氏領国における出雲国と尼子氏」（同『松江藩の基礎的研究』岩田書院、二〇一五年、初出二〇一二年）
島根県古代文化センター編『解説出雲国風土記』（今井出版、二〇一四年）
松江市史編集委員会編『松江市史』通史編2中世（松江市、二〇一六年）

藤岡大拙『山中鹿介』（ハーベスト出版、二〇一七年）
西島太郎「転用される由緒「灰火山社記」」（『中世寺社と国家・地域・史料』法藏館、二〇一七年）

第一部第二章

社本鋭郎編『熱田裁断橋物語』正・続・新編（堀尾遺跡顕彰会、一九七〇・七一・七六年）
島田成矩「松江藩ホーランエンヤの背景」（『朱』二一、一九七七年）
高柳光壽『本能寺の変・山崎の戦い』（春秋社、一九七七年）
鳥取県編『鳥取県史』3近世政治（鳥取県、一九七九年）
音羽融編『山陰の鎌倉　出雲広瀬』（岩倉寺、一九八八年）
米子市史編さん協議会編『新修米子市史』一通史編（米子市、二〇〇三年）
水田義一「計画図としての城下町絵図」（『歴史地理学』五〇―四、二〇〇八年）
山根正明『堀尾吉晴―松江城への道―』（松江市教育委員会、二〇〇九年）
安来市教育委員会編『安来市史料調査報告』（安来市教育委員会、二〇〇九年）
松尾　寿『城下町松江の誕生と町のしくみ』（第二刷、松江市教育委員会、二〇一二年）
福井将介「二人の甫庵」（『松江歴史館研究紀要』三、二〇一三年）
西島太郎『松江藩の基礎的研究』（岩田書院、二〇一五年）
國田俊雄「米子城築城と米子の町」（『伯耆文化研究』一六、二〇一五年）
松江市史編集委員会編『松江市史』通史編2中世（松江市、二〇一六年）
松江市史編集委員会編『松江市史』別編1松江城（松江市、二〇一八年）

松江歴史館編『特別展　本能寺の変―再考　何が明智光秀を決起させたか―』（松江歴史館、二〇一八年）
中井均編『伯耆米子城』（ハーベスト出版、二〇一八年）
西島太郎「松江開府の立役者　津田の田中又六」（『松江歴史館研究紀要』六、二〇一九年）

第一部第三章

美多　実「斐伊川の転流と洪水」（同『風土記・斐伊川・大社』島根県古代文化センター、二〇〇一年、初出一九五七年）
藤井　喬『涙草原解』（原田印刷出版、一九六九年）
土井作治「松江藩の鉄山政策と製鉄技術」（『日本製鉄史論集』たたら研究会、一九八三年）
石塚尊俊『大梶七兵衛と高瀬川』（出雲市教育委員会、一九八七年）
石塚尊俊編『出雲市大津町史』（大津町史刊行会、一九九三年）
西島太郎『京極忠高の出雲国・松江』（松江市教育委員会、二〇一〇年）
松江歴史館編『特別展　松江創世記　松江藩主京極忠高の挑戦』（松江歴史館、二〇一一年）
西島太郎『松江藩の基礎的研究』（岩田書院、二〇一五年）
高安克己「斐伊川下流域の自然環境変遷史―出雲平野と宍道湖の生い立ち―」（『河川』八四三、日本河川協会、二〇一六年）

第二部第一章

桃　好裕『松江藩祖直政公事蹟』（松陽新報社、一九一六年）
松本城保存工事事務所編『国宝松本城　解体・調査編』（松本市教育委員会、一九四四年）

武内力編『国宝松本城　解体と復原』（改訂私家版、一九八〇年）
西島太郎「松江藩主の居所と行動―京極・松平期―」（前掲『松江藩の基礎的研究』、初出二〇一〇年）
三宅正浩「松平直政論―西国における政治的位置―」（『松江市史研究』三、二〇一二年）
印牧信明「大坂冬の陣・夏の陣と越前勢」（『特別展　大阪の陣と越前勢』福井市立郷土歴史博物館、改訂版、二〇一五年）
松江歴史館編『特別展　松江藩主松平直政の生涯』（松江歴史館、二〇一六年）

第二部第二章

西島太郎「戦場の目撃証言―島原・天草一揆と雨森清広の仕官―」（前掲『松江藩の基礎的研究』、初出二〇〇六年）
西島太郎編「松江藩士雨森家の残した文書群―「雨森文書」調査概要と文書目録―」（『松江歴史館研究紀要』一、二〇一一年）
松江歴史館編『雲州松江の歴史をひもとく』（松江歴史館、二〇一一年）
松江歴史館編『企画展　松江藩士の江戸時代―雨森・黒澤両家の伝来史料から―』（松江歴史館、二〇一二年）
小山祥子「松平斉貴の上洛道中記録に見る旅の姿」（『松江歴史館研究紀要』三、二〇一三年）
西島太郎「松江藩儒黒澤石斎の研究」（前掲『松江藩の基礎的研究』、初出二〇一三年）

第二部第三章

上野富太郎・野津静一郎編『松江市誌』（松江市庁、一九四一年）
高橋梅園『茶禅不昧公』（宝雲舎、一九四四年）

内藤正中・島田成矩『松平不昧』（今井書店、一九六六年）
松平家編集部編『増補復刻　松平不昧傳』（原書房、一九九九年）
土屋侯保『江戸の奇人　天愚孔平』（錦正社、一九九九年）
中野三敏『江戸狂者伝』（中央公論社、二〇〇七年）
乾　隆明『松江藩の財政危機を救え』（松江市教育委員会、二〇〇八年）
西島太郎「松江藩主の居所と行動」（前掲『松江藩の基礎的研究』、初出二〇一〇年）
西島太郎「松江藩松平家の墓所移転について」（前掲『松江藩の基礎的研究』、初出二〇一一年）
松江歴史館編『特別展　江戸のグラフィックデザイン　千社札の元祖　天愚孔平』（松江歴史館、二〇一五年）
松江歴史館編『企画展　松江藩主松平治郷の藩政改革―御立派の改革の成功―』（松江歴史館、二〇一八年）

第二部第四章

原　伝「松江藩に於ける義田制度」（同『松江藩経済史の研究』日本評論社、一九三四年、初出一九三一年）
桑原羊次郎「山口巻石」（同『島根県画人伝』島根県美術協会、一九三五年）
稲塚和右衛門『復刻　木実方秘伝書』（アチックミューゼアム、一九三六年）
上野富太郎・野津静一郎編『松江市誌』（松江市庁、一九四一年）
斎藤悳太郎「馬において士精神を構成した雲州の松平」（同『二十六大藩の藩学と士風』全国書房、一九四四年）
桜木保編『出雲藩山論史料集』第三集（島根郷土資料刊行会、一九七三年）
松平家編集部編『増補復刻　松平不昧傳』（原書房、一九九九年）
安澤秀一編『松江藩・出入捷覧』（原書房、一九九九年）

小村　弌『出雲国朝鮮人参史の研究』（八坂書房、一九九九年）
森本幾子「雲州廻米と尾道商人」（『関西大学博物館紀要』一四、二〇〇八年）
藤原雄高「石見銀山領における掛屋についての一考察」（『たたら製鉄・石見銀山と地域社会』清文堂出版、二〇〇八年）
乾隆明・下房俊一『見立て番付を楽しむ』（松江市教育委員会、二〇一〇年）
伊藤昭弘『藩財政再考』（清水堂、二〇一四年）
松江歴史館編『日本の近代化に貢献した出雲人』（「日本の近代化に貢献した出雲人」展図録刊行会、二〇一四年）
松江市史編集委員会編『松江市史』史料編 8近世Ⅳ（松江市、二〇一六年）
村角紀子「新出の商家文書紹介」（『松江市史研究』九、二〇一八年）
松江市史編集委員会編『松江市史』通史編3近世Ⅰ（松江市、二〇一九年）

第三部第一章

松平直亮『贈従三位松平定安公伝』（私家版、一九三四年）
永井瓢斎『鎮撫使さんとお加代』（立命館出版部、一九三五年）
釈（永井）瓢斎「お加代地蔵開眼」（『趣味』七―五、一九三六年）
グスタフ・エックシタイン『全伝野口英世』（栗原古城・小田律訳、青年書房、一九三九年）
上野富太郎・野津静一郎編『松江市誌』（松江市庁、一九四一年）
山陰日日新聞島根支社編『松江八百八町町内物語　白潟の巻』（山陰日日新聞島根支社、一九五五年。のち荒木英信編著『新編松江八百八町町内物語』ハーベスト出版、二〇一二年として再刊）
福田平治『ありのまゝの記』（福田静栄、一九六七年）

中原健次編『松江藩家臣団の崩壊』（私家版、二〇〇三年）
西島太郎『野口英世の親友・堀市郎とその父櫟山―旧松江藩士の明治・大正時代―』（ハーベスト出版、二〇一二年）
西島太郎「山陰写真史の黎明―森田禮造の研究―」（『松江歴史館研究紀要』七、二〇一九年）

第三部第二章

小泉節子・小泉一雄『小泉八雲　思い出の記　父「八雲」を憶う』（恒文社、一九七六年）
松江歴史館編『企画展　松江藩士の息子画家になる、孫写真家になる。』（松江歴史館、二〇一二年）
西島太郎『野口英世の親友・堀市郎とその父櫟山』（ハーベスト出版、二〇一二年）
西島太郎「島根県初の私立和洋画学校「方圓学舎」入門者一覧」（『松江歴史館研究紀要』二、二〇〇二年）
島根大学附属図書館小泉八雲出版編集委員会、島根大学ラフカディオ・ハーン研究会共編『教育者ラフカディオ・ハーンの世界―小泉八雲の西田千太郎宛書簡を中心に―』（ワン・ライン、二〇〇六年）
西島太郎「堀櫟山・市郎父子に関する新知見」（『松江歴史館研究紀要』三、二〇一三年）
西島太郎「「写真の開拓者」堀市郎の研究―在外史料を中心として―」（『松江歴史館研究紀要』四、二〇一四年）

第三部第三章

富田亮正「松村豊吉翁を語る（一～三）」（『素行』四一～四三、素行会、一九五七年）
富田亮正「松村豊吉翁を語る（一～三）―米作の巻―」（『素行』四六～四八、一九五八年）
廣田　勇「北尾次郎の肖像―気象学の偉大な先達―」（『天気』五七、日本気象学会、二〇一〇年）

西脇宏・猿田量・若林一弘「知られざる北尾次郎―物理学者・小説家・画家―」（『山陰地域研究』五、一九八九年）
五十嵐邁『美保関のかなたへ―日本海軍特秘遭難事件―』（角川学芸出版、二〇〇五年）
松江歴史館編『企画展　日本の近代化に貢献した出雲人』（「日本の近代化に貢献した出雲人」展図録刊行会、二〇一四年）
北尾次郎ルネサンスプロジェクト編『北尾次郎ルネサンスプロジェクト研究報告書』１・２・別冊（同プロジェクト、二〇一六・一七年）
木村　聡「美保関事件と日本海軍」（『日本歴史』八五〇、二〇一九年）

第三部第四章

山脇房子「懐かしき生家の思い出」（『住宅』六―一、住宅改良会、一九二一年）
加藤恂二郎『水郷雑記』（私家版、一九三二年）
太田直行（太田柿葉）『明治・大正の出雲―庶民風俗―』（松江今井書店、一九六二年）
植田正治／写真・漢東種一郎／文『松江―一九六〇年―』（山陰放送、一九七八年）
鶴田真秀『石州瓦史』（私家版、一九七九年）
秋鹿郷土誌刊行委員会編『郷土誌ふるさと秋鹿』（秋鹿郷土誌刊行委員会、一九八五年）
永田鉄雄『出雲大津窯業誌』（私家版、一九九〇年）
久保智康「近世赤瓦の技術系譜―「石州瓦」の位置づけをめぐって―」（『八雲立つ風土記の丘』一二四、一九九四年）
小林章男「桟瓦の歴史」（図録『鬼文化江戸東京物語展』鬼伝説の町京都大江町、一九九九年）
間壁忠彦「江戸後期と明治の民家屋根瓦―倉敷市域を中心として―」（『倉敷の歴史』一二、二〇〇二年）
久保智康「日本海域をめぐる赤瓦」（『日本海域歴史大系』四、清文堂出版、二〇〇五年）

甲斐弓子「左桟瓦―天下分け目の右・左―」（『帝塚山大学考古学研究所研究報告』九、二〇〇六年）
大脇　潔「左桟瓦紀行」（『帝塚山大学考古学研究所研究報告』九、二〇〇六年）
大脇　潔「隠岐・出雲甍紀行」（『民俗文化』二三、近畿大学民俗学研究所、二〇一一年）
松江市教育委員会・財団法人松江市教育文化振興事業団編『松江城下町遺跡（殿町287番地）・（殿町279番地外）発掘調査報告書―松江歴史館整備事業に伴う発掘調査報告書―』（松江市教育委員会、二〇一一年）
西島太郎「城下町松江研究の現状と課題」（前掲『松江藩の基礎的研究』、初出二〇一三年）
河原荘一郎「松江城下町遺跡の土質試験」（『松江城研究』二、二〇一三年）
松江市教育委員会・松江市スポーツ・文化振興財団編『城山北公園線都市計画街路事業に伴う松江城下町遺跡発掘調査報告書8　松江城下町遺跡』総括編（松江市教育委員会、二〇一八年）

【初出一覧】

第一部　第一章　１『戦国大名尼子氏の興亡』（平成24年度企画展図録、島根県古代出雲歴史博物館編・刊、二〇一二年十月）。　２・３『島根県の合戦』（藤岡大拙監修、いき出版、二〇一八年七月）。　４『出雲国風土記―語り継がれる古代の出雲―』（島根県立古代出雲歴史博物館開館10周年記念企画展図録、同館編・刊、二〇一七年三月）。

第二章　１『山陰中央新報』二〇〇九年九月二日付文化欄。　２『同』二〇〇九年九月十九日付文化欄。　３『同』二〇一〇年八月十四日付文化欄。　４『特別展　本能寺の変―再考　何が明智光秀を決起させたか―』（松江歴史館編・刊、二〇一八年二月）。　５『山陰中央新報』二〇一三年六月十一日付文化欄。『湖都松江』三〇、松江市文化協会、二〇一五年十月。　６『国宝松江城―美しき天守―』（西尾克己監修、山陰中央新報社刊、二〇一五年十月）。

７『平成22年度石見銀山遺跡関連講座・シンポジウム記録集』（島根県教育委員会〔文化財課世界遺産室〕、二〇一一年三月）。　**第三章**　１『山陰中央新報』二〇一一年九月九日付文化欄。　２『同』二〇一一年九月十六日付文化欄。

３『同』二〇一一年九月二十三日付文化欄。　４第二章７に同じ。　５『山陰中央新報』二〇一〇年二月二十三日付文化欄。　６『湖都松江』二三、二〇一一年九月。７・８　第一章２・３に同じ。

第二部　第一章　１『湖都松江』三一、二〇一六年三月。　２『山陰中央新報』二〇一六年九月二十八日付文化欄。

３『同』二〇一六年九月二十九日付文化欄。『湖都松江』三二、二〇一六年十月。　**第二章**　１『山陰中央新報』二〇一二年十二月二十四日付文化欄。　２『同』二〇一三年一月七日付文化欄。　３『湖都松江』一九、二〇一〇年三月。　４『同』二九、二〇一五年三月。　５『山陰中央新報』二〇一一年三月二日付文化欄。　６『湖都松江』一八、二〇〇九年十月。　**第三章**　１『山陰中央新報』二〇〇九年十二月二十四日付文化欄。　２『中国地域の藩と人』（公益社団法人中国地方総合研究センター編・刊、二〇一四年十一月）。　３『山陰中央新報』二〇一八年八月三十日付文化欄。　4『山陰中央新報』二〇一八年八月三十一日付文化欄。　5『湖都松江』二四、二〇一三年三月。　6『山陰中央新報』二〇一五年一二月十日付文化欄。　7『同』二〇一八年五月十五日付文化欄。　8『同』二〇一五年十二月十一日付文化欄。　9『湖都松江』二五、二〇一三年九月。　10『同』二三、二〇一二年十月。　**第四章**　1『しょほう』七三六、松江商工会議所、二〇一六年十一月。　2『同』七三四、二〇一六年九月。　3『湖都松江』二一、二〇一一年三月。　4『しょほう』七三七、二〇一六年十二月。　5『同』七四七、二〇一七年十月。　6『同』七四八、二〇一七年十一月。　7『同』七四九、二〇一七年十二月。　8『郷土のエンサイクロペディア　桑原羊次郎』（桑原羊次郎・相見香雨研究会編、松江市歴史まちづくり部史料編纂課、二〇一八年十一月）。

第三部　第一章　1『女性史学』二四、女性史総合研究会、二〇一四年七月。　2『湖都松江』二〇、二〇一〇年九月。　3『山陰中央新報』二〇一九年八月十四日付文化欄。　4『同』二〇一二年三月七日付文化欄。　**第二章**　1『山陰中央新報』二〇一二年三月十四日付文化欄。　2『同』二〇一二年三月二十一日付文化欄。　『湖都松江』二三、二〇一二年三月。　3『山陰中央新報』二〇一二年五月十八日付文化欄。　4『同』二〇一六年五月十七日付文化欄。　5『同』二〇一七年六月二十日付文化欄。　6『同』二〇一三年二月二十五日付文化欄。　7『湖都松江』二八、二〇一四年十月。　8『山陰中央新報』二〇一九年二月八日付文化欄。　**第三章**　1『山陰中央新報』二〇一四年二月二十四日付文化欄。　2『同』二〇一四年三月五日付文化欄。　3『同』二〇一四年三月六日付文化欄。　『湖都松江』三四、二〇一七年十一月。　コラム　『美保関新聞』八九四・八九五、二〇一三年九月。　**第四章**　1『山陰中央新報』二〇一四年五月六日付文化欄。　2〜8『松江歴史館研究紀要』五、二〇一六年十一月。

【著者紹介】

西島太郎（にしじま・たろう）

1970年生まれ。2001年、名古屋大学大学院文学研究科博士課程（後期課程）修了。博士（歴史学）。

現在、松江市歴史まちづくり部松江歴史館学芸係主幹（学芸員）。

主な著書に、『戦国期室町幕府と在地領主』（八木書店、2006年）、『京極忠高の出雲国・松江』（松江市教育委員会、2010年）、『野口英世の親友・堀市郎とその父櫟山』（ハーベスト出版、2012年）、『松江藩の基礎的研究』（岩田書院、2015年）、共著として、『史料纂集　朽木家文書』第1・2（八木書店、2007・2008年）、『愛知県史』通史編2、資料編9・10（愛知県、2018・2005・2009年）、『朽木村史』通史編・資料編（滋賀県高島市、2010年）、『松江市史』通史編3、史料編7、別編1松江城（島根県松江市、2019・2015・2018年）ほか。

装丁：川本 要

松江《まつえ》・城《じょう》下町《かまち》ものがたり

二〇二〇年七月二〇日　初版初刷発行

著　者　西島太郎

発行者　伊藤光祥

発行所　戎光祥出版株式会社

〒一〇二-〇〇八三

東京都千代田区麹町一-七

相互半蔵門ビル八階

電　話　〇三-五二七五-三三六一（代）

ＦＡＸ　〇三-五二七五-三三六五

編集協力　株式会社イズシエ・コーポレーション

印刷・製本　モリモト印刷株式会社

https://www.ebisukosyo.co.jp/

info@ebisukosyo.co.jp

ISBN978-4-86403-354-1